物質と意識

脳科学・人工知能と心の哲学

Matter and Consciousness

3rd edition

原書第3版

ポール・チャーチランド［著］
Paul M.Churchland
信原幸弘・西堤 優［共訳］

森北出版

Japanese translation published by arrangement with
The MIT Press through The English Agency (Japan) Ltd.

二〇二三年版への序

本書の初版が刊行されて以来、心をめぐる哲学的な問題に関係のある科学の領域において、まさに予想通り、満足のいく成果が相次いであがっている。また、心をめぐる論争を押し進めようとして、多くの魅力的な思考実験が考案され、それによって哲学の文献はたいへん豊かなものになってきている。ただし、おそらくは驚くべきことに、これらの思考実験はむしろ何らかの仕方で唯物論から遠ざかろうとするものである。たとえば、トマス・ネーゲルのコウモリの主観的経験（私たちには接近不可能な経験）や、フランク・ジャクソンの科学的知識はすべてもっているが意識的現れについては無知な神経科学者メアリ、デイヴィッド・チャーマーズの内面を欠いた人間そっくりのゾンビ、ジョン・サールの中国語の部屋における本当の意味論的内容の欠如といった思考実験は、いずれもすべて唯物論に対する哲学的抵抗を象徴している。それらはすべて、計算論的人工知能や認知神経生物学の研究プログラムが全面的な成功を収める見込み、すなわちあらゆる心的現象を純粋に物理的に説明できる見込みに対して、新たな疑いを（あるいは古い疑いを新たな装いで）提起する。しかし、そうだとしても、計算科学と認知科学は容赦なく進歩し続けており、さまざまな認知現象に対してつぎつぎと明快な説明を与えている。この新版でもその進歩の様子を大きく取り上げるつもりである。

ようするに、現在の知的状況は、私が本書の初版を書いた三〇年前より、さらにいっそう魅力的で差し迫ったものになっている。この変化に関連することがらを加筆したこの新しい版によって、教師の方も、学生の方も、「心と自然におけるその位置」についての私たちの現在の理解を形成している哲学的・科学的事項について、さらにいっそう掘り下げて考えるようになっていただければと思う。それが私の願いである。それらの事項をどう評価するかは、読者自身の持って生まれた知性にゆだねたい。その知性の究極の本性が何であれ、つまり物理的であろうと、非物理的であろうと、ともかくその知性にゆだねたいと思う。

一九八八年版への序

この小著の初版はとくに神経科学、認知科学、および人工知能の部分に関して読者に温かく受け入れられたが、そのことに私は大きな満足を覚えている。この改訂版では、たまたまこれらの部分についておもに加筆・変更が行われている。改訂を行おうと考えたのは、それらの学問領域において劇的な進歩が続いており、またそれらの領域がますます心の哲学の諸問題に深い関係をもつようになってきたからである。これらの領域の研究成果は、つぎのような問題に直接関係している。すなわち、認知活動の基本要素は何か。それらの基本要素は実際の物理システムにおいてどのように実装されているのか。生物がある種の認知課題を非常に迅速かつ容易に遂行できるのに、コンピュータがその同じ課題をひどく下手にしか、あるいはまったく、遂行できないのは、どうしてであろうか。

心の哲学の諸問題は決して自然科学の理論的および実験的な成果から独立ではない。これが本書の初版の中心的な考えであった。その見方は変わっていない。しかし、科学のほうはおおいに進展した。この新版はそのような科学の新たな成果のなかからいくつかのより印象的なものを選んで、それらを幅広い読者にわかりやすく伝えることを狙いにしている。私の見るところでは、それらの成果の哲学的な意義は、還元的な唯物論と消去的な唯物論に対してそれらが支持を与えるだろうと思われる点にある。しかし、この私の判断は多くの可能な見方のうちの一つにすぎない。読者の方々には、ぜひご自身で判断を行っていただきたいと思う。

一九八四年版への序

哲学者が本を書くのはふつう他の哲学者のためである。そしてそのついでに、その本が学生や一般読者にも役立つことを願う。しかし、その願いはたいてい叶わない。私は逆のことを願って、おもに哲学や人工知能、神経科学の専門家でない人たちのためにこの本を書いた。私は本書で一般読者や学生の想像力に訴えかけたいと思っている。私はたしかに、この小著が哲学の専門家や哲学の大学院生にも全般的なまとめや参考資料として役立つことをついでに願っている。しかし、この本は彼らのために書いたのではなく、心の哲学の初心者のために書いたのである。

最近、よく知られた長年の定番テキストを使って、心の哲学の学部の授業を行ったが、この本を最初に書こうと思いついたのはそのときであった。心の哲学の分野では、ここ一五年のあいだにじつに多くのことが起こったので、そのような標準的なテキストや論集はもうひどく時代遅れなものになってしまった。最新の研究に関するすぐれた論集がたしかにいくつかあるが、それらはあまりにも高度で高価すぎて、学部生が気楽に利用できるようなものではない。学部の授業の最後に、私はもっと適切でもっと安価なテキストを自分で書こうと決心した。もはや化石となった問題は取り除き、歴史的な総括は簡単に済ませ、新しい発展は豊富に盛り込んだ。そうして完成したのが本書である。

一九八二年の夏、マニトバ州にある自然豊かな原野のムース・レイクの別荘にこもって、私は本書の大半を書いた。幻想的なアビの鳴き声が夜ごと聞こえ、私の仕事を楽しんでくれているかのようであった。秋の中ごろ、プリンストン高等研究所で、本書は完成した。そこでも、定住のカナダガンの群れが同じように私の仕事を楽しんでくれているかのようであった。

しかしながら、ときおり、実り豊かな有難い閃きと教示を受けることがあった。私はまず、友人で同僚のラリー・ジョーダンに感謝しなければならない。彼は一九八一年からその翌年にかけて、私を彼の神経生理学の実験室に誘い、長時間の「水曜実験」に参加させ、多くの楽しみと無償の教示を与えてくれた。仲間の哲学者であるダニエル・デネットとスティーブン・スティッチにも感謝しなければならない。彼らは米国と英国の多くの専門の研究集会に私を参加させてくれ、また、彼らとの多くの楽しく有益な出会いのたびごとに、私にいろいろなことを教えてくれた。私は友人で同僚のマイケル・スタックにも恩恵を受けている。彼とはもう一〇年にもわたって、心とその自然における位置について実り豊かな議論を行ってきた。そして私はとくに妻で哲学の同僚であるパトリシア・スミス・チャーチランドに感謝しなければならない。彼女は心／脳について現在のどの哲学者よりも多くのことを私に教えてくれた。

最後に、ケン・ウォームブロド、ネッド・ブロック、ボブ・リチャードソン、アメリ・ローティ、クリッフ・フッカー、デイヴィッド・ウッドラフ・スミスに、さまざまな励ましと草稿への貴重な批判を行ってくれたことに対して感謝の意を表する。また、プリンストン高等研究所には、本書を完成するための諸々の便宜と、他のより理論的な探究をいくつか立ち上げるための機会を継続的に提供していただいており、そのことに感謝の意を捧げる。

一九八三年、プリンストン、ニュージャージーにて

ポール・M・チャーチランド

物質と意識 —— 目次

第1章
本書の主題

人類の好奇心とその理性の叡知は、自然がひた隠していた秘密の多くを解き明かしてきた。時空の構造、物質の組成、エネルギーの多くの形態、生命の本性など、これらの謎はいまやすべて明白なことがらとなった。たしかに、こうした分野でもまだ答えられていない深遠な問題が残されており、知的革命がいまなお待たれるが、過去五〇〇年以上にわたって私たち人間が形作ってきた科学的理解の爆発的な進展は、いくら誇張してもしすぎることがないほどだ。

しかし、このような発展にもかかわらず、一つの核心的な問題がまだほとんど謎のまま残されている。すなわち、意識的知性（conscious intelligence）の本性である。本書はこの謎を取り扱う。

意識的知性がまだまったくの謎にとどまっているのであれば、それについて有益な本を書くことはできないだろう。しかしながら、書く勇気を与えてくれるような進歩がつぎつぎと起こってきた。意識的知性について深く理解すべき現象が、いまやさまざまな関連する学問領域の共通の主題となっている。つまり、哲学に加えて、心理学、人工知能、神経科学、動物行動学、および進化論が、その探究の立役者として名乗りをあげてきた。これらの科学はすべて、かつては純粋に哲学的論争の的であった問題に対して多大な貢献を行っており、今後さらにもっと多くの貢献をなすであろうと期待される。

本書は、現在の哲学的／科学的論争の三つの主要な側面、すなわちその中心問題、競合する理論、これまでに提示されたもっとも重要な論証と証拠へと読者を案内する入門書である。ここ三〇年間のあいだに、哲学自身が心の本性に関してかなり理解の進展を示してきた。それはおもに哲学が自己知の本性を明らかしてきたことによるが、そのほかにも、どんな心の理論のあいだで最終的な選択が行われるべきか、またその選択を合理的に行うにはどんな種類の証拠が必要かについて、哲学がより明瞭な見方を示してきたことも、大きな要因である。

哲学よりもさらに重要な役割を果たしてきたのは、さきに挙げたいくつもの経験科学である。そのような合理的な選択を行うのに関係する証拠をつぎつぎと提供してきたのは、それらの経験科学である。心理学は私たちの内観的知識の深さと信頼性について、驚くべきことを私たちに告げてきた。（心の理論のいくつかは自己意識的な内観（self-conscious introspection）が明らかにするとされることがらに大きく依拠しているので、これは重要である。）認知心理学と人工知能は、認知の刺激的なモデルを生み出してきた。これらのモデルは、適切にプログラムされたコンピュータで「命を吹きこまれれば」、目標に向かって進む知能の複雑な活動を部分的に本物そっくりに再現する。生きた生物においてそのような活動を可能にするように思われるのは、脳の相互に結合した細胞すなわちニューロンの精緻な微視的システムであるが、神経科学はそのようなシステムの解明に取り組み始めた。そして進化論は、意識的知性を徐々に出現させてきた長く込み入った自然選択の過程を顕わにしてきた。しかしながら、証拠はまだ確定的ではなく、競合する理論のあいだの最終的な選択はまだ行われていない。したがって、本書の読者には、そのような選択に向けていままさに進行中の知的冒険に加わる喜びと興奮を味わっていただくことができよう。

本書はまず、この領域でもっとも明白な問題から話を始める。すなわち、心的な状態と過程の真の本性は何であろうか。それらはどんな媒体のなかで生じ、物理的世界とどう関係しているのか。心に関してこれらの問いが取り組もうとしているのは、哲学者が存在論的問題（ontological problem）とよぶものである。（哲学用語では、「存在論的問題」とは、何が本当に存在するのか、それらの不可欠な本性は何かという問題にほかならない。）この問題は心身問題としてより広く知られ、きっと読者の方々も、それに関する諸々の見解のあいだのもっとも基本的な区別をよくご存じであろう。一方には、唯物論的な心の諸理論がある。これらの理論は、私たちが心的な状態や過程とよぶものは脳という複雑な物理的システムの込み入った状態と過程にすぎないと主張する。これに対して、他方には、二元論的な心の諸理論がある。これらの理論は、心的な状態と過程がたんに純粋に物理的なシステムの状態と過程なのではなく、別種の現象、すなわち本質的に非物質的な現象であると主張する。

私たちの多くはこうした問題について、自分の見解に対する強い確信をもっており、それゆえ理論間の選択は容易もしくは明白だと思うだろう。しかし、どのような確信をもっていようとも、ここでは多くの見方に対する開かれた心を維持するのが賢明である。少なくとも、十分に状況を把握しきるまでは、そうである。たとえば、二元論といっても、少なくとも五つの根本的に異なる理論があり、唯物論についても、同じくらいの数の互いに大きく異なる理論がある。それゆえ、二つの理論からではなく、もっと多くの一〇個の理論から選択を行わなければならないのである。しかも、それらの理論のなかには、最近ようやく定式化されたものもある。第2章は、これらの理論をすべて一つずつ説明し、その強みと弱みを評価することを試みる。

しかし、第2章の評価だけに基づいて、どの理論を選択するかを決定するのは早計であろう。なぜなら、心身問題と深く絡み合った他の多くの重要な問題があるからである。

その一つが意味論的問題（semantical problem）である。心的状態を表す私たちの日常の常識的な語は、その意味をどこから、あるいはどのようにして獲得するのか。私たちが自分および他の意識的な知的生物に適用するそれらの非常に特別な概念については、何がその適切な定義ないし分析とみなされるだろうか。一つの提案、おそらく最初は一番もっともらしくみえる提案は、「痛み」や「暖かさの感じ」のような語は、自分の場合に経験される心的状態に対してそれらの語を適用することによって、その意味が学ばれるというものであろう。しかし、この見解は多くの問題を抱えており、その一つであるつぎのような問題には、すでに何らかの機会に読者の皆さんも出会ったことであろう。

あなたの友だちが「痛み」という語を適用した内的感覚が、あなたがその語を適用した内的感覚と同じ質の感覚だということを、あなたはどのようにして確かめることができるだろうか。その友だちの内的感覚はあなたの場合とまったく同じ仕方で、行動や発話、外部刺激と結びついているが、それでもあなたの内的感覚と根本的に質を異にするかもしれない。そうだとすれば、その友だちは、内部の隠れた質的な違いにもかかわらず、あらゆる点であなたと同じように振る舞うだろう。問題は、この懐疑論的なたぐいの非日常的な疑いがいったん生じると、それを解消するのが不可能に思われるということだ。なぜなら、誰も他人の心的状態を直接経験することができないように思われるにもかかわらず、そのような経験以外にその疑いを解消できるものはないようにみえるからである。

そうだとすれば、私たちは誰も、心的状態を表す多くの語がたとえ他人の場合に何かを意味しているとしても、その意味を知らないし、そもそも知ることができないように思われる。私たちはそれらの語が自分の場合に何を意味するかを知りうるだけである。これは私たちの言語の一つの主要な部分に関する非常に奇妙な帰結である。言語の目的は、つまるところ、理解の共通のネットワークのもとで公共的に意思疎通を行うことである。

これに対抗する別の意味理論は、私たちの日常の心理的語彙の意味について、別の源泉を提案する。それによれば、「痛み」という語の意味を学ぶことは、痛みが身体の傷害によってしばしば引き起こされる状態であるとともに、ちょっとした苦しみや強い恐怖のような他の内的状態を引き起こす状態であり、さらに顔をしかめたり、手当てをしたり、呻いたりするような特徴的な行動を引き起こす状態であることを学ぶことである。つまり、痛みの本質的な特徴は、痛みを他のさまざまなもの、とくに公共的に観察可能なものに結びつける因果的ネットワークだというわけである。

唯物論者は、唯物論のなかでどんな立場をとるにせよ、意味に対するこの後者のアプローチを好む傾向がある。それは、一つには、心的状態が本当に物理的状態であるという可能性がそのアプローチによって大きく開かれるからである。純粋に物理的な状態が痛みの状態であるためには、他の諸状態に対して適切な種類の因果的結びつきをもたなければならないが、純粋に物理的状態がそのような結びつきをもつという想定には、とくに問題となるところはない。また、このアプローチでは、私たちがただちに懐疑論に陥ることもない。しかし、その一方で、それは私たちの心的状態の内観可能な内的側面をあまり顧慮していない。意味への最初のアプローチは、この内的側面にこそ照準を合わせていた。二元論者は、当然のことながら、この最初のアプローチを好む傾向がある。懐疑論的な帰結が生じるようにみえるにもかかわらず、そうなのである。彼らにとって、心的状態の内観可能で「主観的に明白な」性質は、心的なものの本質そのものであり、たんなる物理的な説明では捉えられないような本質だと考えられているのである。

すでにおわかりだと思うが、心身問題へのいかなる解決も、同時に意味論的問題に解決を与えないかぎり、確固とした解決にはならないであろう。意味論的問題にもいくつかの主要な異なる解決があり、そのそれぞれのなかにさらにいくつもの微妙に異なる解決があるが、第3章はこれらの解決を詳しく検討する。この解決の一つについては、それを検討するに当たって、現代の科学哲学の基本的な概念をいくつか簡単に説明する必要がある。それゆえ、読者はそこで予想外の新奇な理論的提案に出会えるかもしれないことを楽しみにしていただきたい。

このような意味論的問題に関する議論は、おのずと認識論的問題（epistemological problem）へと繋がっていく。（認識論とは、知識とは何であり、それが何に由来するのかを研究する分野である。）心に関する認識論的な問題としては、二つの大きな問題があり、いずれも私たちをひどく戸惑わせる。第一の問題はすでに触れた懐疑論的なたぐいの疑いからただちに生じる。私たちはどのような根拠に基づいて、他人が自分と同じような範囲の心的状態をもつと、あるいはそもそも何らかの心的状態をもつと想定することができるのだろうか。なるほど、この想定は私たちにとってもっとも根本的な想定の一つである。しかし、その合理的な根拠は何であろうか。その想定を正当化するためには、私たちは、他人の行動と私たち自身の行動がともに同じ種類の内的状態に同じ仕方で結びついていることを知らなければならない。たとえば、私たちは、金槌で打たれたときに引き起こされ、「痛っ！」という叫びを引き起こす内的状態が自分と他人で同じだということを知る必要がある。しかし、そのためにはやはり不可能なこと、すなわち他人の心的状態を直接主観的に経験することが要求されるように思われる。

　この問題は他我問題とよばれる。それは決して、私たち人間に関する懐疑論的な難問にすぎないわけではない。大型類人猿や飼い犬、イルカなどの心的生活がどのようなものか、それらがはたして正真正銘の意識をもつのかということを真剣に問い始めると、この問題はそれほどくだらないとか、現実離れしたとは感じられなくなるだろう。そして現在のコンピュータ技術の爆発的な発展が、この問題を新たな形で問いかけてくる。ある複雑な物理的システムが、言語的および感情的な振る舞いも含めたすべての振る舞いにおいて、思考する存在と同じ仕方で振る舞うように組み立てられたとしたら、私たちはどのようにして真に意識的な知性をそのような物理的システムから区別することができるだろうか。何か違いがあるのだろうか。違いがあるかどうかは、どのようにしてわかるのだろうか。

他人の心的生活の不透明性と鋭い対照をなすのが、自分の心的生活の透明性である。私たちはそれぞれ、自己意識的である。自分の心の内容については、自己意識という興味深い仕方で接近できるが、他人の心の内容については、そうではない。この自己意識的な接近とは、いったいどんな本性をもつのであろうか。自分の行動を見ずに、自分が感じ、考え、欲していることがわかるというのは、いったいどのようにして可能なのだろうか。私たちはこの内観の能力を当然のものと思っているが、それはじつに異様な謎めいた能力なのである。いろいろな哲学者たちがそれについて多くのことを主張してきた。それを不可謬だと主張する者もいれば、心と物質を分ける特徴だと主張する者もいた。内観の能力は、それを説明したいと願うどんな唯物論者にとっても、眼前に立ちはだかる巨大な壁である。しかし、心理学の発見のなかに、この問題にとって参考になるものがいろいろ見いだされる。内観の適切な説明には何が必要であり、唯物論的なアプローチがそのような説明を提供できるかどうかという問題については、第4章で取り組む。

ここまで本書の前半の内容を概観してきたが、この時点でもうすでに読者の方には明らかであろうと願うのは、心の本性が純粋に哲学的な問題ではなく、根本的に科学的な問題でもあるということである。このように言ったからといって、どの理論が最終的に正しいとされるかについて、私は決して論点を先取りしているわけではない。しかし、私はたしかに、そのことを決定するうえで、経験科学が大きな力をもつこと、あるいは決定的な力さえもつことを主張しようとしている。そうすると、つぎの問題が生じてこよう。すなわち、「心の科学」が重要だとすると、それを構築するに当たって、どんなアプローチないし方法を採用すべきであろうか。この問題についても、やはりいろいろな見解がある。意識的知性の科学は、すでに確立された自然科学（物理学、化学、生物学、など）との連続性を積極的に追求するべきであろうか。それとも、何らかの独自な特徴を根拠にして、不連続性および自律性を主張すべきであろうか。（この問題にイエスと答えてきた唯物論者たちさえいる。それは機能主義者たちである。）どんな種類のデータを関連するものとして認めるべきだろうか。内観であろうか、身体的な振る舞いであろうか、それとも神経生理であろうか。これらは方法論的問題（methodological problem）であり、今後の心の科学のあり方に関わる。つまり、これらの問題にどう答えるかによって、将来の理論がどんな形になるかが決まってくるのである。第5章はこれらの問題を探究する。

入門書としては以上で終わりということにしてもよいだろうが、本書ではさらに三つの章を付け加えた。本書の執筆時点では、この領域の専門の哲学者や科学者の大多数は、心身問題の可能な解決のうち、期待できるものをすでに二つか三つに絞りこんでいる。彼らが差し当たりそのような態度を取っていることは、認知現象に関する二つの研究領域がとくに活発であることからもうかがえる。第一の領域は、かなり最近になって形成された人工知能（artificial intelligence）、あるいは略してAIの分野である。適切にプログラムされたコンピュータによって意識的知性の本質的な特徴をシミュレートないし再現することは、どの程度可能であろうか（程度を問うてよいだろう）。差し当たっての答えは「かなり見事に」である。ただし、いくつかの基本的な問題がなかなか解決されないまま残ることを最初に認めるのは、当のＡＩ研究者自身であろう。

第二の研究領域は、急速に発展している神経科学の分野であり、これはいくつかの下位領域に分かれ、それぞれが脳と神経系の経験的な研究を行っている。心の病、学習、三次元視覚（立体視）、イルカの心的生活、などの問題に対して、神経生理学、神経化学、比較神経解剖学、および計算神経生物学は、どんな光を与えるであろうか。その答えは「相当な光」である。ただし、まだ表面を引っ掻いただけだということを最初に認めるのは、当の神経科学者自身であろう。

第6章と第7章を加えたのは、ＡＩと神経科学において現在進行している研究のなかから、少なくとも哲学的考察にとって参考になる事例を紹介するためである。それらはコンピュータ科学や神経科学を志望する人たちへの紹介としてはたしかに不十分であろう。しかし、それらは経験的研究が本書で論じる哲学的問題にどのように関係するかを本当に理解させてくれるだろう。（これが重要なのは、私が明らかにしたいと願っているように、このような哲学的問題の大部分が最終的には経験的な問題にほかならないからである。対抗する科学的研究アプローチがそれぞれどの程度の成功および進展を収めたかによって、それらの問題は決着が付けられるだろう。）第6章と第7章はまた、心に関する将来の研究を行うための確固たる概念枠組を提供するであろう。これらの章がもし、読者の知的欲求をかきたてて、もっと多くの経験的および理論的情報を得たいと思わせたとしたら、それだけでもう、それらの目的は達成されるであろう。

最後の章は、締め括りの章にふさわしいように、まったくの思弁的な考察を展開してみた。その考察はまず、宇宙全体における意識的知性の分布を見積もる試みから始まる。知性は宇宙にかなり広く存在する現象である可能性が強いように思われる。また、高度に発達した知性はすべて否応なしに、自分のもつ知性とは何であるかについて、どのようにして有用な見方を構築することができるかという問題に直面するであろう。この自己発見の過程は、必ずしも容易ではないだろう。私たち自身の場合も、それは非常に困難な過程である。しかも、この自己発見の過程は、たとえ真に完結することがありうるとしても、短期間で完結することはないであろう。しかし、それでもなお、そこでの進歩は可能である。それは人間の努力の他の場面と同じである。私たちは自分が住む宇宙の見方を何度もうまく劇的に変化させてきたが、それと同じように、自分が何であるかの見方を劇的に変化させていくであろう。私たちはこの予想を積極的に受け入れるようにしなければならない。第8章の最後の節では、このような劇的な概念革命が、とくに人間の自己意識の内容に関してどんな帰結をもたらすかを見る。

　本書で私が取り上げることを約束する問題は、以上である。では、実際にこれらの問題そのものへと向かうことにしよう。

第2章
存在論的問題（心身問題）

心的状態や心的過程の本当の本性とは何だろうか。それらはどんな媒体のなかで生じ、物理的な世界とどのように関係しているのだろうか。私の意識は、私の物理的な身体から切り離されても、存続するのだろうか。それとも、意識は、私の脳が機能しなくなると、永遠に消え去るのだろうか。コンピュータのような純然たる物理的なシステムが、本当の意識的な知性をもつようになることは可能だろうか。心はどこからやってきたのだろうか。心とはいったい何なのだろうか。

本章で取り扱うのはこれらの問題である。私たちがそれらにどんな答えを与えるべきかは、どの心の理論が、証拠に照らしてもっとも合理的な理論であり、もっとも大きな説明力、予測力、一貫性、単純性を有することになるかということによって決まる。すでに提案されている心の各理論について、その長所と短所を検討してみよう。

1　二元論

心に対する二元論的アプローチには、いくつもの非常に異なる理論が含まれるが、それらはすべて、意識的な知性の本性が非物理的なものであるとする点で一致している。つまり、それらによれば、物理学や神経生理学、コンピュータ科学のような科学的なアプローチでは、意識的知性の本性は決して捉えられないのである。二元論は、昨今の哲学界や科学界においてもっとも広く受け入れられている見解ではないが、社会全般ではもっとも一般的な心の理論である。また、それは世界のほとんどの宗教のうちに深く根づいており、これまでの西洋の歴史の大部分を通じて支配的な心の理論であった。したがって、二元論は私たちの考察を開始するのにうってつけの理論なのである。

実体二元論

二元論のなかでも、この実体二元論（substance dualism）の独自性は、各自の心がそれぞれ別個の非物理的なものだと主張する点にある。心は一つの「まとまった」非物理的な実体であり、物理的な身体に一時的に「くっついている」かもしれないが、その本性はあくまで身体とは独立である。この見解によれば、心的状態や心的活動が特別なのは、それらがこの非物理的でユニークな種類の実体の状態や活動だからである。

そうだとすれば、私たちは、ここで提案された心の素材の積極的な特徴づけをもっと求めたくなろう。実体二元論者のアプローチに対するよくある不満は、心の素材の特徴づけがいままでのところほとんど消極的なものばかりだということである。私たちは、それが何でないかを告げられるだけで、それが何であるかを告げられない。しかしながら、このことは必ずしも致命的な欠陥ではない。なぜなら、私たちには心の素材について解明すべきことがたくさんあり、ひょっとすると、積極的な特徴づけの欠如はやがて解消されるかもしれないからである。また、積極的な説明がまったくないわけではない。たとえば、哲学者ルネ・デカルト（一五九六〜一六五〇）は、誰よりも、提案された心の素材の本性について積極的な説明を与えていた。彼の見解は検討に値する。

デカルトは実在が二つの基本的な種類の実体に分かれるという理論を立てた。第一の実体は、日常的な物理的物質であり、この種の実体の本質的な特徴は、それが空間的に延長していることだとした。すなわち、そのいかなるものも、長さや幅、高さをもち、空間内にある一定の位置を占めるのである。彼はそれを延長するもの（延長する実体）と名づけた。

デカルトはこの種の実体の重要性を軽視しようとはしなかった。それどころか、彼は、当時のもっとも想像力に富んだ物理学者の一人であり、その当時「機械論的哲学（mechanical philosophy）」とよばれたものの熱心な支持者であった。だが、実在のなかには、物質のメカニズムによっては説明できないと彼が考えたある孤立した領域、すなわち人間の意識的な理性の領域があった。これがデカルトにとって、第二の根本的に異なる種類の実体を提案する動機となった。この実体は、空間的な広がりや位置をまったくもたず、思考の活動をその本質的な特徴とするような実体である。彼はこの第二の実体を思惟するもの（思考する実体）と名づけた。彼の見解はデカルト的二元論として知られる。

デカルトの見解では、本当のあなたとは、あなたの物質的な身体ではなく、むしろ非空間的な思考する実体である。それはあなたの物質的な身体とはまったく異なる一個の心的素材の統一体なのである。この非物理的な心は、たしかに、あなたの身体と体系的な因果的相互作用をもつ。たとえば、あなたの身体における感覚器官の物理的状態は、あなたの心のうちに視覚的／聴覚的／触覚的経験を引き起こす。そしてあなたの非物理的な心の欲求や決定は、あなたの身体に目標に向かった行動を遂行させる。あなたの身体が誰か他の人のものではなく、あなた自身のものであるのは、それがあなたの心に対してこのような双方向の因果的つながりをもつからである。

　この本当の自己に関する見解を支持するのにデカルトが与えた主要な理由は、じつに単刀直入なものであった。第一に、デカルトは、直接的な内観を用いるだけで、自分が本質的に思考する実体であり、それ以外の何ものでもないことを確定できると考えた。第二に、彼は、純粋に物理的なシステムがふつう人間なら誰でもができるような適切な言語使用や数学的推論を、いったいいかにして遂行できるかを想像できないと考えた。これらがはたして良い理由かどうかは、すぐ後で検討することにして、その前にまず、デカルトでさえ問題だとみなしていた困難に目を向けてみよう。

　もし「心の素材」が、その本性において、完全に「物質的な素材」とは異なるなら、つまり、少しの質量ももたず、いかなる形もなく、空間内にいかなる位置も占めないというくらい異なるなら、私の心はいかにして私の身体に因果的な影響を与えることができるのだろうか。デカルト自身が気づいていたように（彼は物理システムにおける運動量保存の法則を最初に定式化した一人であった）、空間内の日常的な物質は厳格な法則に従って動き、無から身体的運動（運動量）が出てくることはありえない。そうだとすれば、まったく実質のない「思考する実体」が、いかにして重々しい物質に因果的影響を与えることができるのだろうか。そのように異なる二つのものが、いったいいかにして何らかの因果的接触をもちうるのだろうか。デカルトは、心の影響を脳および身体一般へ伝えるものとして、「動物精気（animal spirit）」とよばれるきわめて微細な物質的実体を提案した。しかし、この提案は私たちに解決を与えてくれない。なぜなら、出発点とまったく同じ問題が残るからである。すなわち、重々しく空間的なもの（「動物精気」でさえそうである）が、デカルトが思惟するものとした完全に非空間的なものといったいいかにして因果的に相互作用できるのだろうか。

いずれにせよ、デカルトが用いた基礎的な区分原理は、もはや当時ほどもっともらしくない。いまでは、通常の物質を「空間内に延長するもの」として特徴づけるのは、有益でもなければ正確でもない。たとえば、電子は微小な物質であるが、昨今の最良の理論では、いかなる延長ももたない点粒子として記述される。そして量子論によれば、電子は明確な位置さえもたない。さらにアインシュタインの重力理論によれば、完全な重力崩壊によって恒星全体が特異点になれば、恒星が電子と同じ状態になる。心と身体のあいだに実際に区分があるとしても、デカルトはその区分を正しく捉えることができていないようにみえる。

デカルト的二元論にはこのようにいくつかの困難があることから、それよりももう少し過激でない実体二元論を考えたくなる。それが通俗二元論（popular dualism）と私のよぶ見解である。これは文字通り人を「機械のなかの幽霊」と捉える見解である。ここで機械というのは人間の身体のことであり、幽霊とは精神的実体のことである。精神的実体はその内的構成要素に関して物理的物質とまったく異なっているが、そうでありながら完全に空間的な性質をもつような実体である。つまり、心はふつう、それが制御する身体の内側にあるとされ、しかもほとんどの見解では、頭の内側にあって、脳と密接な関係にあるとされるのである。

　この見解だと、デカルトの見解に伴う困難が必ずしも生じない。心はまさに脳と空間的に接触しており、ひょっとするとそれらの因果的相互作用は、私たちの科学がまだ認識や理解もしていないような形のエネルギー交換によって理解できるかもしれない。ここで、通常の物質がエネルギーの一形態ないし現れにほかならないことが思い起こされるだろう。（アインシュタインの有名な方程式 $E = mc^2$ によると、一個の砂粒は小さく凝縮ないし凝固された膨大なエネルギーの塊と考えられる。）ひょっとすると心の素材も、一定の法則に従うエネルギーの一つの形態ないし現れ、ただしこれまで知られたものとは別の形態ないし現れかもしれない。したがって、このデカルト的二元論に代わる通俗二元論は、運動量やエネルギーの保存則に関する周知の法則と整合的でありうる。このことは二元論にとって幸いである。なぜなら、これらの法則は非常によく確立されたものだからである。

　この見解はさらに別の理由により、多くの人の関心を引く。この見解によれば、身体が死んでも、心は生き延びる可能性がある。ただし、その可能性が少なくともあるというだけで、心の存続が保証されるわけではない。なぜなら、心を構成するとされる特異なエネルギー形態は、私たちが脳とよぶ高度に複雑な形の物質と連結したときにのみ存在し、脳が死滅すると必ず消滅するかもしれないからである。それゆえ、たとえ通俗二元論が真だとしても、身体の死後に心が生き延びる確かな見込みがあるわけではない。しかも、たとえ心の存続がその理論から明確に帰結するとしても、そこには注意すべき落とし穴がある。この二元論が心の存続を約束することは、それが真であることを希望する理由にはなるかもしれないが、それが真であることを信じる理由にはならないのである。残念ながら、そしてどんなにスーパーマーケットのタブロイド版が詐欺的なたわごと（一流の学者が死後の生命を証明した！！）を叫んだとしても、私たちは心が存続する証拠をもっていないのである。

本節で後に見るように、この新奇で、非物質的で、思考する実体が存在するかどうかを検討してみると、その存在を示す証拠は概して非常に乏しい。そのため、多くの二元論者たちは、理論と手元にある証拠のギャップをもっと埋めようとして、さらにいっそう極端でない形の二元論を定式化してきた。

性質二元論

この形の二元論の基本的な考えによれば、物理的な脳以外にここで問題になる実体はないのだが、脳は他のどんな種類の物理的対象ももっていないような特別な性質の集まりをもつ。非物理的なのは、これらの特別な性質であり、それゆえこの考えは、性質二元論（property dualism）とよばれる。その性質とは、予想されるように、痛みを感じるという性質、赤の感覚をもつという性質、Pと考えるという性質、Qを欲するという性質、などである。これらは意識的知性に特有の性質である。それらは、周知の物理的な科学の概念に決して還元できないし、またそのような概念だけでは決して説明できないという意味で、非物理的な性質であるとされる。もしそれらが適切に理解されるとすれば、そのためには、まったく新しい自律的な科学、すなわち「心的現象の科学」が必要となるだろう。

ここから、いくつかの重要な違いのある立場が出てくる。まず、随伴現象説（epiphenomenalism）から始めよう。これはおそらくもっとも古い形の性質二元論である。随伴現象説という名称はかなり長ったらしいが、その意味は簡単である。ギリシア語の接頭語「epi」は「上に」を意味し、この説によれば、心的性質は私たちの物理的な行動を最終的に決定する脳の物理的な現象の一部分ではなく、むしろそのような物理的活動の「大騒動の上に」乗っかっている。だから、心的性質は上の現象（*epiphenomena*）だというわけである。そのような性質は、脳の成長が一定のレベルの複雑さを超えると、まさに出現ないし創発してくるとされる。

だが、この説にはもう一つ重要な特徴がある。随伴現象論者は、心的現象が脳内のさまざまな活動によって引き起こされるのに対し、逆に心的現象が因果的な影響をもつことはまったくないと考える。心的現象は、物理的世界に対する因果的影響という点では、まったく無力である。心的現象はたんに物理的現象に随伴するにすぎないのである。（この考えを理解するために、ある大ざっぱな比喩がここで役立つかもしれない。私たちの意識的な心的状態は、脳のしわくちゃな表面を踊りまわる小さな閃光のきらめきであるが、このきらめきが脳に因果的影響を及ぼすことはいっさいないと考えてみよう。）心的現象が随伴現象だということは、自分の行為が自分の欲求、決断、意志によって決定されるという普遍的な確信が偽であることを意味する。むしろ自分の行為は、脳内の物理的な出来事によって完全に決定されているのであり、しかもそのような物理的な出来事が欲求、決断、意志と私たちがよぶ随伴現象をも引き起こしているのである。したがって、意志と物理的行為のあいだには恒常的な連接があるが、随伴現象論者によれば、前者が後者を引き起こすというのは、たんなる錯覚にすぎないのである。

いったいなぜこんな奇妙な見解が、人を引きつける力をもつのだろうか。じつは、なぜ人がそれを真剣に受け止めるのかを理解することは、それほど難しいことではない。つぎのような神経科学者の視点に立って考えてみよう。この科学者は、行動の起源を追って運動神経を遡り、大脳の運動皮質におけるどんな神経活動がその行動を引き起こすかを突きとめることや、さらにその神経活動がどんな脳の他の部位やさまざまな感覚神経からの入力によって引き起こされるかを突きとめることに関心がある。彼女が見いだすのは徹底的に物理的であるようなシステムであり、このシステムは畏敬の念を起こさせるほど精緻な構造をしており、複雑な活動を行っている。そしてその活動はすべて明白に化学的または電気的な活動である。彼女は実体二元論が提案するような種類の非物理的な入力の兆しをまったく見いださない。そうだとすれば、彼女はどう考えるべきだろうか。彼女の研究の観点からすると、人間の行動は物理的な脳の活動によって完全に決まる。そしてこの見方は、彼女のつぎの確信によって支えられている。すなわち、脳がまさにそれがもつ行動制御特性をもつのは、そのような特性が脳の長い進化の歴史のなかで容赦なく選択されてきたからである。ようするに、人間の行動の基盤は、その構成、起源、現実の内的活動のいずれにおいても、徹底して物理的であるように思われるのである。

しかし、他方、この神経科学者には、自分の内観の証言がある。彼女はそれも説明しなければならない。彼女は、自分が経験、信念、および欲求をもつことや、それらが何らかの仕方で彼女の行動と結びついていることを否定できない。ここで一つの可能な妥協案は、非物理的な性質としての心的性質の実在を認め、その代わり、心的性質を因果的に無力な随伴現象の地位へ格下げすることである。つまり、心的性質を人間や動物の行動の因果的ないし科学的な説明とは無関係だとするのである。これが随伴現象論者の採る立場であり、いまやその背後にある動機が理解できよう。すなわち、行動の説明に対する厳密に科学的なアプローチを尊重したいという欲求と、そうであるにもかかわらず、自分の内観の証言を尊重したいという欲求とのあいだで、何らかの妥協をはかろうというのが、随伴現象論者の動機なのである。

随伴現象論者が心的性質を物理的な脳活動の因果的に無力な副産物へ「格下げする」ことは、ほとんどの性質二元論者には極端すぎるようにみえる。そのため、もう少し常識的な考えに近い説のほうが、いくぶん人気が高い。この説は相互作用的性質二元論とよびうるような見解だが、それは一つの本質的な点においてのみ随伴現象説と異なっている。すなわち、相互作用論者は心的状態が脳に因果的影響を与え、それによって行動に因果的影響を与えると主張するのである。脳の心的性質は、統合された因果的な大騒動全体の一部をなし、脳の物理的な状態・性質と体系的な相互作用を行っている。したがって、結局のところ、人の行為はその人の欲求と意志によって引き起こされると考えられることになるのである。

さきの随伴現象説と同じく、この相互作用説でも、心的性質は創発的な性質（emergent property）だとされる。それは、進化の過程を経て、通常の物理的な物質が十分複雑なシステムへと組織化されることによってはじめて出現する。この意味で創発的であるような性質の例としては、個体であるという性質や、有色であるという性質、生きているという性質が挙げられるだろう。これらの性質はすべて、それらが出現するに先立って、原子や分子が適切に組織化されることを必要とする。この点については、いかなる唯物論者も同意するだろう。しかし、どんな二元論者も、さらにそれに加えて、心的な状態や性質が還元不可能であると主張する。それらは、さきに挙げた三つの例と違って、たんに物理的物質の組織的特徴であるわけではない。むしろ対照的に、それらは物理的な諸科学では予測・説明できない新奇な性質だとされるのである。

この最後の条件、すなわち心的性質の還元不可能性の条件は、重要である。この条件を課すからこそ、この立場は二元論的なのである。しかし、その条件はこの立場のもう一つの主張、すなわち心的性質が物理的物質の組織化されたものだけから出現するという主張と折り合いが悪い。もし心的性質がそのように生み出されるなら、心的性質の物理的な説明は可能であり、それどころか不可避的でさえあると思われるだろう。進化的な創発と還元不可能性を同時に主張することは、自己矛盾でないとしても、謎めいてみえるのである。

しかし、性質二元論者は絶対に両方の主張を死守しなければならないというわけではない。彼は進化的な創発のテーゼを手放して、心的性質が実在の根本的性質であり、宇宙が始まって以来ずっと存在し続けており、長さ、質量、変化、時間、およびその他の根本的な性質に匹敵するような性質だと主張することもできよう。このような立場には、歴史的な先例さえある。一九〇〇年代初期には依然として、電磁気現象（たとえば電荷、磁力、電磁波など）は、純粋に力学的な現象の非常に微細な現れにほかならないと広く信じられていた。ほとんどの科学者は、力学への電磁気学の説明的還元がほぼ確実になされるだろうと考えていた。たとえば電波は、空間を隈なく満たしている非常に微細なゼリー状のエーテルのなかを進む振動、つまりエーテルの波にほかならないことが明らかになるだろうと思われていた。ところが、そのエーテルが存在しないことが明らかになったのだ！それゆえ、電磁気的性質は独自の根本的性質であることが明らかとなり、根本的性質の既存のリスト（質量、長さ、時間）に電荷を加えざるをえなくなったのである。

ひょっとすると、心的性質は、還元不可能だが創発的でないという電磁気的性質と同じ身分をもつのかもしれない。このような見解は基本性質二元論（elemental-property dualism）とよぶことができよう。それは、明瞭さの点で、直前の見解を上回る長所をもつ。しかし、不幸なことに、電磁気的現象との類比が成立しない一つの非常に明白な点がある。電磁気的性質は、原子より下のレベルからずっと上のレベルまで、実在のあらゆるレベルで出現するし、しかも宇宙の初期の段階から現在に至るまでずっと出現してきたが、それに対して心的性質は、最高に複雑な内部組織を進化させてきた大規模な物理的システムにおいてのみ出現し、しかもその進化には一〇〇億年以上の時を要した。物質が次第に組織化されることを通じて心的性質が進化的に創発してきたということには、非常に強力な事実的および歴史的な証拠がある。心的性質は、まったく基本的でも、基本的でもないようにみえる。したがって、このことは、私たちを心的性質の還元不可能性の問題に連れ戻す。なぜ私たちは、心的性質の還元不可能性という、二元論者の主張のもっとも基本的なものを認めるべきなのだろうか。なぜ私たちは、そもそも二元論者にならなければならないのだろうか。

二元論を支持する論証

二元論を支持するためにふつうもち出されるおもな考察をいくつか検討してみよう。これらの考察を足し合わせると、全部でどれくらいの支持力になるかを正確に見積もるために、批判はしばらく先送りにすることにしよう。

二元論に対する確信は、おもに宗教的信念に由来する。私たちの多くは宗教的信念に基づいて二元論を支持する。世界の主要な宗教はいずれも、宇宙の原因や目的および宇宙における人間の位置について、それなりの理論をもっており、それらの多くは不滅の魂の考え、つまり何らかの形の実体二元論を支持している。人が自分の信念に関して整合的だとすると、二元論を信じないということは、自分の宗教的伝統を信じないということであり、私たちのなかには、そうすることに困難を覚えて、二元論を信じざるをえない人たちがいる。これを宗教による論証とよぶことにしよう。

これよりもっと普遍的に見られるのは、内観による論証である。自分の意識の内容に注意を集中するときに、私たちに明瞭に把握できるのは、ニューロンが電気化学的活動を行ってお互いにパルスを伝達し合う神経ネットワークではなく、むしろ、思考、感覚、欲求、および情動の一連の流れである。内観に現れるような心的状態や性質は、これ以上ないほど、物理的状態や性質と異なっているようにみえる。それゆえ、内観の軍配は、何らかの形の二元論、少なくとも性質二元論の側に大きく上がるように思われるのである。

さらに、還元不可能性による論証のもとにまとめることができる一群の重要な考察がある。これらの考察では、純粋に物理的な説明によっては説明できないことが明らかだと思われるさまざまな心的現象が指摘される。デカルトはすでに、変化する環境にふさわしい仕方で言語を使用する能力を挙げている。彼はまた、理性の能力、とりわけ数学的推論の能力において発揮される理性の能力に、大きな感銘を受けていた。これらの能力は、純粋に物理的ないかなるシステムの能力をも超えているにちがいない、と彼は考えた。最近では、私たちの感覚の内観可能な質（感覚的な「クオリア」）や、私たちの思考や信念の有意味な内容も、そのような物理的なものへの説明的還元に永遠に抵抗する現象として挙げられる。たとえば、バラの色を見たり、その香りを嗅いだりすることを考えてみよう。物理学者や化学者は、バラおよび人間の脳の分子的構造についてあらゆることを知るようになるかもしれないが、だからといって、言葉で言い表せない経験の主観的な質を予想したり、想像したりすることができるようにはならないだろう。二元論者はそう論じる。

最後に、超心理学的な現象がときに二元論の支持のために引き合いに出される。テレパシー（心を読むこと）、予知（未来を見ること）、念力（思考による物質的対象の制御）、千里眼（遠方の対象の認識）はすべて、通常の心理学や物理学の範囲内では、きわめて説明しづらい。もしこれらの現象が実在するとすれば、それらは二元論者が心に帰属させる超物理的な本性を反映しているだろう。それらは明らかに心的な現象であり、しかも、それらがもし永遠に物理的な説明の彼方にあるとすると、少なくとも一部の心的現象が還元不可能という意味で非物理的であることが必然的になる。

〔二元論を支持する論証に対する批判〕

これらの考察が足し合わさると、非常に説得的であるようにみえるかもしれない。しかし、いずれの考察についても深刻な批判が可能であり、私たちはそのような批判もまた検討しなければならない。まず、宗教による論証を考察してみよう。問題にしているケースに関係するより一般的な枠組や理論に訴えることは、たしかに原理的には何の問題もない。宗教に訴えることは、そのようなより一般的な枠組や理論に訴えることにほかならない。だが、宗教に訴えたところで、それによって得られる信用は、宗教に与えられる科学的な信用以上のものにならない。そして宗教への訴えは、かなりひどい失敗に終わることが多い。一般に、宗教的権威に訴えて科学的問題に決着をつけようとする試みには、きわめて悲惨な歴史がある。恒星は別の太陽である、地球は宇宙の不動の中心ではない、地球は数十億歳である、生命は物理化学的現象である、等々の決定的に重要な洞察はすべて、ときには悪意のある強力な抵抗を受けた。なぜなら、当時の支配的な宗教がたまたま違う考え方をしていたからである。ジョルダーノ・ブルーノは、最初の見解――恒星は別の太陽だ――を唱えたために、火あぶりにされた。ガリレオは、バチカンの地下で拷問にかけると脅されて、二つ目の見解――地球は宇宙の不動の中心ではない――を撤回せざるをえなかった。病気は悪霊にとりつかれた罰だという強固たる信念によって、ヨーロッパのほとんどの都市に慢性的で致死的な伝染病をもたらすような誤った公衆衛生が行われることとなった。地球の年齢と生命の進化は、啓蒙的とされた時代においてさえ、宗教的偏見への困難な戦いを強いられた。

歴史は別にしても、自分の宗教的確信が、主要な宗教をすべて公正に偏見なく評価し熟慮することによって得られたものだという考え、この人類一般にほぼあまねく見られる考えは、ほぼ明らかに間違いである。もし本当にそのようにしてほとんどの人が宗教的確信をもつようになったとしたら、主要な信仰は世界中にほぼ不規則に、あるいは逆にほぼ一様に、存在すると予想されよう。しかし、実際は、主要な信仰はどこかに集中して存在する傾向が圧倒的にある。キリスト教はヨーロッパやアメリカに集中し、イスラム教はアフリカや中東に、ヒンズー教はインドに、そして仏教は東アジアに集中している。このことは、私たちが暗にそうではないかと思っていることを実証している。つまり、一般の人々にとって宗教的信念を決定する第一の要因は、社会的な力なのである。それゆえ、科学的問題に決着を付けるために、地域の宗教的権威に訴えるというのは、経験的な証拠の代わりに社会的な力に訴えるということなのである。このような理由によって、心の本性に関心のある（あるいは他のどんなテーマであれ、それに関心のある）専門の科学者や哲学者は、宗教への訴えを完全に議論の埒外にのけておくように、全力を尽くす。宗教への訴えは、心理的な力をもつかもしれないが、証拠としての力はもたないのである。

　内観からの論証は、人々の直接的な経験に訴えようとしているので、はるかにもっと興味深い論証である。しかし、この論証は非常に疑わしい。なぜなら、それは、私たちの内部観察の能力すなわち内観が、ものごとのもっとも深い本性をあるがままに明らかにすると仮定しているからである。この仮定が疑わしいのは、私たちの他の観察の形式、すなわち視覚、聴覚、触覚などがそのようなものではないことがすでに明らかになっているからである。リンゴの赤い表面は、主として長波長の光子を反射する分子配列のようには見えないが、それはそのようなものである。フルートの音色は、空気中の正弦圧縮波の列のようには聞こえないが、それはそのようなものである。夏の空気の暖かさは、何百万の小さな分子の平均運動エネルギーのようには感じられないが、それはそのようなものである。自分の痛み、希望、信念が、自分の脳の神経ネットワークの電気化学的状態のようには内観的には思えないというのも、私たちの内観能力が私たちの他の感覚器官と同じく、そのように隠された詳細を明らかにできるほど、透徹した力があるわけではないからにすぎない。ともかく、これがまさに予想されることである。したがって、内観による論証は、内観能力がその他のいっさいの観察形式ときわめて異なることが何らかの仕方で論証されないかぎり、まったく無力である。一見したところ、唯一の違いは、内観以外の感覚能力が皮膚の外側の状態に向けられているのに対し、内観能力は皮膚の内側の状態に向けられているということであるように思われる。これが何らかの哲学的な違いをもたらすとすれば、その理由が説明されなければならない。というのも、皮膚の内側にあるものは、脳と神経系であることがすでに知られているからである。

還元不可能性による論証は、唯物論に対してより深刻な挑戦を突きつけるが、その力もまた、最初そう思われるほど強くない。まず、デカルトが非常に感銘を受けた数学的な推論能力について考えてみよう。この三〇年間で、一五ドル出せる人なら誰でも、電卓を買えるようになったが、電卓の数学的推論の能力は、少なくとも計算に関しては、通常の人間の能力をはるかに超える。じつは、デカルトの著作が刊行されて以来、何世紀ものあいだ、哲学者や論理学者、数学者、コンピュータ科学者が、数学的推論の一般的原理を何とか突きとめようとしてきたし、電子技術者がそのような原理に従って計算する機械を作り出してきた。その結果が携帯できる電卓であり、それはきっとデカルトを驚愕させることだろう。電卓が印象深いのは、たんに人間の理性が誇る一部の能力が機械によって実現できることが明らかになったからではなく、過去の二元論的哲学者がたんなる物理的装置には永遠に閉ざされているとしてきた人間の理性の領域が、そのような機械によって侵害されることになるからである。

人間の言語使用に関する論争はまだ決着がついていないが、デカルトの言語使用による論証も、同じくらい疑わしい。コンピュータ言語の概念は、いまではありふれたものである。BASICやFORTRAN、APL、LISP、C++、JAVAなどを考えてみればよい。たしかに、これらの人工「言語」は、構造においても内容においても、人間の自然言語よりずっと単純であるが、そこには程度の違いがあるだけであり、種類の違いはない。また、ノーム・チョムスキーの理論的研究および言語学への「生成文法」的アプローチが、コンピュータによる言語シミュレーションを可能にすることで、人間の言語能力を説明するのに多大な貢献を行ってきた。私は決して、真に会話可能なコンピュータがもうすぐそこまでやってきていると言うつもりはない（ただし“Siri”とよばれる人気の新「アプリ」はかなり印象深い）。まだ知るべきことがたくさんあり、根本的な問題は解決されないままである（そのほとんどが私たちの帰納的および理論的推論に関係する問題である）。だが、言語に関する昨今の進展は、言語使用が純粋に物理的なシステムには永遠に不可能であるという主張をまったく支持しない。それどころか、第6章でより詳しく見るように、そのような主張はいまではむしろ、恣意的で独断的であるように思われるのである。

つぎの問題も、いまなお生きた問題である。すなわち、私たちはいかにして純粋に物理的な観点から、感覚の内在的な性質や、信念と欲求の特定の意味論的内容を説明・予測することができるだろうか。これは唯物論者に対する大きな挑戦である。しかし、後ほどみるように、どちらの問題についても、活発な研究がすでに進行中であり、積極的な提案がある程度詳しく検討されつつある。

唯物論者はまだ、どちらの問題についても解決したと主張することはできないが、その解決がどのようなものになるかを想像することは、いまや不可能ではない。たしかに唯物論者が解けたと主張するまで、二元論者が交渉の有利な材料をもち続けることになろう。しかし、ただそれだけのことである。二元論者が彼らの言い分の妥当性を確保するために必要なのは、物理的還元が完全に不可能である（たんにまだ達成されていないだけではなく）という結論を確立することであり、それこそまさに、彼らが確立するのに失敗してきた結論なのである。この段落の冒頭で述べたような二元論者からの修辞疑問は、論証と言えるようなものではない。また、一つ注意してほしいことがある。主観的クオリアおよび意味論的内容がいったいいかにして、実体二元論者の非物理的な心の素材のみに基づいて説明・予測されうるかを想像することは、唯物論者の場合と同じくらい困難な問題だということである。それらをどう説明するかという問題は、唯物論者だけではなく、あらゆる立場の人に向けられた大きな挑戦なのである。したがって、この問題については、じつはほぼ引き分けなのである。

二元論を支持する最後の論証は、テレパシーや念力のような超心理学的な現象の存在を強く主張するものである。ようするに、そのような心的現象は、(a)実在的であり、(b)純粋に物理的な説明を超えていると言うのである。この論証は、じつは前述の還元不可能性による論証の別の例であり、以前の場合と同じく、たとえそのような現象が実在するとしても、それらが純粋に物理的な説明を永遠に拒むはずだということが、完全に明らかになっているわけではないのである。唯物論者は、たとえばテレパシーについて、可能な説明をすでに提案することができる。彼の見解では、思考は脳内の電気的活動である。ところが、標準的な電磁気学の理論によると、脳内のそのような電荷の運動は、脳からあらゆる方向に放射される電磁波を生み出す。この電磁波は、それを生じさせたまさにその電気的活動について、詳細な情報を含んでいる。そのような電磁波は、他人の脳に到達したとき、他人の脳内の電気的活動に対して、すなわち、他人の思考に対して、特定の影響を及ぼすことができる。これをテレパシーの「無線送信機／受信機」理論とよぶことしよう。

私はまったく、この理論が真であると主張するつもりはない。脳によって放射される電磁波は驚くほど微弱であり（商業ラジオ放送局から出される絶え間ない背景的電磁波の流れより数十億倍も弱い）、しかもそれらの電磁波がどうしようもないほどごちゃ混ぜになっていることもまた、ほぼ間違いない。それゆえ、テレパシーについて体系的、説得的、かつ再現可能な証拠がなければ、私たちはそれが本当に存在するのかどうかを疑わなければならない。しかし、重要なことは、たとえテレパシーが実在するとしても、唯物論者はこれまでのどんな二元論者よりも、テレパシーのありうる詳細な説明を提供する理論的な手段をもっているということである。そうだとすれば、唯物論者がこれらの問題で説明上不利な立場にあるはずだということは、まったく自明なことでない。むしろその逆なのである。

お望みなら、ここまで述べてきたことを脇にのけておいてもよい。というのも、超心理学的現象による論証の主たる困難は、もっともっと単純なことだからである。大衆報道機関が垂れ流す無数の発表や逸話にもかかわらず、また、超心理学的現象に関する真剣な持続的研究にもかかわらず、そのような現象がまさに存在することを示す有意味な、あるいは信頼可能な証拠はまったくないのである。この問題に関する大衆の確信と現実の証拠のあいだにある大きなギャップは、それ自体が研究を必要とするほど驚くべきものだ。なぜなら、実験を遂行・制御するのに相応しい設備のある研究所において、「超心理学的」な効果が再現可能ないし信頼可能な仕方で生み出されたことが、ただの一度もないからである。一度もである。正直な研究者たちは、奇術師の業界から生み出されたスキルをもつ「心霊」ペテン師たちに何度も騙されてきたし、この主題に関する歴史はほとんど、騙されやすさや、証拠の恣意的な選択、貧弱な実験制御、研究者もどきの公然たる詐欺の歴史でもある。もし誰かが本当に再現可能な超心理学的効果を発見したなら、私たちは状況の再評価を行わなければならないだろうが、現状では、心に関する二元論を支持するようなものは、そこには何もないのである。

二元論を支持する論証は批判的な検討を行えばすぐ、その力をほとんど失う。しかし、まだこれで終わりというわけではない。二元論に反対する論証があり、それらについても検討を行う必要がある。

二元論に反対する論証

唯物論者たちによって強く主張された、二元論に反対する最初の論証は、唯物論的な見方の単純性に訴えるものである。他の事情がすべて等しいなら、二つの競合する仮説のうち単純なほうを選ぶべきであるというのは、合理的な方法論の一つの原理である。この原理は、「オッカムの剃刀」とよばれることがある。それは、この原理をはじめて明確に述べたのが中世の哲学者ウィリアム・

オッカムだからである。また、この原理は、「現象の説明に厳密に必要なもの以上に、存在者を増やしてはいけない」と表現することもできる。唯物論者は一種類の実体（物理的な物質）と一種類の性質（物理的な性質）だけを仮定するが、二元論者は二種類の実体および／または二種類の性質を仮定する。しかし、それによる説明上の明白な利点は何もない、と唯物論者は攻撃するのである。

これはまだ、二元論に対する決定的な反論ではない。なぜなら、単純性の原理は、二元論と唯物論の両方が説明されるべき現象をすべて説明できたときに、その効力を発揮するものであるが、それらの立場はまだどちらも、そのような説明を達成できていないからである。しかし、単純性による反論には、それでも幾分かの力がある。なぜなら、物理的な媒体が存在すること（そして私たちの内的な認知活動において実質的な役割を果たしていること）には、まったく疑いの余地がないのに対し、精神的な媒体の存在は、原始的で、根拠薄弱で、説明力の弱い仮説にとどまっているからである。

もし二元論的な仮説が他のいかなる方法でも得られないような何らかの明確な説明上の利点をもたらすなら、私たちは喜んで、この単純性による最初の選択を反故にするだろうし、そうするのが正しいだろう。しかし、二元論はそのような利点をもたらさない、と唯物論者は主張する。実際、説明上の利点については、話は逆だ、と唯物論者は論じる。ここから二元論に対する第二の反論が出てくる。すなわち、現在の唯物論と比べて、二元論は説明力が乏しいという反論である。

神経科学においてすでに得られている説明手段をごく簡単に見てみよう。私たちは脳が存在し、それが何から出来ているかを知っている。また、脳の微細構造についてもよく理解している。すなわち、ニューロンがどのように組織化されて一つのシステムとなるのか、異なるシステムが互いにどのように結合しているのか、それらのシステムが筋肉へ出力する運動神経とどのように結合しているのか、またそれらが目、耳、皮膚などの末梢感覚神経から入力を受ける脳の感覚野とどのように結合しているのかを私たちは理解している。さらにニューロンの微量化学についても、よく知っている。すなわち、いかにニューロンが発火して、さまざまな線維に沿って小さな電気化学的インパルスを送り出すのか、いかにニューロンが下流の一群の細胞を発火させたり、発火を阻止したりするのかを私たちは知っている。そしてこの活動がいかに感覚情報を処理するのか、つまりどのようにして顕著な情報や関連する情報が選別されて高次システムに送られ、そこで分析されるのかについて、私たちはある程度知っている。また、そのような活動がいかにして身体行動を開始させ、それを調整するのかについて、ある程度知っている。さらに、おもに神経学（脳の病気を扱う医学分野）のおかげで、脳のさまざまな部分の損傷と、患者がそれによって被るさまざまな行動障害や認知障害との相関関係について、多くのことを知っている。神経科学者によく知られている非常に多くの、重大なものから軽微なものにわたる個別の障害がある（たとえば、話す、読む、発話を理解する、顔を識別する、足し算や引き算を行う、手足を動かす、理解した情報を長期記憶に蓄える、といったことの障害がある）。そしてそのような障害の発生は、脳の非常に限定された特定の下位システムにおける損傷の発生と密接に結びついているのである。

このような損傷の分類のほかにも、私たちにわかっていることがある。脳の微細構造の成長と発達は、神経科学が詳細に探究してきたものであり、そのような発達が生物によるさまざまな種類の学習の基礎になっていると考えられる。つまり、学習（道徳学習や社会学習を含む）は、脳内の持続的な化学的および微視物理学的な変化を含むのである。神経科学はようするに、脳について、その構成やそれを支配する物理法則も含めて、多くのことを私たちに教えてくれる。それはすでに、私たちの数多くの行動を脳の構造的、化学的、電気的性質によって説明できる。そして神経科学は、私たちの探究が続くにつれて、さらにずっと多くのことを説明するのにふさわしい理論的な手段を与えてくれるのである（第7章で、神経生理学と神経心理学について、より詳細に見る）。

さて、神経科学者が脳について私たちに教えることができることや、その脳の知識を用いて行うことができることと、二元論者が精神的実体について私たちに教えることができることや、その実体についての諸々の仮定を用いて行うことができることを、比較してみよう。二元論者は心の素材の内的構成について、私たちに何かを教えることができるだろうか。心の素材を作り上げる非物質的な要素については、どうだろうか。それらの要素の振る舞いを支配する非物理的な法則については、どうだろうか。身体と心の構造的な結びつきについては、どうだろうか。心の働き方については、どうだろうか。二元論者は心の構造とその欠陥に基づいて、人間の能力と病理を説明できるだろうか。実際のところ、彼らはこれらのことがまったくできない。なぜなら、心の素材の詳細な理論がこれまで一度も定式化されていないからである。現在の唯物論の豊かな説明手段や成功と比べると、二元論は心の理論というよりも、本当の心の理論が入れられるのを待ち受けている空っぽの容器なのである。

唯物論者はこのように論じる。しかし、ふたたび、これは二元論に対する完全に決定的な反論ではない。二元論者は、脳が知覚と行動の両方に対して主要な役割を果たすことを認めることができる。彼の見解では、脳は心と身体の媒介者である。しかし、彼は、唯物論者の現在の成功と将来の説明の見込みが、脳のこの「媒介的」機能だけに関係し、非物理的な心の中心的能力、すなわち理性、情動、意識のような能力には関係しないと主張する。この後者の点については、いまのところ二元論と唯物論は、どちらも空くじを引いているのだ、と彼は論じるのである。

しかし、この二元論者の応答はあまりよくない。理性の能力については、人間が行えば、一生かかるような高度な演繹的・数学的計算を行う機械がすでに存在する。他の二つの情動と意識の能力に関しては、うつ状態、動機、注意、睡眠などについての研究が、情動と意識の神経化学的および神経動力学的な基礎について、数多くの興味深い示唆的な事実を明らかにしてきた。心の末梢的な能力に劣らず、心の中心的な能力についても、さまざまな唯物論的な研究プログラムが、その解明に取り組み、着実な成果を挙げてきたのである。

それはさておき、(実体)二元論者が、非物質的な心に固有で唯一「心的」であるような能力と、物理的な脳のたんに媒介的であるにすぎないような能力を峻別しようとするなら、(実体)二元論の直接的な論駁になりそうな論証が浮上してくる。もし推論、情動、および意識が生起する別個の実体が本当にあり、その実体が入力としての感覚経験と出力としての意志的遂行だけを脳に依存するとしたら、理性、情動、および意識が、脳の操作によって直接制御されたり、脳の損傷によって病的になったりすることはほとんどないだろうと予想されよう。

しかし、実際には、事実は正反対である。アルコール、麻薬、あるいは老化による神経活動の退化が、合理的思考を損なったり、歪めたり、さらには破壊したりすることさえある。精神医学では、脳で作用し、情動を制御する化学物質が、何百種類も知られている（リチウム、塩、クロルプロマジン、アンフェタミン、コカイン、など）。また、麻酔、カフェイン、および頭への鋭い打撃のような単純な刺激によって意識が影響を受けることも、意識が脳内の神経活動に非常に深く依存していることを示している。もし理性、情動、および意識が脳そのものの活動であるなら、このようなことは完全に理解可能である。しかし、それらがまったく脳とは別のものの活動なら、そのようなことはほとんど理解不能である。

この論証は、既知のすべての心的現象の神経依存性（neural dependence）による論証とよぶことができよう。この論証は実体二元論を脅かすが、性質二元論は脅かさないことに注意してほしい。なぜなら、唯物論のように、性質二元論は物理的な脳をすべての心的活動の座とみなすからである。しかしながら、どちらの形の二元論も脅かす論証がある。それを示して、本節を締めくくることにしよう。それは進化の歴史による論証とよぶことができる。

私たちのような複雑で高度な種の起源は何であろうか。また、イルカやネズミ、イエバエの起源は何であろうか。この問題については、化石記録、比較解剖学、およびタンパク質と核酸の生化学のおかげで、もはや有意味ないかなる疑問を挟む余地もない。現存するどの種も、先行の生物タイプに生じた多数の変異から生き延びてきたタイプである。また、この先行のどのタイプも、さらに前の先行の生物タイプに生じた多数の変異から生き延びてきたものである。このようにして進化の系統樹の分岐を遡っていくと、三〇億年ほど前に、ただ一つの、あるいは非常に少数の単純な生物の幹にたどりつくことになる。この生物は、そのもっと複雑で多様な子孫と同じく、自己修復的、自己複製的、かつエネルギー駆動的な分子的構造体である。（この進化の幹は、さらにそれ以前の純粋に化学的な進化にその起源をもつ。化学的進化においては、生命の分子的要素が、太陽から、あるいはひょっとすると地球の溶融炉心から送られるエネルギーによって、ランダムに結合しあっていた。）この複雑できわめて古い系統樹を生み出したメカニズムには、二つの主要な要素がある。すなわち、(1)繁殖する生物のタイプに、ふつうは非常に小さな盲目的ないし偶発的な変異がときどき生じること、および、(2)このように変異したタイプのうちの一部が繁殖上の利点をもつことにより、選択的に生き延びることである。地質時代の歩みのなかで、そのような自然選択の過程がじつに多様な生物を生み出し、そのなかには実際非常に複雑なものもいる。

この理論の最初の証拠は、もちろん、チャールズ・ダーウィンによって見いだされた。彼は、別個の種がおおよそ類似した特性をもつ別個の「族」にまとまる傾向があり、まるでそれらが遠い過去のどこかで共通の祖先の種をもつかのようだということに注目した。そしてこの推測をさらに裏づけたのが、長らく人間の農場において行われてきた人為選択の過程に関する詳細な理解であった。現在のさまざまな飼育生物、たとえば、いろいろなイヌ、ウシ、ニワトリ、ヒツジ（そして人間による育成ということで言えば、トウモロコシ、小麦、米）は、もともとはこの人為選択によって、しかもかなり最近になって生み出されたものである。年が経つとともに、ダーウィンの洞察に満ちた推測は、地球の太古の化石記録の相次ぐ発見によって強化された。そのような発見は動植物の種がますます多様で複雑になり、樹状に枝分かれしていったことの動かぬ証拠である。これらの証拠は、一八〇〇年代後半においてさえ、科学者共同体の大部分を納得させるのに十分であった。しかし、最近のＤＮＡの発見と、どんな生物からも、その完全なゲノムを見いだす技術の発展により、私たちはさらに、地球の進化の歴史を詳細に追跡する別の新たな方法を手にすることになった。というのも、どんな生物種であれ、それらの独自の特徴的なゲノムを互いに比較して、その類似点と相違点を明らかにすることができるからである。私たちは、非常に類似したゲノムが最近の共通祖先のゲノムが存在した証拠であり、きわめて異なるゲノムが非常に遠い過去における遺伝的分岐の証拠であると仮定することで、そのようなゲノムの類似点と相違点の抽象的な系統樹を構築することができる。魅力的かつ証拠として重要なのは、三つの系統樹、すなわちダーウィンの身体の類似性の分析によって生み出された思弁的な系統樹、それとは別に化石記録によって明らかになった系統樹、さらにそれとは別にゲノム分析により明らかになったいっそう最近の系統樹が、すべて同一だということである。この系統樹があまりにも複雑なために、アカデミックな科学の世界の外にいる大半の人たちは、そのとてつもない証拠の一致にまだあまり気づいていない。しかし、それは事実であり、しかも驚異的なことなのである。

私たちの議論にとって、この標準的な進化の物語のどこが重要かと言えば、それは、人間という種とそのすべての特徴が、完全に物理的なプロセスから生まれた完全に物理的なものだということである。もっとも単純な生物を除いて、他のすべての生物と同じように、私たちは神経系をもっている。しかも、それをもつ理由も他の生物と同様である。すなわち、神経系によって行動を適切に導くことが可能になるのである。しかし、神経系は細胞の活動的な集団にすぎないし、細胞は分子の活動的な集団にすぎない。私たちが傑出しているのは、私たちの神経系が私たちの進化上の兄弟姉妹の神経系より複雑で強力だということだけである。私たちの内的本性は、私たちより単純な生物のそれと程度において異なるが、種類において異なるわけではないのである。

これが私たちの起源の正しい説明なら、どんな非物質的な実体や性質も私たち自身に関する科学的説明に組み込む必要はないし、その余地もないように思われる。私たちは物質の被造物なのだ。私たちはこの事実と折り合う術を学ぶべきである。

以上のような議論が専門家たちの大部分（しかしすべてではない）を動かして、何らかの形の唯物論を採用させてきた。しかしながら、それはほぼ満場一致という状態にはならなかった。なぜなら、これらの最近の唯物論的な諸立場のあいだには、さまざまな二元論を分かつ違いよりもさらにいっそう大きい違いがあるからである。以下の四つの節では、これらの唯物論的な立場と、それらもまた直面する困難を探っていこう。

2　哲学的行動主義

第二次世界大戦後の二〇年間、哲学的行動主義（philosophical behaviorism）はその影響力の頂点に達していた。少なくとも三つの知的な動向が相合わさって、哲学的行動主義を動機づけた。第一の動機は、二元論への反発であった。第二の動機は、どんな文であれ、その意味は、究極的にはその文がどのような観察可能な状況によって検証または確証されるかの問題だとする論理実証主義的な考え方であった。そして第三の動機は、すべてではないにせよ、大部分の哲学的問題が、言語的ないし概念的な混乱によって生まれ、その問題を表現している言葉を注意深く分析することによって解決（または解消）されるべきだという一般的な想定であった。

実際のところ、哲学的行動主義は、心的状態が（その内的本性において）何であるかの理論ではなく、むしろ私たちが心的状態について語るのに用いる言葉をどのように分析ないし理解すべきかについての理論である。すなわち、それは、情動や感覚、信念、欲求についての私たちの語りは、幽霊のような内的出来事についての語りではなく、むしろ現実的および可能的な行動パターンについての省略的な語りだと主張するのである。哲学的行動主義は、そのもっとも強烈で単刀直入な形においては、個人の心的状態についてのいかなる文も、ある個人があれこれの観察可能な状況にいれば、どんな観察可能な行動をするだろうかという長く複雑な文へと、意味を失わずに、言い換えられると主張するのである。

ここで役に立つのは、水溶性があるという傾向的な性質との類比である。ある特定の角砂糖に水溶性があると言うことは、その角砂糖が何らかの幽霊のような内的状態をもっていると言うことではない。それはたんに、もしその角砂糖を水に入れれば、それは溶けるだろうと言うことにすぎない。より厳密に言うと、

「xには水溶性がある」

という文は、定義によってつぎの文と等価である。

「もしxを不飽和の水に入れると、xは溶けるだろう」

これは「操作的定義（operational definition）」とよばれるものの一例である。「水溶性」という言葉は、それがテストされる事例に実際に当てはまるかどうかを明らかにするような一定の操作またはテストによって定義される。

行動主義者によると、「カリブ海で休暇を過ごしたい」というような心的状態にも、同様の分析が成り立つ。ただし、その分析ははるかに複雑なものになる。アンはカリブ海で休暇を過ごしたいということは、(1)もしカリブ海で休暇を過ごしたいかと尋ねられれば、アンはそうだと答えるだろうし、(2)もしジャマイカと日本についての新しい休暇のパンフレットがあれば、彼女はまずジャマイカのものに目を通すだろうし、(3)もし今週の金曜日のジャマイカ行きの航空券が手に入れば、彼女はジャマイカに行くだろう、等々ということである。水溶性と違って、ほとんどの心的状態は多角的な傾向性である、と行動主義者は主張する。しかし、あくまでも傾向性なのである。

それゆえ、この見解では、心と身体の「関係」について心配することは、何の意味ももたない。たとえば、マリー・キュリーの心について語ることは、彼女が「所有している」何かある「もの」について語ることでない。それは彼女の非凡な能力や傾向性について語ることである。心身問題は疑似問題だ、と行動主義者は結論づけるのである。

行動主義は明らかに人間の唯物論的な見方と整合的である。物質的対象は傾向的な性質を、しかも多角的なものでさえ、もちうる。それゆえ、心理的な言葉を有意味にするために、二元論を採る必要はない。（しかしながら、行動主義が二元論とも厳密に整合的だということは、指摘しておくべきだろう。なぜなら、たとえ哲学的行動主義が真であったとしても、私たちの多角的な傾向性が分子的な構造ではなく、非物質的な心の素材に基礎をもつということは、あくまでも可能だからである。この可能性については、しかしながら、ほとんどの行動主義者がそれを真剣には受け止めなかった。なぜなら、前節の終わりに述べた多くの理由により、二元論にはさまざまな困難があるからである。）

哲学的行動主義には、残念ながら、その擁護者にとってさえ、それを信じるのを困難にするような二つの重大な欠陥があった。この説は、私たちの心的状態の「内的な」質的側面を明らかに無視し、さらに拒否しさえした。たとえば、痛みを感じることは、たんにうめき声を発し、しかめ面をし、アスピリンを服用するなどの傾向があるということではないように思われる。痛みはそれに加えて、内観において現れるような内在的な質的本性（ひどくいやな本性）をもっている。どんな心の理論であれ、そのようなクオリアを無視または拒否する理論は、端的に職務怠慢なのである。

この問題は、行動主義者たちからおおいに注目されたし、それを解決するために真剣な試みがなされた。しかしながら、この問題を詳しく扱うには、意味論の問題に深く立ち入る必要があるので、この難問をさらに議論することは、第3章まで延期することにしよう。

行動主義の第二の欠陥は、心的状態を構成するとされる多角的な傾向性について、行動主義者がそれを綿密に規定しようとしたときに、浮かび上がってきた。たとえば、「カリブ海で休暇を過ごしたい」という文を適切に分析するために必要な条件文のリストは、たんに長いのではなく、際限なく長いか、あるいは無限にすら長いように思われる。しかも、そのリストに含まれるべき要素を特定する有限の方法が存在しないように思われる。そしてどんな言葉であれ、このように定義項が果てしなく、非特定的であれば、明確な定義がなされたとは言い難い。さらに、この長い分析に含まれていた条件文それ自体も、疑わしいものであった。アンが実際にカリブ海で休暇を過ごしたいとしよう。上述の条件文(1)は、アンが自分の休暇の願望について隠し立てしない場合にのみ真である。また、条件文(2)は、彼女がまだジャマイカのパンフレットにうんざりしていない場合にのみ真である。さらに、条件文(3)は、彼女が金曜日の飛行機がハイジャックされないと信じる場合にのみ真である、等々。しかし、そのような関連する限定を加えることによって各条件文を修正することは、一連の明らかに心的な要素を定義項に導入することであり、もはや心的なものをもっぱら公的に観察可能な状況と行動のみによって定義しているとは言えなくなる。

行動主義が二元論への唯一の代案に思えた時期は、哲学者たちはそのような欠陥を修復ないし無害化するために、それらと格闘する覚悟があった。ところが、一九五〇年代後半から六〇年代にかけて、行動主義よりさらに唯物論的な三つの理論が台頭してくると、行動主義からの逃亡は迅速であった。

（本節を締めくくるに当たって、一つ注意すべきことを指摘しておこう。これまで論じてきた哲学的行動主義は、一九〇〇年代の最初から約七〇年間、心理学で大きな影響を誇った方法論的行動主義(methodological behaviorism）と明確に区別されなければならない。この後者の見解は、そのもっとも率直な形では、心理学によって考案されるどんな新たな理論的用語も、操作的に定義されるべきだと主張する。それは、心理学が観察可能な実在との確固たる永続的な結びつきを維持できるようにするためである。対照的に、哲学的行動主義は、科学以前の私たちの日常の語彙に含まれる常識的な心理用語がすべて、それらのもつあらゆる意味を（暗黙の）操作的定義からすでに得ているのだと主張する。この二つの見解は論理的に別個であり、たとえ常識的な心的用語の傾向的な分析が間違っているとしても、新しい理論的用語に対して傾向的な分析を行うというのは、賢明な科学的方法論であるかもしれないのである。方法論的行動主義については第5章2節を参照。）

3　還元的唯物論（同一説）

還元的唯物論（reductive materialism）は、同一説（identity theory）としてより広く知られるが、いくつかある唯物論的な心の理論のなかでもっとも直接的なものである。その中心的な主張はまさに単純で、心的状態は脳の物理的状態であるとする。すなわち、心的状態や過程のそれぞれのタイプは、脳または中枢神経系の物理的状態や過程のあるタイプと数的に同一（つまり一つの同じもの）である。現段階では、脳の複雑な働きについてはよくわかっていないので、少数の比較的単純で明白な場合を除いて、実際にはそのような同一性を具体的に述べることができないが、同一説は脳研究がやがてそれらをすべて明らかにするだろうと主張する。（この主張の評価に役立てることを一つの目的として、第7章では、現在の脳研究について検討を行う。）

歴史的類例

同一論者が見るところでは、この心的状態や過程についての予想される結果には、科学の歴史のなかによく知られた類例がある。音を考えてみよう。私たちはいま、音が空気中を伝わる圧縮波の列にほかならないこと、たとえば、高音であるという質的な性質が高い周波数をもつという性質にほかならないことを知っている。また、私たちは光が電磁波にほかならないことを知っているし、現在の最善の理論によれば、物体の色は物体のもつ三つ組の反射率（三原色の波長の光に対する反射率）と同一である。この三つ組の反射は物体が打ち出す「和音」のようなもので、ただこの「和音」は音波ではなく、電磁波として打ち出される。私たちはいまでは、物体の温かさや冷たさが物体を作り上げる分子の運動のエネルギーにほかならないことを知っている。温かさは高い平均分子運動エネルギーと同一であり、冷たさは低い平均分子運動エネルギーと同一である。私たちは、稲光が雲と雲のあいだの、あるいは雲と地面のあいだの突然の大規模な電子の放出と同一であることを知っている。まったく同様に、私たちがいま「心的状態」と考えているものは、脳の状態と同一であると同一説は論じるのである。

理論間還元

例示したこれらの類例はすべて、成功した理論間還元（intertheoretic reduction）の例である。つまり、それらにおいてはすべて、新しい非常に強力な理論から、古い理論または古い概念枠組の命題と原理に完全に（あるいはほぼ完全に）対応するひと組の命題と原理をすべて導き出せるようになっている。新しい理論から導き出される諸原理は、古い枠組の対応する諸原理と同じ相互の連関をもち、まったく同じケースに当てはまる。唯一の違いは、古い原理がたとえば「熱」、「熱い」、「冷たい」のような概念を含むのに対し、新しい原理がそれらの代わりに「全分子運動エネルギー」、「高い平均分子運動エネルギーをもつ」、「低い平均分子運動エネルギーをもつ」のような概念を含むことである。

現象の予測と説明に関して、新しい枠組が古い枠組よりはるかにすぐれていれば、私たちは新しい理論の理論的用語が実在を正確に記述する用語だと信じるべき非常に良い理由を手にすることになる。しかし、古い枠組がその元の領域では適切に働くとすれば、そして上述のような体系的な仕方で、古い枠組が新しい理論の一部と対応するなら、古い用語と新しい用語はまったく同じものを指示するか、あるいはまったく同じ性質を表すと結論してよいであろう。私たちは古い枠組によって不完全に記述されたまさにその同じ実在を、新しいより透徹した概念枠組によって把握したのである。そして私たちは科学哲学者が「理論間還元」とよぶものを宣言する。すなわち、光は電磁波である、温度は平均分子運動エネルギーである、等々。

この直前の二つの段落で挙げた事例は、もう一つ重要な特徴を共有している。すなわち、それらはすべて、還元を受ける側のものや性質が、常識の概念枠組に属する観察可能なもの (observable) や性質であるような事例である。これらの事例は、理論間還元が理論的な概念枠組のあいだだけではなく、それ以外でも起こりうるし、現に起こることを示している。つまり、常識における観察可能なものもまた還元されうるのである。したがって、お馴染みの内観可能な心的状態が脳の物理的状態に還元されたとしても、それはとくに驚くべきことではないだろう。そのような還元に必要なのはただ、神経科学が発展して説明上の成功を収め、ついには心的状態のための常識の概念枠組を構成する仮定と原理の適切な「鏡像」が神経科学から導き出せるようになることだけである。この鏡像において、脳状態の用語は、心的状態の用語が常識の仮定と原理において占める位置を、まさに占めるのである。この条件（明らかにかなり厳しい条件であるが）が満たされれば、さきに挙げた歴史的な事例と同じく、還元の成功を宣言し、心的状態と脳状態の同一性を主張することが正当化されよう。

同一説を支持する論証

同一論者は、私たちの「素朴な」心理学を還元するのに必要な厳しい条件を、神経科学がやがて満たすだろうと信じるべきどんな理由をもっているのだろうか。これには少なくとも四つの理由があり、それらはすべて、人間の行動とその原因の正確な記述は、物理的な神経科学のうちにあるにちがいないという結論を指し示している。

まず、指摘できるのは、どの人間も純粋に物理的な起源をもち、明らかに物理的なものから出来ているということである。人はまず、遺伝的にプログラムされた単細胞の分子的組織（つまり受精卵）から始まり、そこにさらに分子が付け加わることによって成長していく。付け加わる分子の構造と統合は、細胞核のＤＮＡ分子にコード化された情報によって制御される。このような過程を経て出来上がるのは純粋に物理的なシステムであり、このシステムの行動は、それの内部活動および物理的環境との相互作用から生じる。そしてそのような行動を制御する内部活動を解明することが、まさに神経科学の課題である。

この論証と密接に関係するのが、第二の論証である。それぞれのタイプの動物の起源もまた、徹底的に物理的な本性をもつように思われる。以前に述べた進化の歴史による論証（三八ページ）が、同一論者の主張にさらに支持を与える。なぜなら、進化の歴史だけがいまのところ、脳と神経系の行動制御能力についてまともな説明を提供するからである。脳と神経系が選択されたのは、それらによって行動を制御する生物が多くの利点（究極的には繁殖上の利点）をもったからである。このような進化の歴史からも、私たちの行動の基礎的な原因は、やはり神経活動のうちにあるように思われる。

第三に、同一論者は、すべての既知の心的現象が神経活動に依存するという前述の神経依存性による論証（三八ページ）から、さらに支持を得ることができる。同一説が正しいとすれば、そのような神経依存性はまさに予想されるはずのことである。もちろん、体系的な神経依存は性質二元論からも帰結するが、同一論者はここで単純性の要件に訴えることができる。一種類の性質と活動によってすべてが説明できるなら、なぜ根本的に異なる二種類のものを認める必要があるのだろうか。

第四の論証は、神経科学のますますの成功から出てくる。神経科学は多くの生物の神経系を解明し、その行動能力と行動上の欠陥を、神経系に見いだされる構造から説明してきた。さきの三つの論証はすべて、神経科学がこの試みに成功するはずだということを示しており、実際、神経科学の歴史はずっとそのことを証明してきている。とくに非常に単純な生物の場合には（予想されるように）、進歩は急速であった。そして人間の神経系についても、進歩があった。ただし、明白な道徳的理由により、人間の場合は、より慎重で用心深い探究が必要である。ようするに、神経科学はまだまだこれからだとはいえ、これまでの進歩は同一論者に相当な勇気を与えるものなのである。

しかし、これらの論証は、同一説を決定的に支持するにはほど遠い。それらはもちろん、人間と動物の行動の原因が本質的に物理的な本性をもつという考えに、圧倒的な論拠を提供しているが、同一説はその考え以上のことを主張しているのである。すなわち、同一説は、神経科学によって見いだされる神経状態のタイプが常識で分類される心的状態のタイプと一対一に対応すると主張する。そのような体系的な対応が見いだされなければ、理論間還元の主張は正当化されない。しかし、さきの論証はいずれも、新しい理論が私たちの行動の説明と予測に関して高らかに成功を誇示したとしても、新旧の枠組がそのように体系的に対応することを保証しないのである。さらに、唯物論の他の立場から、そのような都合よい対応はむしろ見いだされそうもないという論証がなされている。しかし、それらの論証を検討する前に、同一説に対するいくつかのより伝統的な反論を検討しよう。

同一説に反対する論証

〔第一の論証〕

まず、さきに論じた内観による論証から検討を始めるのがよいだろう。内観はニューラルネットワークの電気化学的インパルスのあり方を明らかにするのではなく、思考、感覚、情動のあり方を明らかにする。内観において明らかになる心的状態や性質は、いかなる神経生理学的な状態や性質とも根本的に異なるように思われる。いったいいかにしてそれらが同じものでありうるのだろうか。

その答えは、すでに見たように、「容易に同じものでありうる」である。赤と緑、甘さと塩辛さ、熱さと冷たさを識別するさい、私たちの外的感覚器官は、実際に物理的対象の繊細な電磁気学的、立体化学的、微視力学的な性質を識別している。しかし、私たちの感官は、それ自身では、そのような極微の精細な性質を詳細に明らかにするほど、透徹した力をもたない。そのためには、理論的研究と特別に設計した装置による実験的探究が必要である。私たちの「内的」感覚器官についても、おそらくそれと同じ限界があるだろう。内観は非常にさまざまな神経状態を効率的に識別するかもしれないが、それ自身では、識別される状態を詳細に明らかにすることができない。しかし、たとえ内観にそのようなことが実際にできたとしても、それは決してありえない奇跡だというわけではないだろう。それは、電場と磁場が相互作用して、千兆ヘルツの周波数と百万分の一メートル以下の波長をもつ電磁波がヒューと飛んでいくのが裸眼で見えたとしても、ありえない奇跡でないのと同様である。なぜなら、「見かけ」に反して、光とはまさにそのようなものだからである。したがって、内観による論証はまったく無力である。内観は、それ自身では、そのような微視物理的な詳細を明らかにしないと考えられるのである。

〔第二の論証〕

つぎの反論は、心的状態と脳状態を同一視すると、文字通りには理解不可能な言明を受け入れざるをえなくなり、哲学者の言う「カテゴリーの誤謬（category error）」を犯すことになるので、そのような同一視はまったくの概念的混乱だと論じる。この論証については、数的同一性に関するもっとも重要な条件に目を向けることから話を始めるのがよいだろう。この条件は「ライプニッツの法則」とよばれ、二つのものaとbが数的に同一（すなわちa＝b）であるのは、一方がもつすべての性質を他方ももつとき、かつそのときにかぎるというものである。この法則は同一説を論駁する一つの方法を示唆する。すなわち、脳状態にはあるが、心的状態にはないような性質（あるいはその逆の性質）を見つければよいのである。そうすれば、同一説は論破されるだろう。

空間的性質がしばしばこの目的のために引き合いに出されてきた。脳状態と過程はもちろん、脳全体においてであれ、その一部においてであれ、必ず特定の空間的位置をもつ。そして心的状態が脳状態と同一なら、心的状態はまさに同じ空間的位置をもたなければならないことになる。しかし、私の痛みの感じが私の視床の腹側にあるとか、太陽が恒星であるという私の信念が私の左脳の側頭葉にあるとかと言うことは、文字通りには、無意味である。そのような主張は、数5が緑であるとか、愛が二〇グラムであるとかと言うのと同じくらい、無意味なのである。

同じ論駁を逆方向から仕掛ける論者もいる。彼らは、物理的な脳状態にさまざまな意味論的性質を帰属させるのは無意味であると論じる。たとえば、私たちの思考と信念は意味をもつ。つまり、特定の命題的内容をもつ。それらは真または偽であり、整合性や含意のような関係をもちうる。思考や信念が脳状態であるなら、脳状態はこのような意味論的性質をすべてもたなければならないだろう。しかし、連合皮質のある神経活動が真であるとか、近隣の神経活動を論理的に含意するとか、Pという意味をもつとかと言うことは、無意味である。

このような論駁はいずれも、それが二〇年前や三〇年前にもったのと同じ力をいまでももつわけではない。なぜなら、同一説に親しみが生まれ、認知における脳の役割がだんだんわかってくると、問題の主張に対する意味論的な奇妙さの感じが減ってきたからである。しかし、たとえそのような主張がなお意味論的に混乱しているとすべての人に感じられるとしても、そのことはほとんど重大なことではないだろう。音が波長をもつとか、光が周波数をもつと主張することは、音と光がともに波動現象であると確信する前は、同じように理解不可能に思えたにちがいない。（たとえば、バークリー卿が彼の著『三つの対話』の第一対話において、音が空気の振動であるという考えを拒否したことを考えてほしい。この反論はフィロナスによってなされている。）暖かさが（$\mathrm{kg \cdot m})^2/s^2$で測定できるという主張は、温度が平均分子運動エネルギーであることを理解するようになる前は、同じように意味論的に歪んでいるようにみえたであろう。そして地球が動くというコペルニクスの一六世紀の主張もまた、意味論的に歪んでいると言いたくなるほど、馬鹿げているように人々に思われたのである。その理由を理解することは難しくない。つぎの論証を考えてみよう。

> 地球が動くというコペルニクスの主張は、まったくの概念的混乱である。なぜなら、あるものが動くと言うことが、何を意味するのかを考えてほしい。「xが動く」は「xが地球に対して位置を変える」を意味する。したがって、地球が動くと言うことは、地球が地球に対して位置を変えると言うことである！　これは馬鹿げている。それゆえ、コペルニクスの立場は明らかに言語の乱用である。

ここでもち出されている意味分析は、たぶん正しいだろうが、それが意味するのはただ、話者が自分の言葉の意味を変えようとしているということだけであろう。どんな言語も、世界の構造に関する豊富な一群の仮定を内包している。したがって、意味論的に奇妙だという直感が文Sによって引き起こされるとすれば、それはしばしば、Sがそのような背景仮定の一つを、あるいはそれ以上を破っているからである。しかし、それだけの理由で、Sを拒否することがつねにできるわけではない。というのも、そのような背景仮定を放棄することこそ、まさに新たに出現してきた事実が要求することだからである。認められた用法から逸れた「乱用」を行うことが、しばしば本当の科学的進歩の本質的な特徴をなすのである。おそらく私たちはまさに、心的状態が解剖学的な位置をもち、脳状態が意味論的性質をもつという考えに、慣れていかなければならないのである。

まったく無意味だという攻撃は回避できるとしても、物理的な脳状態がいったいどのようにして意味論的性質をもちうるかを説明することは、たしかに同一論者が行うべき義務である。現在、つぎのようにまとめることができる説明が編み出されている。まず、特定の文（＝発話タイプ）、たとえば、“La pomme est rouge”というフランス語の文が、どのようにして特定の意味論的内容をもつかを考えてみよう。最初に注目すべきことは、いかなる文も、諸々の文からなる全体システム、すなわち言語の一部であり、そのなかに統合されているということである。どの文も無数の他の文と多くの関係をもつ。すなわち、それぞれの文は多くの他の文を含意し、多くの他の文に含意され、一部の他の文と整合的であり、それ以外の他の文と非整合的であり、一部の他の文に対してそれを確証する証拠を提供し、等々。その文をその言語のなかで使用する話者は、これらの関係に従って推論を行う。明らかに、文（あるいは等値な文の集合）はそれぞれ、そのような含意関係の独自なパターンをもつ。つまり、文はそれぞれ、複雑な言語活動において、独自の推論的役割を果たす。したがって、“La pomme est rouge”というフランス語の文が、リンゴは赤いという命題的内容をもつと私たちが言うのは、“La pomme est rouge”という文がフランス語において、「リンゴは赤い」という文が日本語において果たすのと同じ役割を果たすからである。一定の命題的内容をもつということは、認知活動において一定の推論的役割を果たすということにほかならないのである。

さて脳状態のタイプに戻れば、脳が複雑な推論活動の場であり、そこでは脳状態の各タイプが一定の推論的役割を果たす要素だと考えることに、原理的には何の問題もない。そうだとすれば、さきほど述べた意味の理論によると、そのような脳状態は命題的内容をもつことになろう。なぜなら、内容をもつということにとっては、内容をもつものが音のパターンであるか、紙上の文字のパターンであるか、点字の出っ張りの集まりであるか、神経活動の集まりであるかは、どうでもよいことだからである。重要なのは、関連する表象体系において一定の推論的役割を果たすことである。したがって、結局のところ、命題的内容をもつことは、脳状態にとっても可能だと思われるのである。

〔第三の論証〕

私たちはこの「同一説に反対する論証」を始めるに当たって、まず、内観によって明らかにされる心的状態の質的本性に訴えることで唯物論に反対する論証を取り上げたが、つぎの批判的論証は、心的状態がそもそも内観可能であるという単純な事実に訴える。

一、私の心的状態は、私の意識的自己の状態として私によって内観的に知られる。
二、私の脳状態は、私の意識的自己の状態として私によって内観的に知られない。
ゆえに、ライプニッツの法則（数的に同一なものはまったく同じ性質をもたなければならないということ）により、
三、私の心的状態は、私の脳状態と同一ではない。

私のこれまでの経験では、これは内観による論証のなかで、もっとも魅力的であり、新入生から教員までそれに誘惑される。しかし、それはよく知られた誤謬の端的な例であり、その誤りはつぎの同様の論証によってはっきりと示される。

一、モハメッド・アリは、ヘビー級のチャンピオンとして広く知られている。
二、キャシアス・クレイは、ヘビー級のチャンピオンとして広く知られていない。
ゆえに、ライプニッツの法則により、
三、モハメッド・アリは、キャシアス・クレイと同一ではない。

あるいは、

一、アスピリンは、ジョンによって鎮痛剤だと認識されている。

二、アセチルサリチル酸は、ジョンによって鎮痛剤だと認識されていない。
ゆえに
三、アスピリンは、アセチルサリチル酸と同一ではない。

どちらの論証も、前提が真であるにもかかわらず、結論は偽である。（キャシアス・クレイはアリの本名。）結論で否定される同一性は、どちらにおいても、完全に成立している。このことはつまり、どちらの論証も、前提から結論に至る推論の過程が妥当でないということである。問題は、主題となるものに対して、前提一で帰属させられ、前提二で否定される性質が、ある者によってあるものとして認識される、知覚される、知られるといった種類の性質だという点にある。このような性質は、主題となるものがそれ自体としてもつ正真正銘の性質ではなく、同一性を占うのにふさわしい性質ではない。なぜなら、一つの同じものが、ある名前または記述のもとでは認識され、別の（正確で同じ指示をもつ）名前または記述のもとでは認識されないということがありうるからである。ようするに、ライプニッツの法則は、このような真正でない「性質」には妥当しないのである。それらの「性質」を上述のように用いようとすることは、論理学者の言う内包的誤謬（intensional fallacy）を犯すことである。上述の前提が反映しているのは、客観的な同一性が成立していないということではなく、たんに私たちがそのような同一性を認識しそこねているということにすぎないのである。

この種の論証の別の形のものも、考察しておく必要がある。なぜなら、脳の状態は内観によってたんにまだ知られていないだけではなく、内観によっては知ることができないと強く主張されるこ

とがあるからである。すなわち、

一、私の心的状態は、内観によって知ることができる。
二、私の脳状態は、内観によって知ることができない。
ゆえに、ライプニッツの法則により、
三、私の心的状態は、私の脳状態と同一ではない。

ここで同一説の批判者は、内観によって知ることができるということは事物の正真正銘の性質であり、したがってこの修正版の論証は上述の「内包的誤謬」を免れていると主張する。

この主張は正しいと認めることにしよう。しかし、そうすると今度は、この新しい論証が誤った前提を含む、と同一論者は応答することができる。すなわち、前提二が誤っているのである。なぜなら、心的状態がじつは脳状態だとすれば、私たちがずっと内観してきたのは、じつは脳状態だということになるからである。私たちは、脳状態がどうであるかを十全に認識するわけではないが、それでも脳状態を内観しているのである。そしてそれらの状態を常識の心的な記述で考え、認識できるとすれば、それらをもっと透徹した神経生理学の記述で捉えることも確かにできるようになるだろう。前提二は、少なくとも、同一論者に対するたんなる論点先取なのである。その誤りは、つぎの同様の論証によってはっきり示すことができよう。

一、温度は、触覚によって知ることができる。
二、平均分子運動エネルギーは、触覚によって知ることができない。
ゆえに、ライプニッツの法則により、
三、温度は、平均分子運動エネルギーと同一ではない。

しかし、少なくとも、この結論で否定される同一性は、長いあいだ正しいものとして確立されており、それゆえ、この論証は明らかに健全ではない。元凶は、さきほどと同じく、前提二である。夏の空気がおよそ華氏七〇度、つまり摂氏二一度であることを触覚によって知ることができるのと同様に、夏の空気の平均分子運動エネルギーがおよそ 6.2×10^{-21} ジュールであることを触覚によって知ることができるようになる。なぜなら、私たちが認識していようといまいと、私たちの生得的な識別メカニズムは、まさにその平均分子運動エネルギーに向けられているからである。おそらく脳状態も、関連する理論的語彙を知り、関連する用語を自動的に適用できるようになれば、それと同じ仕方で知ることができるようになるだろう。（脳状態の内観可能性については、第8章でふたたび取り扱う。）

〔第四の論証〕

さて、同一説に反対する論証として、より直感に訴えるものをつぎに考えてみよう。それは、私たちの主観的経験とはまったく異質だと思われるコウモリの主観的経験に基づく論証である。思い出されるであろうが、コウモリは空中を飛びながら、きわめて高音の鳴き声を発し、それによって昆虫が周囲のどこを飛んでいるのかを見いだす。私たちには聞こえないその音は昆虫にぶつかって反射し、返ってきたさまざまな反響音はコウモリの非常に敏感な聴覚システムによって捉えられる。この返ってきた反響音の音波特性と、返ってくるまでの時間、および返ってくる方向に基づいて、コウモリは昆虫がどこにいるか、どのように飛んでいるか、さらにどんなタイプの昆虫かまで、正確に「聞き取る」ことができる。これによってコウモリは、迅速に標的に照準を合わせ、持続的にその鳴き声の周波数を高めながら、標的に向かって進み、ついには不幸な昆虫を空中で捕らえて、むさぼり食うことができるのである。

このような特殊な感覚システムをもち、それを用いるというのは、どのようなことであろうか。昆虫を襲撃するコウモリの異質な反響定位過程を実際に経験するというのは、どのようなことであろうか。私たちはコウモリではないので、もちろんそれがコウモリにとってどのようなことかは知りえない。私たちは、コウモリの明らかに異質な聴覚経験を支える異質な感覚器官と異質な脳回路を、いずれも欠いている。私たちはそのような種類の経験をもつようには出来ていない。こうして、私たち自身の経験的限界によって、私たちはコウモリの主観的経験を想像できないのである。

さらに重要なことに、物理学や神経解剖学、認知神経生物学をいくら駆使しても、この私たちの欠陥を補うことは決してできないだろう。現在の哲学者トマス・ネーゲルはそう主張する（彼は、このいまや有名な思考実験の創案者である）。それらの物理的科学は、コウモリの感覚システムがその音響定位の作業を実際にどのようにうまく行うかを、私たちに教えてくれるかもしれない。つまり、それらはそのシステムがどう働くかを説明してくれるかもしれない。しかし、神経物理学的な詳細を完全に知ったとしても、コウモリにとってどのようなことであるかは、やはりわからないだろう、とネーゲルは言う。この主観的な実在は、物理的科学の手の届かないところにあるように思われる。したがって、経験の現象的ないし質的性格が関わるところで、同一説は必ずレンガの壁に突き当たる運命にあるのである。

たいていの人は、少なくとも最初は、この論証を非常に説得的だと感じるだろう。しかし、それに熱中しすぎないうちに、まったく同様の論証により、ここで問題になっている「主観的実在」が二元論でも説明できないことを「示す」ことが可能だということを指摘しておきたい。つぎを参照していただきたい。

とある二元論者によれば、エクトプラズムとよばれる驚くべき非物質的な実体が、人間やコウモリも含めて、すべての意識的な生物の心を構成しているが、この実体の本性と活動について、私たちが詳細な科学理論をもっているとしよう。このエクトプラズム科学は、コウモリの感覚システムとエクトプラズム的認知活動がその反響定位の作業を実際にどのようにうまく行うかを、私たちに教えてくれるかもしれない。つまり、それはその非物理的なシステムがどのように働くかを説明してくれるかもしれない。しかし、エクトプラズム的詳細を完全に知ったとしても、コウモリにとって現象的にどのようなことであるかは、やはりわからないだろう。この主観的実在は、エクトプラズム科学にとっても、手の届かないところにあるように思われるのである！

もちろん、私たちはまだ、現代の認知神経生物学と競合しうるような詳細なエクトプラズム的認知理論をもっていない。（これは二元論にまつわる問題点の一つである。）しかし、少なくとも皮肉なことに、もし私たちがそれをもっていたとしたら、同一説に反対するネーゲルの論証と同様の論証によって、実体二元論もまた撃ち落とされ、葬られてしまうだろう。

この平行的な関係には、たんなる皮肉以上のものがある。それが示しているのは、科学的とされるどんな理論であれ、それがこの問題に直面するかどうかは、それ特有の主題（神経メカニズムであるか、エクトプラズム的過程であるか）の善し悪しに左右されるわけではないということである。どちらの存在論をとるにせよ、結局、科学的なアプローチが直面する問題は、科学理論がすべて推論的な知識の体系であるのに対し、問題の現象はそれとは根本的に異なる形の知識、すなわち経験的ないし現象的な知識だということである。推論的知識は、たとえば、認知者が言語をもつことを要求するのに対し、現象的知識はそのようなものをまったく要求しない。たしかに前者の知識は、後者の知識について非常に多くのことを私たちに教えてくれよう。しかし、推論的知識をいくら集めても、それが現象的知識を構成することは決してない。現象的知識は、推論的知識とはまったく別の神経メカニズムを用いて実現される。そうだとすれば、どんな主題であれ、推論的知識（脳理論は言うまでもなく）をいくら集めても、コウモリがそれ自身の経験についてもつようなまったく別の形の知識をそこから導き出せないのは、決して驚くべきことではない。

そのような知識をあなたが獲得するために本当に必要なことは、コウモリの認知に関する完全な神経生理学的理論があなたに妥当するという、はるかにもっと厳しい条件である。もしそうであれば、あなたはその知識を獲得するであろう。なぜなら、そのときあなたは、機能的にコウモリであるからだ。しかし、たんにその理論を知るだけでは、理論自体が正確で完全だとしても、その理論があなたに妥当することにはならない。それにはまったく不十分なのである。

ふたたび、教訓的な類比がこの点を深く理解するのに役立つだろう。超伝導の完全な理論を知ることは、あなたを超伝導体にするわけではない。（そのためには、その理論があなたに妥当することが必要である。）妊娠が何であるかの完全な理論を知ることは、あなたを妊娠させるわけではない。（そのためには、妊娠が何であるかの理論がいまあなたに妥当していることが必要である。）統合失調症の完全な理論を知ることは、あなたを統合失調症にするわけではない。（そのためには、その精神医学の理論がいまあなたに妥当していることが必要である。）同様に、コウモリ型の認知の完全な理論を知ることは、あなたをコウモリ型認知者にするわけではない。ネーゲルの論証は、コウモリ型認知の適切な理論に対してまったく不当な要求を課しており、どんな神経科学理論であれ、そのような要求を満たさないことに、まったく何の問題もない。背後に推論的な科学的知識をもっていたとしても、それが目下の感覚経験を構成するわけではない。そんなことは期待できない。科学的知識と感覚経験は、まったく別の代物である。ただし、前者が後者を記述すること、しかも非常に詳しく記述することは期待できる。実際、後の章で見るように、現在の神経科学理論はすでにそのことを行っており、しかも詳細な解明を行っているのである。

〔第五の論証〕

さて、つぎに、ふたたび感覚の内観可能な性質に基づく類似の論証を考察してみよう。今度は、問題となる感覚は視覚的な感覚であり、その所有者はコウモリではなく、人間である。将来、神経科学者になるメアリという名の少女を想像してみよう（この思考実験の創案者である哲学者フランク・

ジャクソンはそう私たちに要望する）。メアリは、色彩がいっさい見えないように慎重に作られた部屋で、ずっと育てられた。この部屋で見えるのは、白からさまざまな程度の灰色を経て黒に至るモノクロの色だけである。彼女の世界は、まるで古風なモノクロ映画の映像のように見える。それにもかかわらず、彼女は科学に関心をもち、彼女の部屋で神経科学の研究を行い、最終的に脳の視覚システムに関する一流の世界的な専門家になる。とくに彼女は、色彩の情報が通常の人間の脳においてどのように処理されるかについて、物理的なことをすべて知る。しかし、さきほど想定したように、彼女はそれまでずっと色彩の色を完全に剥奪されていたために、ある種の感覚については知らないことがある。たとえば、赤の感覚を現にもつことがどのようなことかを、彼女は知らない。したがって、視知覚に関する物理的な事実とそれに関係する脳活動を完全に知っても、それでもなお取り残されるものがある、とジャクソンは結論づける。こうして唯物論は、すべての心的現象の十全な説明を与えることができず、同一説は誤りでなければならないと主張されるのである。

　この論証は、ネーゲルのコウモリの論証と論理的に非常に近く、それゆえその根底で働いている誤謬もほぼ同じである。すなわち、二つのまったく異なる種類の知識に関する多義性からくる虚偽がそこにある。メアリが現実離れした脳の知識をもつと言う場合の「知る」は、「推論的な神経科学の文の集まりを習得した」を意味する。しかし、赤の感覚をもつことがどのようなことかの知識を彼女がもたないと言う場合の「知る」は、「内観的識別のメカニズムのなかに赤の前言語的表象をもつ」を意味する。後者の知識をもたずに、前者の知識をもつことは、たしかに可能である。しかし、すでに見たように、同一論者は、前者の意味での知識をもつことが後者の意味での知識をもつことを自動的に構成する、と考えているわけではない。同一論者は、知られる物事のタイプの二重性を認めずに、知識のタイプの二重性を、それどころか多重性さえ、認めることができる。視覚皮質についてすべてを知っているが、赤の感覚をもったことのない人と、神経科学を何も知らないが、赤の感覚をよく知っている人の違いは、両者によって知られるものの違い（前者では脳状態、後者では非物理的なクオリア）にあるのではなく、むしろまったく同じもの、すなわち脳状態について両者がもつ表象のタイプや媒体、もしくはレベルが違うという点にあると考えられるのである。

　したがって、メアリの明らかな欠陥には、いかなる存在論的ないし形而上学的な意味もない。これは、色彩を剥奪されたメアリが、彼女の皮質野M4の色対立ニューロンにおいて〈50%、90%、50%〉の神経活性化パターンを現にもつこと（通常の人が赤を見るとき、このことが生じる）がどのようなことかを、やはり知らないということに注意すれば、ただちにわかることである。この神経活性化パターンは、彼女の経験が制限されていたために、彼女がまさにこれまでもったことのない脳活動である。この活性化パターンは、それをもつことがどのようなことかを彼女が知らないからといって、はたして非物理的だということになるだろうか。もちろん、そうはならない。しかし、さきのジャクソンの推論は、このような誤った結論を導き出すよりもましだというわけではない。実際、それと何の違いもないのである。

　ようするに、「知識をもつ」仕方は、科学的な文の集まりを習得するという仕方のほかにも、明らかにもっとたくさんあるし、人は自分が神経科学を学んでいようといまいと、それとはまったく別の仕方で感覚の「知識」をもっている。唯物論者はそのことを、何の支障もなく認めることができる。人間も含めて、動物は明らかに、前言語的な様式の感覚的認識をもつ。このことは、感覚が物理的科学の手の届かないところにあるということを意味しない。それはただ、脳が文のたんなる保存とは異なる様式または媒体の表象を用いるということを意味するにすぎない。このことは明白なはずだが、ジャクソンの論証では無視されたのである。

〔第六の論証〕

もっと最近の同一説に反対する論証は、やはり純粋に物理的な事実だけでは、意識的な現象的クオリアの存在を説明するのに十分ではないのではないかという懸念に動機づけられたものである。それは、哲学者デイヴィッド・チャーマーズが一九九六年に提案したゾンビの思考実験である。認知的生物のある種が、すべてのシナプス結合と神経伝達分子に至るまで、私たち人間と物理的にまったく同じであるが、内的で質的な現象的経験をまったく欠いているということは、完全に想像可能である。チャーマーズはそう主張する。彼らは、私たちとまったく同じ仕方で行動する。なぜなら、彼らの物理的なあり方は、私たちのあり方と同じ仕方で世界と相互作用するからである。しかしながら、彼らは現象的な意識を少しももっていない。彼らの内部では「明かりが消えている」のである。彼らは、いわば、ゾンビである。

チャーマーズによれば、そのようなクオリアを欠く生物が思考可能であるということは、私たちの意識的な現象的状態の内在的ないし本質的な特徴が、脳の物理的な状態にとってきわめて本質的な因果的／関係的／機能的／構造的な特徴とまったく異なることを示している。というのも、前者なしに後者をもつことが、少なくとも可能であることが明らかだからである。そうだとすれば、現象的状態を物理的状態の領域から引き出されるものと同一視することを願っても、その願いは空しい。前者の本質的な性格は、後者の本質的な性格の外側に、あるいはそれを超えたところにある。おそらくこの二種類の状態を因果的に結びつける自然法則が存在するだろう。すなわち、私たちがまだ理解できていないようなある一定の状況のもとで、ある種の神経生理学的状態が、通常ある種の現象的状態を引き起こすであろう。しかし、このような偶然的な因果関係があるとしても、その二種類の状態はあくまでも、その本質的な性格を異にする。したがって、一方を他方と還元的に同一視することは、まったく問題外なのである。

この立場から、読者はもちろん、さきに論じた随伴現象説（二〇ページ）を思い起こすだろう。しかし、チャーマーズの論証は、同一説への反論としては新しいものであり、また、彼は自分の積極的な立場を特徴づけるために、「自然主義的二元論（naturalistic dualism）」というもっと包括的な名称を用いている。しかし、このような発展的な問題は、ここでは取り扱わないことにしよう。そして彼の論証とその反還元的な結論をどう評価するべきかという問題に集中することにしよう。ある論者は、ゾンビの話が明らかに思考可能だという彼の主張に抵抗を示す。しかし、私はその点については、チャーマーズに同意してよいと思う。少なくとも、現象的状態についての私たちの現在の考え方からすれば、ゾンビは思考可能であろう。ここでもっと問題にすべきことは、そのような現象的状態についての私たちの現在の考え方が、現象的状態の本質的性格へと私たちを信頼可能な仕方で導いてくれるというチャーマーズの仮定である。

私たちが現在、私たちの現象的状態を質的に単純なもの、構造のない一様なものと考えており、また（少なくとも）存在論的に別の領域に属するものと考えているということを認めることにしよう。大部分の人がたしかにそう考えている。しかし、そのような（ほぼ）全員の確信が正しいということを保証するものは何もない。おそらくこれらのことに関する私たちの常識的な確信は、私たちが現象的状態の究極的な性格をよく知っているということを反映しているのではなく、むしろそれをほとんど知らないということを反映している。私たちは、現象的状態の隠された構造、その質的多様性の体系的基盤、およびそれを担う物理的脳の部位について、ほとんど何も知らない。安楽椅子にゆったり座ったままで、どんな現象であれ、それに関する私たちの現在の考え方を吟味しさえすれば、その現象の本質的性格を信頼可能な仕方で判断できるという考えは、きわめて疑わしい。それは私たちの現在の考え方に対して、分不相応な権威を与えている。もっとはっきり言えば、おそらく私たちは現在、私たちの質的な現象的状態の本当の性格について、誤った考え方をもっている。おそらく完成した脳科学のもっと包括的な枠組のもとで、私たちはそれを考え直す必要があるのである。

この種の状況の歴史的な前例がたくさんあり、非常に教訓的である。たとえば、近代の後半になるまで、光についての私たちの常識的な考え方では、光は単純でまったく物理的なものとは異なるものであり、その「本質的な性格」は物理的な対象を見えるようにすることだとされた。（もちろん、これは視野の狭い馬鹿げた考えである。）なるほど光はある複雑な範囲の質的に異なる色彩を示したが、これらの光もまた、そのそれぞれが明らかに質的に単純なものであり、根底にある何らかの物理的な構造に分析できるものではなかった。この広く普及した概念的背景のもとでは、イギリスの数学者ジェームズ・クラーク・マクスウェルの提案、すなわち光は彼が新たに措定した電磁波にほかならないという考えは、少なくとも最初は、多くの人に理解不可能だと思われた。ようするに、羅針盤の針を動かし、事物を荷電させるまったく不可視の力の場についての彼の謎めいた理論は、光の「本質的な」特性とは何の関係もないとされたのである。光のよく知られた日常的な特性は明らかに、電気と磁気の謎めいたまったく異なる特性の外側に、あるいはそれらを超えたところにある。最初は、このようにまったく誤って考えられた。しかし、最終的には、私たちは徐々に光を電磁波として考え直すようになったのである（そしてそれによって多大な解明がもたらされたのである）。

マクスウェルの時代に誰かが、チャーマーズのゾンビの話と同様の話を実際にしたかどうかはわからないが、光の「独自の特別な」身分を「例証する」ために、そのような話を組み立てることは、明らかに可能である。つぎの（まったく妥当でない）論証を考えてみよう。

「私は明らかに、電場と磁場がいたるところに跳ね回っていて、最後の原子に至るまで、私たちの宇宙と物理的に同じであるが、それにもかかわらず、光を欠くために、どこもかも真っ暗であるような宇宙を想像することができる。光の本質的特性は照明であり、この特性は電場と磁場のような不可視の力の領域の外側に、あるいはそれを超えたところにある。したがって、光は電磁波のような物理現象とは異なるものでなければならない。」

ここで提示されているのは「ゾンビ宇宙」であり、その思考可能性が光と電磁波の同一視を否定するとされる。このような思考実験が、光はまさに電磁波と同一であるという現代の確信をくつがえすことはないだろう、と私は思う。チャーマーズの思考実験も、意識的な現象的クオリアがある適当なタイプの脳状態と同一であろうという確かな基礎をもつ予想をくつがえすことはないだろう。実際、第7章で、私たちは、私たちの愛する現象的クオリアが示す一群の驚くほど複雑な類似性と差異性の相互関係が神経科学的に説明されるのを見るだろう。この一群の相互関係の内的構造は、クオリアが存在論的に「単純なもの」ではなく、むしろ科学がすでに理解している脳のさまざまな神経活動の集まりであると仮定すれば、まさに説明されるのである。

ここまで、同一説は、これらの主として反唯物論的な立場からの反論に直面しても、容易に屈しないことが明らかになった。しかし、つぎの二つの節が示すように、さらなる反論、今度は競合する別の唯物論的立場に根差す反論に直面すると、もっと深刻な脅威に晒されることになるのである。

4　機能主義

機能主義（functionalism）によれば、どんなタイプの心的状態であれ、その本質的ないし定義的特徴は、それが、(1)環境からの身体への影響、(2)他の心的状態、および、(3)身体的行動、に対しても一群の因果的関係である。たとえば、痛みは、ふつうある身体的損傷や外傷によって起こり、苦悩、苛立ち、およびどうすれば痛みが和らぐかの実践的推論を引き起こし、さらに渋面、青ざめ、呻きや叫び、および傷ついた部分を手当てする行動を引き起こす。機能主義によれば、どんな状態であれ、このような因果的役割（＝機能）を果たす状態が痛みである。同様に、他のタイプの心的状態（感覚、恐怖、信念、など）も、感覚入力と行動出力を媒介する内的状態の複雑な連関において、それが果たす独自の因果的役割によって定義される。

この見解は行動主義を思い起こさせるかもしれない。実際、それは行動主義の後継者である。しかし、この二つの説のあいだには、根本的な違いが一つある。行動主義者は各タイプの心的状態をもっぱら環境的入力と行動的出力によって定義しようとするが、機能主義者はその可能性を否定する。機能主義者の見解では、ほとんどいかなる心的状態であれ、その適切な特徴づけは、それと因果的に結びついている他のさまざまな心的状態への言及を含まざるをえない。それゆえ、公的に観察可能な入力と出力のみによる「定義」は、まったく不可能なのである。機能主義は、そのように他の心的状態への言及を含むため、哲学的行動主義に向けられた主要な反論の一つを免れるのである。

機能主義と行動主義の違いは、以上である。では、機能主義と同一説の違いは何であろうか。それは同一説に反対するつぎの（新たな）論証から出てくる。

他のある惑星からやってきた生命体を想像してみよう、と機能主義者は言う。この生命体は私たちとはまったく異質な仕方で生理的に構成されている。すなわち、私たちが炭素に基づいて構成されているのに対し、その生命体はケイ素に基づいて構成されている。したがって、彼の化学的および物理的な詳細は、私たちのそれとは一貫して異なるにちがいない。しかし、そうだとしても、彼の化学的に異質な脳によって支えられる内的状態の機能的な組織において、内的状態の相互の因果関係が私たちの心的状態の相互の因果関係と完全に対応することは、可能であろう。たとえば、この異星人は、上述したような痛みであるための条件をすべて満たす内的状態をもつかもしれない。この状態は、純粋に物理的な観点からすれば、人間の痛みとは非常に異なる物理的なあり方をしているだろうが、そうであるにもかかわらず、純粋に機能的な観点からは、人間の痛みの状態と同じでありうるのである。一般に、彼のすべての機能的状態について、そうなのである。

　異星人の内的状態の機能的組織が私たちのそれと機能的に同型であれば、つまり、異星人の内的状態が入力、内的状態どうし、および出力に対して因果的に結合している仕方が、私たちの場合の因果的な結合の仕方に完全に対応するなら、機能的状態を支える、つまり「実現する」物理的システムが違っても、異星人は私たちと同じくらい十分に、痛みや欲求、希望、恐怖をもつ。心であることにとって重要なことは、生き物がどんな物質から出来ているかではなく、その物質がどんな内的活動の因果的構造を支えるかである。機能主義者はそう主張する。

　一つの異質な構成を考えることができるなら、多くのそれを考えることができる。したがって、人工的なシステムについても、いま述べたことが言える。すなわち、ある電子システム、たとえば銅とケイ素で出来たコンピュータで、その内部組織が私たちのそれとすべての関連する点で機能的に同型であるようなものを創造したとすれば、それもまた心的状態をもつだろう。

　これらの例が示しているのは、自然にとって、そしておそらく私たち自身にとってさえ、思考し、感じ、知覚する生物を作り上げる仕方が、一つではなく、それより多いということが、ほぼ確実だということである。これは同一説にとって問題を提起する。なぜなら、ある与えられたタイプの心的状態がつねに対応しなければならないような単一のタイプの物理的状態は、存在しないように思われるからである。おそらく皮肉なことに、意識的知性に特徴的な機能的組織を実現・例化する異なる種類の物理的システムが多すぎるのである。したがって、宇宙全体を考え、そして現在だけではなく未来も考えると、私たちの常識における心的分類の諸概念と、適切だが非常に多様な物理的システムをすべて含む包括的な理論の諸概念のあいだに、一対一の対応を同一論者が見いだすことは、まったくありそうもないように思われる。それゆえ、脳状態のタイプと物理的状態のタイプのあいだに、普遍的なタイプ同一性が成り立つ見込みは乏しい。機能主義者はこう結論づける。

　機能主義者は「心的タイプ＝物理的タイプ」とする伝統的な同一説を否定するが、それでも実質的にすべての機能主義者が、それより弱い同一説、すなわち「心的トークン＝物理的トークン」（トークンとはタイプの個々の事例のことである）とする説を奉じている。というのも、彼らはなお、ある与えられたタイプの心的状態の各事例が、何らかの物理的システムにおける何らかの特定の物理的状態と数的に同一だと考えているからである。否定されるのは普遍的な（タイプとタイプの）同一性だけである。しかし、そうだとしても、この否定は重要である。なぜなら、それはふつう、心理に関する科学が、さまざまな物理的な諸科学、すなわち物理学や生物学、さらには神経生理学からでさえ、方法論的に自律的であるか、あるいは自律的であるべきだという主張を支持するとされるからである。つまり、心理学はそれ固有の普遍的な法則と抽象的な主題をもつと主張されるのである。

　昨今では、機能主義がおそらく、哲学者、認知心理学者、および人工知能研究者のあいだで、もっとも広く受け入れられている心の理論である。その理由の一部は、さきほどの話から明らかであろうが、そのほかにもさらに理由がある。心的状態を本質的に機能的な状態として特徴づけることによって、機能主義は心理学の関心を、脳の神経生理学的な（あるいは結晶学的、マイクロエレクトロニクス的な）構造の豊かな詳細を捨象した水準に置く。心理の科学は、結局は製作的な詳細にほかならないことを探究する他の科学（生物学、神経科学、回路理論）から、方法論的に自律的である、としばしば言われる。これは認知心理学と人工知能の多くの研究にその根拠を与える。これらの領域では、研究者たちは抽象的な機能的状態からなるシステムを措定し、それを類似の環境における人間の行動に照らしてテストする。このテストは、しばしばコンピュータによるシミュレーションを用いて行われる。このような研究の狙いは、私たちを現にそうであるものにする機能的組織を詳細に解明することである。（機能主義的な心の理論の妥当性を評価することを一つの目的として、第6章では、人工知能の研究をいくつか検討する。）

機能主義に反対する論証

昨今の人気はさておき、機能主義もまた困難に直面する。もっともよく提起される反論は、古き友、すなわち感覚的クオリアを引き合いに出すものである。機能主義は、行動主義の致命的な欠陥（すなわち、内的状態のあいだの多くの因果的関係を無視すること）を免れているかもしれないが、それはもう一つの欠陥の餌食になる。機能主義は、どんなタイプの心的状態であれ、それのもつ多くの関係的性質をそれの定義的特徴とすることで、心的状態の「内的」もしくは質的な側面を無視している。

しかし、この質的性格は非常に多くのタイプの心的状態（痛み、色の感覚、温度の感覚、音の高さの感覚、など）の本質的特徴であり、したがって機能主義は誤りでなければならない、と反論者は主張する。この明らかな欠陥を例証するために通常もち出されるのは、「逆転スペクトルの思考実験」とよばれるものである。私が通常の対象を見たときにもつ色の感覚が、同じ対象を見たときにあなたがもつ色の感覚と逆になっていることは、完全に思考可能である、とこの反論は主張する。熟れたトマトを見るとき、あなたは通常の赤の感覚をもつが、私はじつは緑の感覚をもつ。また、熟れたバナナを見るとき、あなたは通常の黄の感覚をもつが、私はじつは青の感覚をもつ、等々。しかし、私たちは互いの内的状態を比較する術をもたないので、そして私はすべての対象についてあなたとまったく同じ観察的識別を行うので、私の色の感覚スペクトルがあなたのそれと逆になっているかどうかを確かめる術がないのである。

　機能主義にとって、ここからつぎのようにして問題が生じる。私のスペクトルがあなたのそれと逆になっているとしても、私たちは互いに機能的に同型のままである。トマトを見たときの私の視覚的感覚は、同じトマトを見たときのあなたの視覚的感覚と機能的に同じである。したがって、機能主義によれば、それらはまったく同じタイプの感覚であり、私の感覚が「じつは」緑の感覚だと想定することは、意味をなすことすらないのである。それが赤の感覚であることの機能的条件を満たすなら、それは定義によって赤の感覚なのである。機能主義によれば、明らかに、上述のようなスペクトルの逆転は定義上、排除される。しかし、そのような逆転は完全に思考可能であり、機能主義がそれを思考可能でないとするなら、機能主義は誤りである、と反論は結論づける。

クオリアに関係するもう一つの機能主義の心配の種は、いわゆるクオリア欠如の問題である。意識的知性に特徴的な機能的組織は、かなりの種類の物理的システムにおいて例化される（すなわち、実現される、あるいは具体化される）ことが可能であり、そのなかには通常の人間とは根本的に異なる物理的システムもありうる。たとえば、巨大な電子コンピュータがそれを例化するかもしれないし、さらにもっと根本的に異なる可能性もある。哲学者ネッド・ブロックは、一〇億人の中国の人たちが全員組織されて、込み入ったやりとりを互いに行うのを想像してほしいと言う。これらの人々は各人に配られた指令カードに従ってやりとりを行い、その結果、彼らは集団で一つの巨大な「脳」を構成し、この脳は一つのロボット身体と入力および出力を交換する。もちろん、個々の中国人はそのシステム全体の認知活動を知らない。それは、あなたの脳の一つのニューロンが、それの属するもっと大きな集団の認知活動を知らないのと同様である。個々のニューロンはそのようなニューロン集団のほんの小さな部分にすぎない。しかし、それでも、一〇億人からなる「脳」にロボット身体を付け加えたシステムは、おそらくあなたと同じ機能的組織を例化することができるだろう（ただし、それは明らかに、人間やコンピュータよりかなり活動が遅いにちがいない）。したがって、機能主義によれば、そのシステムは正真正銘の心的状態をもつことになる。しかし、そこで痛みや快楽、赤の感覚の機能的役割を果たす複雑な状態は、私たちの場合と違って、いかなる内在的なクオリアももたないし、それゆえ正真正銘の意識的な心的状態でないことは確かであろう、と主張される。ふたたび、機能主義はたかだか、心的状態の本性の不完全な説明にすぎないように思われるのである。

最近、クオリア逆転とクオリア欠如の反論はともに、機能主義を傷つけることなく、また私たちのクオリアについての常識的な直感を傷つけることなく、対処できるという主張が浮上してきた。まず、逆転の問題を考えてみよう。機能主義者はおそらく、それぞれの視覚的感覚がどの感覚タイプに属するかが、それの果たす因果的役割によって厳密に決まると主張する点で正しい。しかし、機能主義への反論者もまた、ふたりの人のあいだで、機能の逆転なしに、クオリアの逆転が起ることが完全に思考可能だと主張する点で正しい。この二つの主張は矛盾しているようにみえるが、その矛盾はつぎの二つのことを同時に主張することで解消できる。すなわち、一方で、(1)私たちの機能的状態（あるいはむしろ、それを実現する物理的状態）は、ある内在的特徴をたしかにもち、その特徴に基づいてその状態の内観的な同定が行われると主張し、他方でまた、(2)そうであるにもかかわらず、心的状態のタイプが何かということにとって、そのような内在的な質的特徴は本質的でなく、実際それは同じ機能的状態の異なる事例のあいだで異なるかもしれないと主張するのである。

このように主張することは、あなたの赤の感覚の質的特徴が私の赤の感覚の質的特徴と少し、あるいはかなり異なるかもしれないし、さらに第三の人の赤の感覚ともその質的特徴が異なるかもしれないということを意味する。しかし、この三つの状態がすべて赤い対象によって引き起こされ、ふつう私たち三人のいずれのうちにも、ある対象が赤いという信念を引き起こすなら、その三つの状態はすべて、その内在的な質的特徴が何であれ、赤の感覚である。そのような内在的なクオリアは、たしかにまったく実在的ではあるが、それはたんに感覚の迅速な内観的同定を可能にする顕著な特徴として役立つにすぎない。それはちょうど、オレンジ上の黒の縞模様が、トラという対象の迅速な視覚的同定を可能にする顕著な特徴として役立つのと同様である。しかし、オレンジ上の黒の縞模様がトラという動物タイプにとって本質的でないように（たとえば、一様に白いヒマラヤのトラを考えてみよ）、心的状態のクオリアは、心的状態のタイプが何であるかということにとって本質的ではないのである。

明らかにこの解決は、機能主義者にクオリアの実在性を認めることを要求する。しかし、そうすると、機能主義者の考える世界のうちに、はたしてクオリアを収容する余地があるのだろうかという心配が起こってこよう。この心配はたぶん、クオリアをつぎのように収容することによって、解消できよう。すなわち、クオリアを示す心的（機能的）状態がどんな物理的状態によって例化されるにせよ、その物理的状態がたまたまもつ物理的性質をクオリアと同一視するのである。たとえば、あなたの赤の感覚を実現する脳の物理的特徴をその感覚の質的特徴と同一視するのである。あなたの内観的識別のメカニズムは、その脳の物理的特徴に反応して、自分が赤の感覚をもっているという内観的な判断を形成する。唯物論が正しいなら、何らかの内的な物理的特徴があって、それに反応することで、あなたの赤の感覚の内観的な識別が行われるというのでなければならず、その物理的特徴があなたの赤の感覚のクオリアなのである。音の高さが空気圧の振動の周波数であることが判明しうるとすれば、感覚のクオリアがたとえばある神経経路のスパイクの頻度であることが判明しえないというわけはない。（「スパイク」は小さな電気化学的パルスであり、私たちの脳の細胞はそれによって互いに信号を伝え合う。）

このような応答が適切かどうかについては、その判断を読者にゆだねたい。もし適切なら、他の利点もあるので、機能主義は競合する心の理論のなかで、きわめて強力な立場であることが認められなければならないだろう。しかしながら、直前の段落で与えた機能主義の擁護が、同一論者の本から一ページを借用する（すなわち、クオリアのタイプが物理的状態のタイプに還元される、もしくはそれと同一であるという論点を借用する）必要があったということは、なかなか興味深い。なぜなら、つぎに考察する最後の反論もまた、機能主義と還元的唯物論（すなわち同一説）の区別を曖昧にする傾向があるからである。

温度という性質を考えてみよう、と反論は言う。これは物理的性質の典型例であり、また還元が成功した性質の典型例として挙げられるものである。その還元はつぎの理論間同一性として表現される。

「x の温度＝x の分子の平均運動エネルギー」

しかしながら、厳密に言えば、この同一性は、分子が弾道論的に自由に動き回っている気体の温度についてしか成り立たない。固体においては、温度は少し異なる仕方で実現される。なぜなら、分子が緊密に結合しあっているため、その動きがある種の振動運動に限定されるからである。プラズマにおいては、温度はさらに別である。というのも、プラズマは分子から構成されるわけではないからである。プラズマでは、分子およびそれを構成する原子が非常に大きなエネルギーをもつため、それらは引き裂かれてもっと小さな粒子になるのである。それらはやはり弾道論的な運動を示すが、その動きをするのはイオンや電子、その他の原子以下の粒子である。そして真空でさえ、そのなかを進む電磁波の特定の配置という形で、いわゆる黒体の温度をもつ。ここでの温度は、粒子の運動エネルギーとは何の関係もない。

心理的性質に劣らず、温度という物理的性質についても、「多型例化」があることは明らかである。このことは、熱力学（熱と温度の理論）が物理学の他の分野から切り離され、それ自身の還元不可能な法則とそれ自身の抽象的な主題をもつ「自律的な科学」だということを意味するだろうか。おそらくそうではないだろう。それが意味するのは、還元が領域特異的だということである、と反論は結論づける。すなわち、

気体の温度 ＝ 気体分子の平均運動エネルギー

であるのに対し、

真空の温度 ＝ 真空の一過的な放射の黒体配置

である。これと同様に、おそらく

人間の喜び ＝ 人間の側坐核の共鳴的活動

であるのに対し、

火星人の喜び＝まったく別のもの

である。これは結局のところ、人間の心的状態を人間の物理的状態にタイプ的に還元することが可能かもしれないことを意味する。ただし、その還元は人間という種に特異的なものである。さらにそれは、機能主義が主張する心理学の根本的な自律性が成立しえないことを意味する。最後にそれは、最初に主張されたほど、機能主義が同一説と大きく異なるわけではないことを示唆する。

前述の機能主義の擁護と同じく、機能主義に対する批判についても、その評価を読者にゆだねたい。後の章で、機能主義をさらに検討する機会がある。本章では、最後に、さらに別の唯物論的な心の理論を取り上げて、それを検討しよう。機能主義はたしかに同一説への主要な反論だが、それが唯一というわけではないのである。

5　消去的唯物論

同一説が疑問に付されたのは、私たちの心的能力の唯物論的な説明が成功する見込みが薄いと考えられたからではなく、適切な理論が現れたとき、素朴心理学（folk psychology）の概念と理論的神経科学の概念のあいだに、理論間還元が必要とするようなきれいな一対一の対応関係が見いだされることがありそうもないと思われたからである。この疑いが生じてくるのは、必要な機能的組織を例化する異なるさまざまな物理的システムがつねにありうるからであった。消去的唯物論（eliminative materialism）もまた、人間の認知能力の正しい神経科学的説明が、私たちの常識的な概念枠組のきれいな還元をもたらすことを疑うが、この疑いが生じてくる源泉はまったく別のところにある。

消去的唯物論が見るところでは、必要な一対一の対応関係が見いだされず、私たちの常識の心理学的枠組が神経科学に還元されないと思われるのは、その枠組が人間の行動の原因と認知活動の本性に関するひどく混乱した間違った見方だからである。消去的唯物論によれば、素朴心理学はたんに、私たちの内的状態と活動を（高次であるがゆえに）不完全に表象しているというのではなく、これらの内的状態と活動を完全に誤って表象しているのである。そのため、私たちの内面生活についての真に適切な神経科学的説明が、私たちの常識的な枠組の既存のカテゴリーときれいに一対一に対応するような理論的カテゴリーを提供すると期待することはできないのである。したがって、私たちは、古い枠組が成熟した神経科学によって還元されるよりむしろ、端的に消去されると予想しなければならないのである。古い枠組がそのように消去されれば、私たちはやがて、成熟した神経科学の理論的な用語を使って、私たちの対人的なことがらや私的な内観を伝えることになろう。

歴史上の類例

同一論者が成功した理論間還元の歴史的事例を引き合いに出すことができるように、消去的唯物論者は新しい優れた理論の存在論が選ばれて、古い理論の存在論が完全に消去される歴史的な事例を引き合いに出すことができる。一八世紀と一九世紀のほとんどの期間、教養のある人は、熱が精妙な流体であり、水がスポンジのなかに含まれるのとまったく同じ仕方で、それは物体のなかに含まれると信じていた。この流動する実体は「カロリック流体」とよばれ、それが物体のなかを、あるいは物体から物体へどう流れるか、またそれが熱膨張や沸騰、融解などをいかに生じさせるかをかなり詳しく記述した理論が、まずまずの成功を収めていた。しかし、一八世紀の末には、熱はまったく実体の一種などではなく、熱をもつ物体そのものを構成する何兆ものぶつかり合う分子の運動エネルギーにほかならないことが、余すところなく明らかとなってきた。新たに唱えられた「物質と熱の分子／運動理論」は、熱に関連した物体の振る舞いを説明・予測するうえで、古い理論よりはるかに多くの成功を収めた。そしてカロリック流体を運動エネルギーと同一視するわけにはいかなかったので（古い理論によると、カロリックはある種の実体であり、新しい理論によると、運動エネルギーは動きの一つの形態である）、カロリック流体のようなものは存在しないということで、最終的な合意が成立した。カロリックは、私たちが受け入れていた実在するものの存在論から、端的に消去されたのである。

第二の事例はつぎのとおりである。木材が燃えたり、金属が錆びたりするときには、前者の場合は活発に、後者の場合はゆっくりと、「フロギストン」とよばれる精霊のような実体が木材や金属から放出されるのだ、とかつて考えられた。フロギストンが完全に放出されると、「不活性」の実体が残るが、それがようするに、残り滓の灰や錆びである。後にフランスの化学者ラボアジェのおかげで、木材の燃焼と金属の錆のどちらの過程も、何かを失う過程ではなく、大気中の実体、すなわち酸素を獲得する過程であることが正しく認識されるようになった。こうしてフロギストン科学は、これらのよく知られた過程の不完全な記述ではなく、根本的に誤った記述であることが明らかになった。それゆえ、フロギストンは、新しい「酸素化学」のなかのあるものに還元されたり、それと同一視されたりするのではなく、科学から端的に消去されたのである。

明らかに、この二つの有用な事例はどちらも観察不可能なものの消去に関係しているが、私たちの知的な歴史のなかには、「観察可能なもの」として広く認められていたものの消去も見られる。コペルニクスの見解が広まるまでは、澄み切った夜に思いきって出かけた人は皆、星を散りばめた天球を見ることができたし、しばらくそこにとどまっていれば、北極星を貫く軸のまわりを天球全体が回転するのを見ることもできた。その巨大な天球は何で出来ているのか（水晶からか？）や、何がそれを回転させるのか（神なのか？）は、二千年以上にわたって、私たちを悩ませた理論的問題であった。しかし、ほとんど誰も、自分の目で観察できたものの存在を疑わなかった。ところが、結局、私たちは、私たちの夜空の視覚経験をコペルニクスとニュートンのきわめて異なる概念枠組のもとで再解釈するようになり、その結果、「回転する天球」は消滅したのである。

もう一つの例は魔女である。精神病は人間のあいだでよくある病気であり、以前は、その犠牲者たちはふつう、悪魔が憑依したものと見られた。犠牲者の目の背後から、悪意に満ちた目を輝かしながら、悪魔の魂そのものが私たちを睨みつけているように見えたのである。魔女が存在することに、誰も異論を唱えなかった。誰もがときどき、どの町や村でも、魔女が支離滅裂で、偏狭で、人を殺しかねない振る舞いをするのを見かけることができた。しかし、観察可能かどうかはともかく、私たちは結局、魔女はたんに存在しないと判断するようになった。魔女という概念は、それがふつう適用される現象をひどく誤って表している概念枠組の一つの要素であり、それゆえその概念の文字通りの適用は永遠に取りやめるべきだ、と私たちは結論づけた。心の病に関する現代の理論によって、私たちの存在論から魔女が消去されることになったのである。

消去的唯物論によると、信念や欲求、痛み、喜びなどの素朴心理学の概念には、同様の運命が待っている。神経科学が成熟して、私たちの現在の考え方の貧しさが誰の目にも明らかとなり、新たな枠組の優位性がしっかり確立されると、私たちはやがて、真に適切な概念枠組のもとで、私たちの内的状態と活動を考え直し始めるだろう。私たちのお互いの行動は、神経薬理学的な状態や、高次元ベクトルで表現されるプロトタイプ的な神経表象や、特定の脳領域の活性化パターンのようなものに訴えて、説明されるようになるだろう。また、この行動の説明は、私たちが使用することになる、より正確で深く動態を捉えた枠組によって、著しく高められよう。それは、天文学者による夜空の知覚が、彼らのもつ現代の天文学理論の詳細な知識によって高められるのと同様である。

ここで示した概念革命の大きさを過小評価してはならない。それは計り知れないほど大きい。そして人類に対する恩恵も、同じくらい大きいかもしれない。もし私たちひとりひとりが、心の病の種類と原因、学習に関係する要因、情動・知性・社会化の神経的基盤について、正確で自動的に行使できる神経科学的な理解をもつようになれば、人間の悲惨さの総量は著しく減少するだろう。新たな枠組によって相互理解が増えるだけでも、より平和で人間らしい社会に向けての実質的な貢献となろう。もちろん、危険もあろう。知識の増大は力の増大を意味しており、力はつねに悪用されうるからだ。

消去的唯物論を支持する論証

消去的唯物論を支持する論証は、あまりまとまりがなく、決定的ではないが、多くの人がそう思っている以上に強力である。この立場を他から明確に区別する特徴は、素朴心理学の枠組が成熟した神経科学の枠組に円滑に還元される可能性を否定する点にある。消去的唯物論は、そのような還元が種特異的に成立する可能性さえ否定するのである。なぜなら、消去的唯物論者は、素朴心理学が絶望的なほど稚拙で、私たちの内的状態と活動に関するひどく混乱した考え方だと確信しているからである。しかし、なぜ私たちの常識的な考え方をそのように低く評価するのだろうか。

その理由は少なくとも三つある。第一に、消去的唯物論者は、説明、予測、および操作について、素朴心理学の広範な失敗を指摘する。素朴心理学のもとでは、私たちにとって中心的で馴染み深いことの多くが、まったく解明されないままである。私たちは、人生の三分の一もの時間を睡眠の状態で過ごすが、それにもかかわらず、睡眠とは何か、なぜ睡眠をとらなければならないのかを知らない（「休息のため」という答えは誤りである。たとえ連続的に休息することが許されても、睡眠の必要性は減らない。睡眠は休息よりもっと深い機能を果たすように思われるが、私たちはそれが何であるかをまだ知らない。）私たちは、どのようにして学習が私たちを無邪気な幼児から狡猾な大人へと変えていくのかについて、また、知能の個人差が何によって生じるのかについて、理解していない。私たちは、いかに記憶が働くのかについて、また、私たちが蓄えているとてつもなく膨大な情報から、いかにして必要な情報を瞬時に取り出すことができるのかについて、ほとんど理解していない。私たちは、心の病が何であるかを知らないし、それをどう治療すればよいのかも知らない。

ようするに、素朴心理学のもとでは、私たちに関するもっとも中心的なことがらが、ほとんどまったく解明されないままなのである。そしてこの欠陥は、それに対処する時間が十分なかったことのせいにはできない。なぜなら、素朴心理学は、明白な欠陥があるにもかかわらず、二千年以上ものあいだ、さしたる変化や進展を遂げてこなかったからである。私たちはいまなお、市場や夕食の席で、古代ギリシア人と同じ概念枠組を用いている。本当に成功している理論なら、やがてうまく還元されることを期待してよいだろうが、慢性的に成功していない理論は、そのような期待に値しないのである。

この説明力の乏しさに基づく論証には、さらに別の一面がある。正常な脳だけを問題にしているかぎり、素朴心理学の説明力の乏しさは、おそらくそれほど明白ではないだろう。しかし、脳に損傷のある人たちの当惑させられる行動や認知的欠陥を問題にし始めるやいなや、素朴心理学には、それらを記述し説明する手段が空疎であることがわかるのである（たとえば、第7章3節、二四一～二四二ページを参照）。これは他の控えめな理論においてもそうである。そのような理論をもともとの狭い領域を超えた新しい領域に適用しても、うまくいかない（たとえば、光速に近い領域でニュートン力学を適用したり、高圧高温の領域で古典的な気体法則を適用したりしても、うまくいかない）。それと同様に、素朴心理学をそのもともとの領域を超えた新しい領域に適用しても、うまくいかず、記述と説明の不適切さが、くっきりと苛立たしいほど、明らかになるのである。

　消去的唯物論を支持する第二の論証は、私たちの長い概念史から帰納的な教訓を引き出してくる。天空の構造と活動に関する初期の素朴な理論は、ひどく的外れであった。それは、私たちがどれほど誤りうるかを示す歴史的な教訓としてのみ生き残っている。火の本性や生命の本性に関する私たちの素朴な理論も、同様に完全に間違っていた。このような例は、いくらでも挙げられよう。なぜなら、私たちの過去の素朴な考え方のほとんどが、同様に誤ったものとして論破されてきたからである。たしかに、素朴心理学はこの点では例外的である。それは今日でも生き延びており、ようやく最近になって批判的な圧力に晒されるようになったところである。しかし、意識的知性の現象は、いま列挙したどの現象よりも、間違いなく複雑で難解であり、したがってもし私たちが他のすべての理論でひどい間違いを犯していた以前の時期に、私たちがその意識的知性の現象を正確に理解していたとすれば、それは奇跡だろう。素朴心理学がこれほど長く生き延びてきたのは、おそらく素朴心理学が基本的には正しく人間の認知を描いているからではなく、それが並外れて困難な現象を扱っており、そのため、どれほど弱々しくても、素朴心理学による現象の扱いが多少とも有用であれば、それがすみやかに他のものに置き換えられることはないからである。

　第三の論証は、素朴心理学によって私たちに帰属させられる表象状態の中心的な一群、すなわち「命題的態度」に照準を合わせ、それに懐疑を投げかける。命題的態度とは、Ｐを信じる、Ｐを考える、Ｐではないかと推測する、Ｐを知覚する、Ｐを望む、Ｐを恐れる、Ｐを疑う、Ｐを欲する、などの心的状態である。このようなすべての状態において、帰属させられる認知状態を特定するために、変項「P」に代入されるのは、平叙文、すなわち文法的に適格に形成された言語的な存在である。つまり、素朴心理学は私たちの認知活動を、文的な構造をもつ状態が心のなかで行うダンスとして描くのである。このダンスは、さまざまなPを特定するのに用いられる文のあいだのさまざまな推論関係に従って行われるものである。

この内的な認知状態を特定する仕方は、言語の能力をもち、文を理解できる生物にとっては、適切かもしれないが、言語能力をまったくもたない生物についてはどうであろうか。すなわち、私たち人間以外のこの惑星上のあらゆる生物については、どうであろうか。そのような生物の認知もまた、文的状態の内的ダンスなのだろうか。おそらくそうではあるまい。なぜなら、人間以外の動物は、どんな言語にも含まれるような複雑な組合せ構造を学習したり、これらの組合せの規則に従って認知的表象を操作したりする能力をいっさいもたないからである。なるほど私たちは、正しいかどうかは別にして、人間以外のさまざまな動物に命題的態度を帰属させる。それは、それらの動物の認知が、その根底の力と繊細さにおいて、しばしば私たちの認知に匹敵し、一部の認知については、私たちのそれを上回りさえするからである。人間だけが複雑な認知を行っているという考えは、ちょっと吟味すれば、ただちに破綻する。しかし、動物の認知が本質的に文的状態のダンスにあるという考えは、それとまったく同じくらい疑わしいのである。

その考えはまた、言葉を話す以前の人間の子供についても、疑わしい。子供は、生まれてからおよそ最初の二年間は、言語操作の技術をもたないで何とかやっていく。しかし、その期間、彼らは切迫した実践的衝動を抱き、周囲の世界をきわめて詳細に知覚し、がむしゃらに学ぶ。そして彼らが学ぶことのなかには、もちろん言語がある！　このことは、ふたたびもちろん、彼らがそのような学習を可能にする先行の認知システムをもっていることを示している。では、この先行の言語未満のシステムとは、いったいどのようなものであろうか。

それはおそらく、この惑星の他のすべての動物が用いるのとほぼ同じ認知システム、すなわちまったく言語的な状態なしにやっていける認知システムであろう。この推測は、すべての哺乳類の脳に、そして爬虫類の脳にさえ見られる一貫した構造的類似性によって、強く支持される。私たちの脳はすべて、堅固な共通の主題を微妙に変化させた変奏なのである。脳の全体的な解剖学的構造からすると、私たちの脳の可視的な各部位の配置は、一つのおおよそ連続的なスペクトルを形成しており、その連続体のどこかに、私たちの脳はそれぞれ位置づけられる。また、脳の微細構造を調べると、その形態学的なスペクトルの全体にわたって、どの脳にも、同じ基礎的な計算組織があることがわかる。そしてこのスペクトルの全体にわたって、その表象や計算の基礎的な形式は、明らかに言語的形式ではないのである（どんな形式をもつかは、第7章で考察する）。

私たちが非言語的な動物に命題的態度を帰属させるのは、明らかに壮大な擬人化である。それは、命題的態度を実現または例化しておらず、実際そうすることができない生物に対して、人間に焦点を合わせた狭い見方を投影しているのである。しかし、もしこの惑星の他の何百万の認知的生物がすべて、命題的態度の文字通りの主体でないとすれば、私たちは、人間の内的認知活動については、どう言うべきだろうか。

同じことを言うべきだ、と消去主義者は主張する。明らかに、初期の人間は、当時の彼らにとって利用可能な表象と計算の唯一の体系的な媒体、すなわち人間の言語に基づいて、人間の認知活動を捉え、そのモデルを形成した。そしてそれは良いことであった。というのも、それは私たちに、人間の行動について、そしてまた動物の行動についても、少なくともある程度の予測および説明上の利点を与えたからである。しかし、結局は、私たちの認知の言語形式的な捉え方は、他の生物に対して正確でないように、私たちに対しても正確ではない、と消去主義者は言う。私たちの脳は、私たちの進化上の兄弟姉妹と本質的に同じ仕方で働いており、「命題的態度」は私たちの大部分が共有する認知活動とほとんど、あるいはまったく、関係がない。私たちが人間の認知を本当に理解したいなら、私たちは私たちの言語形式的な自己欺瞞から脱却して、すべての地球の生物にふさわしい理論（つまり認知神経生物学）の概念枠組のもとで、私たちの認知を語るようになり、さらにそれを内観するようにさえならなければならないのである。

消去的唯物論に反対する論証

消去的唯物論のようなかなり過激な見解は、ほとんどの人にとって、最初はあまりもっともらしく思われない。なぜなら、その見解は私たちのうちにもっとも深く根づいている仮定をいくつか否定するからである。もちろん、これはせいぜい論点先取の不平にすぎない。なぜなら、それらの仮定こそ、まさに争点だからである。しかし、つぎの議論は、たしかに実質のある反論を仕掛けようとしている。

消去的唯物論は偽である、と不平者は論じる。なぜなら、私たちの内観は信念、欲求、恐れなどの存在を直接的に明らかにしているからである。それらの存在は、どんなものにも劣らず明白である。

消去的唯物論者はこの不平者の論証に対して、つぎのように応答するだろう。もしある古代または中世の人が、天空が厳密に組織化された回転球を形成しているとか、魔女が存在しているとかいったことが、自分の目でまさに見えると主張したなら、彼は誤りを犯していよう。さきほどの不平者の論証は、これと同じ誤りを犯しているのである。実際、すべての観察（内観も含む）は、何らかの概念体系のもとで生じており、私たちの観察的判断は、それが表現される概念枠組と同程度の良さしかもたないのである。星を散りばめた天球、魔女、お馴染みの心的状態という三つの場合のいずれにおいても、まさに問題にされているのは、観察的判断が表現される背景の概念枠組が、はたしてまっとうなものであるのかどうかということである。したがって、自分の経験を伝統的に解釈したうえで、その経験の妥当性を主張することは、問題となっている論点そのものを先取することである（すなわち、まさに証明しようとしていることを密かに仮定することである）。なぜなら、その三つの場合のいずれにおいても、お馴染みの観察的領域の根底にある根本的なものを考え直すべきかどうかということが、まさに論点だからである。

消去的唯物論に対する第二の批判は、この立場に不整合を見いだそうとするものである。消去的唯物論の主張を率直に述べれば、それはようするに、お馴染みの心的状態がじつは存在しないということである。しかし、まさにこの言明は、それが一定の信念、伝達意図、それが表現される言語の知識を表す場合にのみ有意味である。しかし、それが真なら、そのような心的状態は存在せず、したがってその「言明」は無意味な記号やノイズの列となり、真ではありえないことになる。明らかに、消去的唯物論が真だという仮定は、それが真ではありえないことを含意する！

この柔道投げのような曲芸的な論証の落とし穴は、言明が真であるための必要条件に関係がある。この論証は、またもや、論点先取を犯している。消去的唯物論が真なら、有意味性の源泉は、その論証が訴えるお馴染みの源泉ではなく、それとは別の源泉であるはずである。「古い」源泉を主張することは、問題になっている枠組そのものの妥当性を主張することになるのである。ふたたび、歴史上の類例がここで役立とう。生物学的に生きているということは、非物質的な生気が吹き込まれているということだ、という中世に広まった理論を考えてみよう。そしてこの生気論とよばれる理論は誤りだと主張する人に対して、つぎのような応答がなされたとしよう。

私の教養のある友人が、生気のようなものは存在しないと言明した。しかし、この言明は不整合である。もしその言明が真なら、私の友人は生気をもたないことになり、それゆえ死んでいなければならない。だが、もし彼が死んでいるとすると、その言明はノイズの連なりにすぎず、意味もないし、真でもない。明らかに、反生気論が真であるという仮定は、反生気論が真ではありえないということを含意する！

この第二の論証は現代ではもう冗談だが、第一の論証も、じつはこれとまったく同じ仕方で論点先取を犯しているのである。

消去的唯物論に対する最後の批判は、この立場に反対するものの、これまでの批判よりかなり弱い結論を引き出すものである。ただし、その結論の根拠はむしろこれまでより強い。消去的唯物論はもぐら塚を山に見せているのだ、とこれまでよく批判されてきた。それは、素朴心理学の欠陥を誇張し、その実際の成功を過小評価する。おそらく成熟した神経科学が登場すれば、素朴心理学の周辺的な概念は消去されなければならないだろうし、私たちは素朴心理学の一部の原理に対して微調整が行われるのを耐えなければならないだろう。しかし、消去的唯物論者が予想する大規模な消去は、人騒がせな心配か、現実離れした熱狂にすぎない。

この不平はことによると、正しいかもしれない。しかし、それはことによると、ただのひとりよがりかもしれない。そのどちらであるにせよ、それは重要な論点を浮かび上がらせる。すなわち、私たちがここで直面しているのは、完全な還元か、一様な消去か、という二つの単純で相互排除的な可能性ではない。むしろ、これらの可能性は、可能な結果に関する連続的なスペクトルの両端に位置するものであり、この両端のあいだには、部分的消去と部分的還元が組み合わさったさまざまなケースがある。このスペクトルのどこに私たち自身のケースが位置づけられるかは、経験的な研究（第7章参照）のみによって明らかになりうる。ことによると私たちはここで、全面的消去という過激な可能性に注目するのではなく、もっと慎重に修正的唯物論に目を向けるべきかもしれない。おそらくそうすべきだろう。しかし、私たちの概念全体の運命が、考えうるスペクトルのなかのもっとも革命的な端のほうにあるという可能性が少なくとも理解可能であることを示すことが、本節の私の狙いだったのである。

第3章
意味論的問題

私たちの常識心理学（＝素朴心理学）の言葉はどこからその意味を得るのだろうか。これは一見、何でもない問いにみえるかもしれないが、少なくとも三つの理由から非常に重要である。まず第一に、心理的な言葉は意味の理論にとって、一般にその試金石となる。また第二に、意味論的問題は前章で見た存在論的問題と深く結びついている。そして最後に、それは次章で見る認識論的問題とさらにいっそう深く結びついている。

心理的な言葉の意味については三つの主要な理論があるが、本章では、それぞれについて擁護論と反対論を検討しよう。第一の理論によれば、常識心理学の言葉は内的直示によってその意味を得る。第二の理論によれば、それは操作的定義によってその意味を得る。第三の理論によれば、それは「素朴」心理学を構成する諸々の心理法則のネットワークにおいて、それがある特定の位置を占めることによってその意味を得る。

1　内的直示による定義

たとえば、「ウマ」とか「消防車」のような言葉を人に教える一つのやり方は、その人に具体例を示して「あれがウマだ」とか「これが消防車だ」と言うことである。これは直示的定義（ostensive definition）とよばれる。このやり方で言葉を教えられた人は、提示された対象の関係する特徴に気づき、その同じ特徴をもつ新たな対象が現れたとき、その言葉をそれに正しく適用するであろう。

もちろん、「ウマ」と「消防車」はどちらも別の仕方で教えることもできる。「ウマは大きくてひづめがある動物で、乗るのに用いられる」と言うだけでもよいであろう。この場合は、言葉が相手のすでに知っている別の言葉と特定の仕方で結びつけられることによって、その意味が与えられている。このような教え方は明示的で完全な場合（「二等辺三角形は少なくとも二つの等しい辺をもつ三辺の閉じた平面図形である」）から部分的で不完全な場合（「エネルギーは車を走らせ、明かりを点灯させ続けるものである」）までいろいろある。しかし、しばしば言われるように、すべての言葉の意味がこのようにして得られるわけではない。最初の直接的な直示によってしか意味が得られない言葉もあるとされる。たとえば、「赤」、「甘い」、「暖かい」といった言葉がそうである。これらの言葉は、他の言葉と特定の関係をもつことによってではなく、知覚可能な対象が示す特定の性質と直接結びつくことによって、その意味が決まる。意味理論の正統派と常識はともにそう語るのである。

では、常識心理学の言葉についてはどうであろうか。「痛み」、「かゆみ」、「赤の感覚」のような言葉について考えると、明らかに直示が意味の源泉であるように思われる。実際に痛みやかゆみ、赤の感覚をもつのでなければ、どのようにしてそれらの言葉の意味を知ることができるだろうか。一見したところ、知りえないように思われる。これを「標準見解」とよぶことにしよう。

標準見解は心理的な言葉のある程度の部分について正しいかもしれないが、明らかにそのすべてについて正しいわけではないし、大部分についてさえそうでない。多くの重要なタイプの心的状態が質的特徴をまったく欠くか、あるいは自身の本質に関係するような質的特徴をもっていない。たとえば、さまざまな信念を考えてみよう。Pという信念、Qという信念、Rという信念、などである。これらの信念はいくらでもありうるし、しかも重要な点で互いに異なる。このような信念については、そのそれぞれに特有の質的特徴を一つずつ学ぶことによって、それらを表す表現を習得していくことはできないだろう。そもそもそれらは独自の別個の質をもってはいない。同じことが、Pという思考、Pという欲求、Pという恐怖、およびその他のすべての「命題的態度」について言える。これらを表す表現はおそらく常識心理学の枠組におけるもっとも中心的な表現であり、内観可能なクオリア（「現象的な質」）によってではなく、ある一定の役割を演じる命題Pないし文Pという要素によって互いに区別される。これらの表現の意味は、内観可能なクオリアとは別なところにその源泉があるにちがいない。

心理述語の意味がすべて完全に標準見解で捉えられるわけでないことは、明らかである。しかも標準見解は、それがもっともふさわしいようにみえるケースでさえ疑わしい。クオリアをもつ心的状態でも、タイプによっては必ずしも一様なクオリアをもたない。むしろ、一様なクオリアをもつタイプは、実際にはほとんどない。「痛み」という言葉を考えてみよう。そしてその言葉のもとにどれほど多様な感覚が含まれるかを考えてみよう（頭痛、やけど、耳をつんざく音、膝頭への一撃、などを考えてみていただきたい）。これらのクオリアはたしかにすべて嫌悪の反応を引き起こすが、そのことはすべての痛みに共通の因果的／関係的性質であって、共通のクオリアではない。赤の感覚でさえ多くの明暗や濃淡があり、その境界線上では、茶、オレンジ、ピンク、紫、黒に近い赤もあり、非常な多様性がある。このようなばらばらな感覚を一つの集合にまとめあげるうえで、内在的な類似性が何らかの役割を果たしているのは確かであるが、赤の感覚がふつう唇やイチゴ、リンゴ、消防車などの標準的な事例から生じるという事実が、赤の諸々の感覚を一つにまとめあげるうえで同じくらい重要な役割を果たしていることもまた、明らかであるように思われる。つまり、赤の諸感覚は因果的／関係的特徴を共有することによって統一されているのである。意味は単一の明瞭なクオリアによって尽くされるという考えは神話であるように思われる。

意味を知るためにはクオリアを知ることが必要だということさえ、本当に確かであろうか。神経系に何らかの問題があって痛みを一度も感じたことがない人が、それでも「痛み」という語の意味を知り、私たちと同じようにその言葉を会話や説明、予測において用いることができるという主張もなされてきた。彼はたしかに痛みがどんな感じのする状態かを知らないだろうが、それでもその因果的／関係的性質をすべて学習し、それによって私たちと同じように痛みの状態が通常の人においてどんな役割を演じるのかを知ることができるだろう。彼が知らない何かがまだたしかにあるが、その何かが「痛み」という語の意味であるかどうかは、決して明らかなことではない。

最後に、「痛み」や「赤の感覚」のような言葉の意味が内的なクオリアによって尽くされるとすれば、意味論的独我論に陥る危険があり、それを避けるのは非常に困難であろう。（独我論（solipsism）というのは、自分の直接の意識的な自我についての知識以外は、いかなる知識も不可能だという説である。）私たちはそれぞれ自分の意識的状態しか経験できないので、誰も自分の「痛み」の意味が他人の場合と同じかどうかを知ることができない。そしてそのようなことを帰結させる意味の理論は、明らかに奇妙である。

意味の標準理論である「内的直示」説に関する以上のような疑問から、哲学者たちは他のアプローチを探すようになった。一つの代案を最初に真剣に提唱し擁護したのは、前章で見た哲学的行動主義者たちであった。彼らは標準見解に対して別の反論も行っており、それをつぎに見ることにしよう。

2　哲学的行動主義

行動主義者によれば、心的な語の意味はすべて、それがある一定の他の語、すなわち公共的に観察可能な状況や行動を表す語に対してもつ多くの関係によって決定されることになる。行動主義のもっとも明確な定式化においては、心的な語は意味論的には「溶ける」とか「もろい」のような純粋に傾向的な語と同じく、傾向的な語として捉えられ、そのような心的な語の意味を明示化する手段として、操作的定義が採用される。この説については第2章2節でその詳細を述べたので、ここではそれを繰り返すことはしない。

行動主義の主要な困難は心的状態のクオリアに重要な役割が与えられていないことであった。しかし、さきほど見た理由により、クオリアはふつう標準見解によってそれに割り当てられているような重要性をじつはもっていない。しかも、標準見解にはさらに別の反論もある。それは行動主義的な伝統においてもっとも大きな影響力のあった哲学者のひとりであるルートウィヒ・ウィトゲンシュタインが提起した私的言語批判である。

意味論的独我論が帰結するにもかかわらず、標準見解の擁護者の多くは感覚を表す言葉が不可避的に私的な言葉であることを甘んじて受け入れようとした。しかし、ウィトゲンシュタインはそのような必然的に「私的な」言語がまったく不可能であることを示そうとした。

彼の議論はこうである。あなたは「W」という語をもっぱらあなたがいま感じるある感覚と結びつけることによってのみ、その語に意味を与えるとしよう。その後、あなたはある感覚を感じるやいなや、「これはWだ」と言うかもしれない。しかし、そのとき、あなたはいったいどのようにしてその語を正しく用いたのかどうかを知ることができるだろうか。あなたは最初の感覚を正しく覚えていないかもしれないし、あるいは最初の感覚と第二の感覚のあいだにほんの微かな類似性しかないのに、うっかり緊密な類似性があると思ってしまったのかもしれない。「W」という語が他の現象、たとえば問題の感覚の標準的な原因や結果といかなる意味的なつながりももたないとすれば、「W」の正しい使用と誤った使用を区別できるような方法はまったくないだろう。しかし、正しい使用かどうかを決して決定できないのであれば、そのような語は無意味である。したがって、必然的に私的であるような言語は不可能なのである。

行動主義者はこの議論におおいに勇気づけられて、心的状態を表す通常の言葉が公共的に観察可能な状況や行動とどう結びついているかによって、そのような言葉を定義しようと試みた。しかし、そうした試みは、それを勇気づける議論があったにもかかわらず、決して本当に成功することはなかった（第2章2節で見たとおりである）。そしてすぐ挫折感が高まった。これはおそらく予想されるべきことであった。というのも、ウィトゲンシュタインの私的言語批判は、その前提によって正当化される以上の強い結論を引き出しているからである。言葉の有意味性に必要なのが適用の正しさのチェックだけだとすれば、「W」の理解に必要なのはW感覚の生起と他の現象との結びつきだけである。この他の現象が公共的に観察可能な現象であることは、不要である。それらはたとえば、W感覚と因果的に結びついた他の心的状態であってもよい。そのようなものでも、「W」の正しい適用をチェックするものとして役に立つのである。

したがって、ウィトゲンシュタインの議論は、いかなる言葉も他の言葉との体系的なつながりなしには有意味ではありえないという結論であるべきだった。言葉はそれが他の言葉と織り成す文脈においてのみ意味をもちうるように思われる。これらの言葉はそれらを含む一般的な言明によって互いに結びつけられている。ウィトゲンシュタインと行動主義者たちがこの少し弱い結論を引き出していたなら、哲学者たちはおそらく次節で述べるような意味の理論にもっと早く到達していたであろう。

3　理論的ネットワーク理論と素朴心理学

本節で探る見解は、以下のように定式化できる。心的状態を表す私たちの常識的な言葉は私たちの常識的な理解に埋め込まれたある理論的枠組（すなわち「素朴心理学」）の理論語であり、その意味はそれらが現れる法則／原理／一般化の集まりによって決定される。この見解を詳しく説明するために、まず一歩下がって、しばらく理論についての話をすることにしよう。

理論語の意味

大規模な理論、たとえば、化学理論、電磁気理論、原子論、熱力学などの物理諸科学に見いだされるような理論を考えてみよう。そのような理論はふつう文の集合からなる。これらの文は通常、一般的な文、つまり自然の法則とされるものである。このような法則は理論によって措定されるさまざまな性質／値／状態／実体のあいだに成り立つ関係を表している。理論はそれに特有の一群の理論語を含むが、この理論語によってそれらの状態や実体が表現され、指示される。

たとえば、電磁気理論は電荷や電場、磁場を措定する。そしてこの理論の法則はこれらのものが互いにどのように関係し、またさまざまな観察可能な現象とどう関係するかを述べる。「電場」という表現を十分に理解するということは、この表現が現れる理論的な原理や法則のネットワークをよく知ることである。それらの原理や法則の集まりが電場とは何であり、それが何をするのかを私たちに告げるのである。

これは決して特別な場合ではなく、むしろふつうのケースである。一般に、理論語はその正しい適用の必要十分条件を述べる単一の明示的な定義によって、その意味を得るわけではない。むしろ、理論語はそれを埋め込んだ原理や法則のネットワーク全体によって暗黙的に定義されるのである。たしかにお手軽な定義（たとえば「電子は電気の基本単位である」）も見られるが、そのような定義はふつう語の意味のごく小さな一部しか伝えていないし、またいつでも反証される可能性がある。（たとえば、いまでは、電子の三分の一の電荷をもつクォークが電気の基本単位であるように思われる）。この「枠組重視の」説明を意味のネットワーク理論とよぶことにしよう。

説明の演繹的・法則的モデル

しかしながら、どんな理論でも、その法則の集まりはたんに理論語に意味を与えるだけではなく、予測と説明の役割も果たしており、むしろそれが法則の主たる目的と価値である。このことから問題が起こる。出来事や状態に説明を与えるというのはどのようなことであり、理論はいかにしてそれを可能にするのか。この点については、すでに以前からの定説があり、つぎの話によってうまくその核心を伝えることができよう。

私の実験室には、二つの鏡と長い金属の棒からなる装置があり、それぞれの鏡は棒のそれぞれの端に接している。棒が取り付けられているのは、二つの鏡を正確に一定の距離だけ離しておくためである。ある朝、私の助手はある実験を行う前に鏡の距離を測定して、棒が元の長さより約一ミリメートル長くなっていることに気づいた。

「あれ？　この棒は膨張しています。どうしてでしょうか」と彼は言う。

「私が熱したからだよ」と私は説明する。

「えーと、熱することがどう関係するのでしょうか」と彼は尋ねる。

「あのね、棒は銅で出来ているからだよ」とさらに説明する。

「えーと、それがまたどう関係するのでしょうか」としつこく尋ねる。

「いいかい、銅はすべて、熱すると膨張するのだ」と私はイライラを抑えつつ、答える。

「ああ、わかりました」とついに彼に光明が射す。


もし私の最後の答えを聞いてもなお助手が理解できなかったら、私は彼を首にしなければならないだろう。というのも、棒がなぜ膨張したのかということの説明はそれでもう完全であり、子供でさえ理解できるはずだからである。それがなぜ、どんな意味で完全かは、私の説明に含まれる情報をきちんと整理してみれば、よくわかるだろう。

一、すべての銅は熱すると膨張する。
二、この棒は銅である。
三、この棒は熱せられる。
ゆえに、四、この棒は膨張する。

読者の方々は、最初の三つの命題の集まりから四番目の命題、すなわち説明されるべき出来事ないし状態を描いた命題が演繹的に導き出されることに気づかれるであろう。棒が膨張することは最初の三つの命題で記述された条件から不可避的に帰結することなのである。

ここに見られるのは妥当な演繹的推論である。説明は、その諸要素がすべて明示化されると、推論の形をとるように思われる。すなわち、前提（いわゆる説明項）が説明情報を含み、結論（いわゆる被説明項）が説明されるべき謎の事実を記述した推論である。もっとも重要な点は、前提が少なくとも一つの自然の法則ないし法則的言明、すなわち自然が示す一般的なパターンを表現した一般的言明を含むということである。残りの前提はふつう「初期条件」とよばれるものを表現しており、説明されるべき特定の事実を法則に結びつけるのはこの初期条件である。まとめると、出来事または状態を説明するということは、それの記述を自然の法則から演繹することである。（「説明の演繹的・法則的モデル」という名称はこれに由来する。）なぜ包括的な理論が説明力をもつかは、もう容易に理解できよう。

出来事や状態の予測もまた、本質的に同じパターンをたどることに注意していただきたい。違いはただ、推論の結論が過去または現在時制ではなく、未来時制だという点だけである。さらにもう一つ重要なことがある。日常生活で説明を行うとき、推論のすべての前提が明示的に述べられることはほとんどない。（助手への私の最初の答えを見てほしい。）そうすることには、一般に何の意味もない。というのも、聞き手がすでに関連する情報をほとんどもっていると考えられるからである。聞き手に与えられるのはふつう、聞き手がもっていないと思われる情報だけである（たとえば、「私はそれを熱した」)。たいていの説明において明示的に述べられるのは、説明の「スケッチ」にすぎない。述べられないことを埋めるのは聞き手の役割である。最後に、私たちの常識的な説明の背景にある「法則」は、ふつう荒削りなものであり、真の規則性の粗い近似か、あるいは不完全な把握を表現したものにすぎない。これによってもまた、私たちの説明は一般に説明のスケッチなのである。

素朴心理学

さて、通常の人がもつ、他人について説明し予測する能力の考察に移ろう。私たちは自分の仲間の人たちの振る舞いをかなりよく説明したり予測したりすることができる。外側から知覚できない他人の心理状態さえ、説明したり予測したりすることができる。私たちは他人の振る舞いを他人の信念、欲求、痛み、希望、恐怖などから説明する。また、落胆から悲しみを、欲求から意図を、知覚と推論から信念を説明する。私たちはいったいどのようにして、こうしたことを行うことができるのだろうか。

前節の説明が正しいとすれば、私たちは各々、さまざまな心的状態を、(1)他の心的状態、(2)外的環境、および、(3)行動に結びつける相当な数の法則ないし一般的言明を知っており、それらを自由に使いこなせるはずである。このような知識によって、私たちは他人についての説明と予測を行うことができるのである。

私たちがそのような一般的言明の知識を本当にもっているのかどうかは、常識的な説明を「強要」してみることによって明らかになろう。さきの会話の例で見たように、説明を強要することによって、ふつう言わずに済まされることが明示化される。常識的な説明を強要することで、心的状態に関係する常識的な一般化が文字通り何百も明らかになる。この見解の擁護者たちはそう主張する。たとえば、つぎのような一般化である。


人はふつう最近傷害を負った身体の箇所に痛みを感じる。

しばらく水分をとっていない人は、ふつう喉の渇きを感じる。

痛みのある人はふつうその痛みを和らげたいと思う。

喉の渇きを感じる人はふつう飲料水を欲する。

怒っている人はふつう短気になる。

急に鋭い痛みを感じた人はふつう顔をしかめる。

Pを欲し、Pを実現するにはQで十分だと信じる人は、他の競合する欲求や好みのやり方がなければ、Qを実行しようとするだろう。


私たち人間がどのように機能するかについての私たちの理解を構成するのは、このようなお馴染みのありきたりの命題、およびここに挙げたもの以外の心的な語が埋め込まれた他の同様の何百もの命題である。これらのおおまかな一般的言明ないし法則が、通常の仕方で説明と予測を支えている。それらは寄り集まって理論を構成する。この理論はある一定範囲の内的状態を措定し、内的状態のさまざまな因果関係が理論の法則によって記述される。私たちは皆、この理論の枠組を学習する（言語を学ぶときのように、お母さんの膝の上で学ぶ）。そしてそれを学びながら、意識的知性が何であるかの常識的な見方を獲得する。この理論枠組は「素朴心理学」とよぶことができよう。そこに含まれている知恵は、私たち人間がどのように機能するのかを理解しようとする何千世代にもわたる試みによって蓄積されてきたものである。

素朴心理学の法則が日常の説明においてどんな役割を演じるのかを、簡単な例で示してみよう。つぎのやりとりを見ていただきたい。

「マイケルは会議で最初着席したとき、どうしてちょっと顔をしかめたのだろう？」
「突然、鋭い痛みを感じたからだよ。」
「そうか。でも、どうして痛みを感じたのだろう？」
「私が彼の座った椅子の上に画鋲を置いておいたからだよ。」

ここには二つの説明があり、一方が他方にすぐ続いてなされている。どちらの説明も、さきの最初の例における説明と同じような仕方で強要されると、さきほど挙げた法則の一覧の六番目と一番目が明示化されて、二つの演繹的推論が出現することになろう。それは金属棒の膨張を説明する場合と同様である。

素朴心理学が一つのれっきとした理論（ただし人間の言語と文化に深く根付いた非常に古い理論）であるとすれば、心理的な言葉の意味は実際本節で述べたような仕方で、つまりその言葉が現れる素朴心理学の法則の集まりによって決定される。この見解は非常にもっともらしい。結局のところ、痛みが身体の傷害によって起こるとか、人は痛みを嫌うとか、痛みは苦悩、渋面、うめき、回避行動を引き起こすとかといったことを理解していない人がいたとして、そのような人が「痛み」という語の意味を理解しているなどとは誰も言わないだろう。

クオリア再訪

しかし、いろいろな心理的状態に備わるクオリアについては、いったいどうなるのだろうか。意味のネットワーク理論からすれば、クオリアは心理的な言葉の意味を決定するのにいかなる役割も果たさないことになりそうだが、そのようなことが信じられるだろうか。クオリアが何らかの役割を果たすという直観は非常に強い。意味のネットワーク理論の擁護者はこの積年の問題に答えることができるだろうか。彼らには少なくとも二つの答え方が可能であるように思われる。

第一は、たかだか二次的な役割にすぎないけれども、クオリアが一部の用語の意味に関してある役割を果たすことを認めてしまうことである。この譲歩は私たちの直観をなだめるのにおおいに役立つだろうから、そのように譲歩して、もう問題は終わりだと宣言したくなるかもしれない。しかし、そう譲歩してもなお、解決されない問題が残る。あなたの感覚のクオリアはあなただけに現れ、私のそれは私だけに現れる。それゆえ、感覚語の意味の一部は私的なままとなり、私たちが同じ感覚語で同じことを意味しているのかどうかという問題は、解決されずに残るだろう。

第二の妥協案は、感覚語をおのずと自動的に適用する場合は、クオリアが重要な役割を果たすことを認めるが、それでもその役割が意味論的な重要性をもつことは認めないというものである。あなたは痛みをこそばゆさから、赤の感覚を緑の感覚から内観的に識別できるが、そのような識別が可能なのはもちろん、これらの心的状態があなたにおいて一定の質的特徴をもっているからである。私たちはそれぞれ学習を通じて、自分の内的状態が示すクオリアを活用して、自分がどんな状態にあるかについての自動的な観察判断を行うことができるようになる。しかし、たとえば「痛み」という語の厳密かつ公共的な意味は、いかなる特定のクオリアとも関係しないのである。痛みの質的特徴は同じ人のなかでも実質的な違いがあるし、異なる人のあいだではもちろんさらに大きな違いがある。また、異なる生物種のあいだで実質的な違いがあることも、ほぼ確実であろう。したがって、クオリアには認識論的な重要性を認めることができても、意味論的な重要性を認めることはできないのである。つまり、間主観的な言葉の意味については、クオリアには何の役割も与えられないのである。（これは七八ページで機能主義について探った対処法と同じものである。）

こうして意味のネットワーク理論には、クオリアについて二つの異なる対処法が可能である。どちらかを採用するとすれば、どちらにすべきだろうか。その判断は、読者にゆだねたい。どちらにするにせよ、基本となる考えは明らかであろう。心理語の意味の主要な、あるいは唯一の源泉は、それらの語が埋め込まれた常識的な理論的ネットワークである。理論語一般と同じく、心理語を理解できるようになるのは、それらが現れる一般化を予測や説明のために使用できるようになるときなのである。

一般的意義

意味のネットワーク理論は心身問題に対してどんな意義をもつだろうか。それはつぎのようなものである。ネットワーク理論は現在の三つの唯物論的な立場のいずれとも厳密に両立可能であり、また二元論とも両立可能である。それはそれ自体では、これらのどの立場も含意しないし、また排除もしない。しかし、それはこれらの立場がどこで対立するのか、またその対立が最終的にどんな仕方で解決されるのかについて、示唆を与えてくれる。その示唆は以下のとおりである。

心理状態についての常識の概念枠組が（古いとはいえ）文字通り理論だとすれば、心的状態が脳状態とどう関係するかという問題は、古い理論（素朴心理学）が新しい理論（成熟した神経科学）とどう関係するかという問題になる。古い理論は新しい理論にある仕方で取って代わられる恐れがある。心身問題に対する四つの主要な立場は、この理論的葛藤がどのように解決されることになるかに関する四つの異なる予想とみなすことができる。同一性論者は、古い理論が成熟した神経科学に円滑に還元されると予想する。つまり、古い理論はさきに論じたような仕方で神経科学によって適切に説明されるのである。二元論者は、古い理論は成熟した神経科学に還元されないと主張する。というのも、素朴心理学が記述するのは、非物理的な認知状態の非物理的な過程だからである。機能主義者もまた、古い理論が還元されないと予想するが、それはあまりにも多くの異なる種類の物理システムが古い理論によって特定されるまったく同じタイプの因果連関を生み出せるからである。さらに消去的唯物論者もまた、古い理論が神経科学にうまく還元されないと予想するが、それはまた別の理由による。すなわち、古い理論はただあまりにも混乱して正確さを欠くため、新しい理論に還元されて生き延びるということがありえないのである。

ここで問題になっているのは一つの理論の運命である。すなわち、私たち自身のこよなく愛する素朴心理学、思弁的で少なくとも部分的には成功した説明枠組の運命である。そして四つの可能な運命のいずれになるかは基本的に経験的な問題であり、神経科学や認知心理学、人工知能の今後のさらなる研究によってのみ決着が付けられることは明らかであるように思われる。これまでに得られた研究成果については、すでに第2章でその一部を見てきた。さらに多くの成果については、最後の三つの章で見ていくことにしよう。このような成果をより深い展望のもとに置くのが、本章の結論、すなわち私たちの常識的な心の見方がそれ自体で一つの理論であり、ずっとそうであったのだという結論なのである。

のちに見るように、次章で検討する悩ましい認識論的問題に対しても、意味のネットワーク理論は重要な帰結をもつ。しかし、その問題に取り組む前に、意味に関する最後の問題、すなわち心的状態の多くがもついわゆる志向性の問題について考察しよう。

4　志向性と命題的態度

ここまで心的状態について語るのに用いる言葉とその意味の源泉について、いくつかの理論を検討してきた。つぎに、たとえば、思考、信念、恐怖のような種類の心的状態そのものに注意を向けることにしよう。というのも、このような心的状態はそれ自体として「意味」をもつからである。

それらは意味として特定の命題的「内容」をもつ。たとえば、つぎのような心的状態を考えてみよう。

「子供はすばらしい」という思考
「人間には大きな可能性がある」という信念
「文明はふたたび暗黒時代を経験するだろう」という恐怖

このような心的状態は、特定の命題に対する特定の態度を表しているので、命題的態度とよばれる。哲学者の専門用語では、そのような心的状態は志向性を示すと言われる。なぜなら、それらはそれら自身とは別の何かを「志向し」、別の何かを「指し示す」からである。すなわち、それらは子供、人間、文明を「志向し」、「指し示す」のである。（注意――「志向性（intentionality）」という語のこの用法は「故意に行われた」という意味の「意図的（intentional）」という語とは何の関係もない。）

命題的態度は決して少数ではない。むしろ、それは素朴心理学の語彙の大半を占める。考えてみてほしい。人はPに感づいたり、Pを希望したり、Pを欲したり、Pを聞いたり、Pを推論したり、Pを仮定したり、Pを推測したり、QよりPを選好したり、Pにうんざりしたり、Pを喜んだり、Pに驚いたり、Pにおびえたり、等々する。このような命題的態度の集まりが素朴心理学で考えられているような意識的知性の核心を成すのである。

命題的態度のもつ志向性はときに、心的なものをたんなる物理的なものから区別する決定的な特徴であるとされてきた。純粋に物理的な状態はそのような特徴を示しえないと言われるのである。

たしかにこの主張はかなり正しいかもしれない。なぜなら、命題的態度の合理的な操作は意識的知性の独自の特徴かもしれないからだ。しかし、志向性がしばしば「心的なものの目印」とされてきたとしても、それを何らかの形の二元論が正しいことの理由とみなす必要はない。内容ないし意味をもつということは、複雑な推論的／因果的連関において特定の役割を果たすことにほかならないように思われる。そして脳の内的状態、いやそれどころかコンピュータの内的状態でさえ、そのような役割を果たすことができるのであり、そうではないとみなすべき理由はないのである。

脳の状態が実際にそのような役割を果たし、私たちの心的状態が何らかの意味で脳状態と同一である（同一説と機能主義がともに主張するように）とすれば、ここにあるのは唯物論の論駁ではなく、むしろ命題的態度がそもそもいかにして命題的内容をもつかということの非常にもっともらしい説明である。そして命題的態度が特定の意味つまり命題的内容をもつなら、それらはもちろん指示（または指示しようとする働き）をもつだろう。つまり、命題的態度はもともと志向性を特徴づけていた働き、すなわちそれ自身とは「別の何かを指し示す」働きをもつだろう。

哲学者たちはときに命題的態度に訴えて、心的なものを物的なものからはっきりと区分してきたが、この事実には歴史的な皮肉がある。というのも、命題的態度の明らかな論理構造を見れば、違いよりもむしろ、素朴心理学の構造と典型的な物理理論の構造のあいだに非常に深い体系的な類似性が見いだされるからである。手始めにつぎの二つの列を比較してみよう。

命題的態度	数的態度
……はPを信じる	……はnの長さ（m）をもつ
……はPを欲する	……はnの速さ（m／s）をもつ
……はPを恐れる	……はnの温度（℃）をもつ
……はPを見て取る	……はnの電荷（C）をもつ
……はPに感づく	……はnの運動エネルギー（J）をもつ

等々。

素朴心理学は命題的「態度」を提示し、それに対応して数理物理学は数的「態度」を提示するということに読者は気づかれるだろう。最初の列のどの表現も、「P」に特定の命題を表す表現を代入することによって完全なものとなり、それに対して第二の列の表現はどれも、「n」に特定の数を代入することによって完全なものとなる。つまり、そのようにしてはじめて完全に確定した述語が得られる。この構造的な平行関係からさらなる平行関係が生まれる。数のあいだの算術的な関係（たとえば、nの二倍の大きさであるという関係）が数的態度のあいだの客観的関係（私の体重があなたの体重の二倍であるという関係）を特徴づけるように、命題のあいだの論理的な関係（たとえば、論理的矛盾や含意）が命題的態度のあいだの関係（たとえば、Pという私の信念はPでないというあなたの信念と矛盾するという関係）を特徴づける。どちらの種類の態度も、そのそれぞれの種類の抽象的対象のもつ抽象的な関係を「引き継ぐ」。このほかにもいろいろな平行関係があるが、これらがとくに重要なものである。命題的態度のあいだの関係や、数的態度のあいだの関係が普遍的に成り立つとき、私たちはそれを命題や数のあいだの抽象的な関係を用いた法則として述べることができる。素朴心理学の説明法則の多くはまさにそのようなタイプのものである。いくつか例を挙げよう。

- xがPを恐れるなら、xはPでないことを欲する。
- xがPを希望し、Pを見いだすなら、xはPを喜ぶ。
- xがPを信じ、かつPならばQを信じるならば、混乱や注意散漫などがなければ、xはQを信じるだろう。
- xがPを欲し、QならばPを信じ、Qを実行できるとすれば、競合する欲求や優先されるやり方がなければ、xはQを実行するだろう。

（厳密に言えば、以上の文はすべて変項x、P、Qに関して全称量化されるべきであるが、本書は形式論理学の知識を前提としない入門書なので、そのような厳密さにはこだわらないことにする。）

数理物理学の法則もまったく同様の構造を示す。ただ、この場合は、関係する規則性を述べるのに用いられる抽象的関係は命題のあいだの論理的関係ではなく、数のあいだの関係である。たとえば、つぎのようなものである。

- 気体xがPの圧力を示し、Vの体積をもち、μの質量をもつならば、高圧や高密度でないかぎり、xは$PV/\mu R$の温度をもつ。
- xがMの質量をもち、Fの正味の力を受けるなら、xはF/Mの加速度をもつ。

このような例は、心理と物理のどちらの領域にもいくらでもあり、何千もの例を挙げることができる。また、物理科学の表現の多くは数よりもむしろベクトルを表す用語を含んでおり、そのようなベクトル的態度を関係づける法則はベクトルのあいだに成り立つ代数的／三角法的関係を用いて述べられる。簡単な例を挙げよう。

- xが$\boldsymbol{P}_x$の運動量をもち、yが$\boldsymbol{P}_y$の運動量をもち、xとyがある孤立系において相互作用するただ二つの物体であれば、$\boldsymbol{P}_x$と$\boldsymbol{P}_y$のベクトル和は時間を通じて一定である。

以上のような事例において生じていることは、どの場合でも同じである。つまり、数、ベクトル、命題のような抽象的な対象の領域で成立している抽象的な関係に基づいて、実在の状態や性質のあいだに成立する経験的な関係が述べられるのである。たとえば、温度と圧力の関係、力と加速度の関係、相互作用する運動量のあいだの関係、さまざまな種類の心的状態のあいだの関係が述べられる。素朴心理学の概念枠組は、私たちの知的営みの多くにおいて標準的であるような知的戦略を利用しているのである。そして理論が数やベクトルを利用する理論であるがゆえに本質的に物理的であったり、非物理的であったりするわけではないように、理論は命題を利用するがゆえに本質的に物理的であったり、非物理的であったりするわけではない。命題的態度が結局のところ本質的に物理的であるかどうかは、あくまで経験的問題である。命題的態度である（それゆえ志向性を示す）

というだけでは、どちらであるかはまったく決まらないのである。

以上の簡単な議論から二つの教訓が引き出せるように思われる。第一に、あるものが法則のネットワークにおいてどんな位置を占めるのか、それゆえそのものがシステムの推論連関においてどんな概念的役割を果たすのかということによって、そのものが意味をもつようになるので、心的状態が現にもつような命題的内容をもつことができるのも、まさにそれが複雑な関係的特徴をもつからである。これは、物理的状態が命題的内容をもつことができると想定することにとくに問題はないということを意味するだろう。なぜなら、物理的状態がそのような関係的特徴をもつことは、原理的には容易に可能だからである。この見解は、いまや研究者のあいだではかなり広まっているが、満場一致というわけではない。したがって、読者には慎重な判断を行っていただければと思う。

第二の教訓は、素朴心理学の概念・法則と他の理論のそれらのあいだに成立する構造上の体系的な平行関係から出てくるものである。このような平行関係が見られることは、前節ですでに提案した見解、すなわち素朴心理学が文字通り一つの理論であるという見解と非常によく整合するのである。次章では、この見解をさらに後押しするものが得られるであろう。

第4章
認識論的問題

認識論的問題は二つの問題に分けられ、いずれも私たちが心の意識的で知的な内的活動をどのようにして知るのかということに関わる問題である。第一の問題は他我問題（problem of other minds）とよばれる。これは、自分とは別のもの、たとえば、異星人、精緻なロボット、社会的に役立っているコンピュータ、および他人が、本当に思考し感覚する意識的な存在なのかどうか、むしろたとえば、真の心的状態とは別のものから行動が生じるような無意識の自動人形ではないのかどうかを、どのようにして決定できるかという問題である。私たちはそれをいかにして知るのであろうか。第二の問題は自己意識の問題（problem of self-consciousness）とよばれる。これは、意識的な存在がどのようにして自分の感覚、感情、信念、欲求などについて直接的で特権的な知識をもつのかという問題である。それはいかにして可能なのであろうか。また、この知識はどれくらい信頼できるのであろうか。あとで明らかになるように、この二つの問題に対する解決は互いに関連しあっている。まず、第一の問題から見ていこう。

1　他我問題

私たちがある生き物を意識的な思考者、つまり「他我」だと判断するのはもちろん、言語行動も含めて、さまざまな状況におけるそれの振る舞いを観察することによってである。身体の傷と呻きから、私たちはその生き物の痛みを推論する。また、笑顔と笑い声から喜びを、投げつけられた雪玉をかわす動作から知覚を、環境の複雑で適切な操作から欲求、意図、信念を推論する。これらおよびその他のことがらから、そしてとりわけ発話から、私たちはその生き物が意識的な知性をもつことを推論するのである。

以上のことは明白であるが、それを指摘しても、問題が解決されるわけではなく、問題がはっきりするだけである。いま挙げたような推論は何によって正当化されるかと問うことによって、問題がはっきりしてくる。ある種の振る舞いが生じたことからある種の（隠れた）心的状態が生じていることを推論するとき、それらのあいだにある一般的な結びつきが成立しているということが、そこでは仮定されている。それは「Bという種類の振る舞いが生き物によって示されれば、ふつうMという種類の心的状態が生じている」という形式の結びつきである。このような「心理‐行動一般化」は、標準的な経験的一般化、たとえば「雷鳴があれば、ふつう近くで雷が落ちている」のような一般化と同じ形式をもっている。おそらくその正当化も同様の仕方で行われるだろう。すなわち、そのような一般的言明は、当該の現象のあいだに規則的な結びつきがあることがかつて経験されたということから正当化されよう。稲妻が見えるときにはどこでも、(非常に大きな)雷鳴がふつう聞こえ、そのような音を生み出すものは、戦争の武器でもないかぎり、雷のほかにないのである。

しかし、私たちが他の生物について観察できるのは当該の結びつきの片方、すなわち行動のほうだけである。そうだとすれば、この心理-行動一般化が他の生物についても成立すると信じることはいったいどのようにして正当化できるだろうか。他の生物がたまたま何らかの心的状態をもつとしても、その心的状態はその生物自身によってしか直接観察されず、私たちがそれを直接観察することはできない。したがって、私たちはおそらく必要な経験的証拠を集めることができないだろう。そうだとすれば、そのような心理-行動一般化を信じることは正当化できないように思われる。それゆえ、他の生物の振る舞いからそれの心的状態を推論することも正当化できないであろう。これはつまり、自分以外の生物が心的状態をもつことを信じるということは正当化できないということである!

この懐疑論的な結論は非常にもっともらしくないが、懐疑論的な問題そのものは確固として存在する。他我の存在を信じることは行動からの推論を必要とし、そのような推論は生物全般についての一般化を必要とする。そしてそのような一般化は生物全般における心理と行動の結びつきを経験することによってのみ正当化できる。しかし、私たちは自分の場合の結びつきしか経験できない。これが古典的な他我問題である。

類推説

他我問題については、三つの古典的な解決の試みがある。そのなかでおそらくもっとも単純なのは類推説（argument from analogy）であろう。それによれば、心理と行動の結びつきの両方の側を観察することが可能な場合が一つだけある。それは自分自身の場合である。そして少なくとも自分については、当該の一般化が成り立つことを確認できる。しかし、他人についてはどうか。他人は、自分に観察できるかぎりでは、自分とまったくよく似ている。ある心理‐行動一般化が自分について成り立つなら、自分からの類推によって、それは他人についても成り立つと合理的に推論できる。したがって、私は結局、そのような一般化を受け入れることを正当化できるのであり、それゆえ一般化に基づいて特定の推論を行うことも正当化できるのである。

私たちは他我問題に対する懐疑論的な結論を何としてでも避けたいと感じるので、それを回避させてくれる解決なら、どんなものにでも飛びつきたくなるだろう。しかしながら、類推説にはいくつも深刻な困難があり、それを受け入れるかどうかについては慎重を期すべきである。まず、第一の問題として、類推説によれば、他我の知識がたった一つのケース、すなわち自分の場合だけからの帰納的な一般化に基づくことになる。これは帰納的な論証のなかで明らかにもっとも弱いものである。それは一頭のクマ（ホッキョクグマ）の観察だけに基づいて、すべてのクマは白いと推論するようなものである。他我の存在に対する私たちの堅固な確信が、そのような弱々しい論証によってはたして確保できるのだろうか。そう疑問に思うのは当然であろう。あなたに意識があるという私の信念は、そのようなことよりももっと強い根拠に基づくのだ、と当然反論したくなろう。

ほかにも問題がある。他我の知識が自分の場合に観察できる結びつきによって制限を受けるとすると、目の不自由な人は、他人が自分にない視覚的な感覚をもつということを正当に信じることができないことになろう。また、耳の不自由な人は、他人が音を聞くことができるということを正当に信じることができないことになろう、等々。類推説によれば、自分の心のなかに見いだせるものだけが、他人の心に合理的に認めることができるということになる。他人の心の内容については、本当にこのように限定された偏狭な仮説しか立てることができないのだろうか。それ以外の仮説を合理的に立てることは不可能なのだろうか。

さらに第三の問題として、私たちが心理と行動の結びつきをどのようにして把握するようになるのかについて、類推説が暗に想定している考えが成り立たないのではないかという問題がある。私が自分の多くの種類の心的状態を識別し、明瞭に認識するためには、それゆえまた、それらの心的状態が私の行動とどのようなさまざまな結びつきをもつかを理解するためには、私は自分の心的状態が何であるかの内観的な判断を行うのに必要な概念をすでにもっていなければならない。つまり、私は「痛み」、「悲しみ」、「恐れ」、「欲求」、「信念」などの言葉の意味をすでに把握していなければならない。しかし、前章ですでに見たように、これらの言葉の意味は、その大部分あるいはすべてが、それらを他の心的状態、外的状況、および観察可能な行動を表す言葉と結びつける一般的な仮定のネットワークによって与えられるのである。したがって、内観的判断に必要な概念をもつためだけにも、すでに心的状態と行動の一般的な結びつきを知っていなければならない。つまり、自分の場合の観察から提供されると考えられていた結びつきをすでに把握していなければならないのである。したがって、素朴心理学的な概念の理解は、何の知識もなしにただ自分の意識の流れを眺めるというような自己観察からではなく、何かそれ以上のものから得られるにちがいないのである。

類推説にまつわるこれらの多くの困難から、他我問題に対する別の解決を求める強い動機が生まれてきた。つまり、解かれるべき問題と同程度の問題を生み出してしまわないような解決が求められたのである。

行動主義再訪

類推説に見られる困難を回避した別の解決を早々と提案したのは、哲学的行動主義者たちである。彼らはとくに、心的状態を行動と結びつける一般化が経験的な観察によって適切に正当化できないとすれば、それはおそらくそのような一般化がそもそも経験的な一般化ではないからだと主張した。むしろ、それらはたんなる定義によって真となるような一般化だとされた。それらはそこに含まれる心理語の操作的な定義であり、それゆえ経験的な正当化を必要としないのである。適切な仕方で振る舞うか、あるいは振る舞う傾向がある生き物は定義により意識的、感覚的、知的なのである。(典型的な行動主義者はいつもこれほど大胆で率直なわけではないし、主張がこれほど単純明快になされることもそれほど多くはない。)

他我問題を解決しなければならないという圧力があり、その解決に類推説が役立たず、むしろ心理語の意味がある仕方で心理-行動一般化と関係しているという考えのほうが魅力的だとすると、哲学者たちがなぜそのような行動主義的な解決にそれほど邁進したのかがよく理解できる。しかし、その解決もうまくいかなかった。素朴心理学の一般化を吟味してみると、それらが単純な操作的定義という形をとることがかりにあるとしても、それはごくまれであることがわかる（第2章2節における「溶ける」についての議論を思い出してほしい）。行動主義者は心理語について、どれ一つであれ、それを適用するための必要十分な行動条件を述べることができなかった。また、素朴心理学の一般化は、決して定義によって真であるようにはみえない。むしろそれらは、私たちの言語的直観からしても、また人々の日常の交わりにおけるそれらの体系的な説明・予測機能からしても、おおまかな経験的真理であるように思われる。この事実から、私たちは元の問題に連れ戻されることになる。すなわち、他我に関する体系的な知識の基盤となるように思われるさまざまな行動的一般化をいかにして正当化できるかという問題である。

説明仮説と素朴心理学

他我問題が最初に定式化されたのは、理論の正当化がどのようにしてなされるかということの理解がまだほとんど進んでいない頃のことであった。つい最近までほとんど誰もが、一般法則の正当化は、その法則によって包摂される事例を適切な数だけ観察することから行われる帰納的一般化によると考えていた。たとえば、何羽ものカラスを見て、どれも黒いことを見いだし、そこから「すべてのカラスは黒い」という一般化が行われる。どんな法則についても同様である。そう思われていた。この考えは観察可能なものや性質を互いに結びつける法則については適切であったかもしれない。しかしながら、近代科学には観察不可能なものや性質を支配する法則がたくさん含まれている。原子や分子、遺伝子、電磁波について考えてみてほしい。明らかに、観察不可能なものに関する法則は、いやしくもそれらが正当化されるとすれば、経験的な正当化とは別の形で正当化されるのでなければならない。

この別の形の正当化は、ごく身近なところにある。理論家は観察不可能な実体とそれらを支配する特定の法則を措定する。というのも、そうすることでときどき、まだ説明されていない観察可能な現象を予測または説明できる理論が生まれるからである。もう少し詳しく言えば、観察不可能なものについていくつかの仮説を立て、それらを観察可能な状況についての情報と組み合わせると、別のさらなる観察可能な現象についての言明が導き出され、それらの言明がいずれも真であることがのちに明らかになる。観察不可能な状態と過程を措定する理論は、このような説明力と予測力を発揮することによって、信じるに値する仮説となるのだ。理論のこのような正当化はふつう「仮説-演繹的（hypothetic–deductive）」正当化（略して「H-D正当化」）とよばれる。ようするに、観察不可能なものについての理論は、ある領域の観察可能な現象を他の競合するどの理論よりも適切に説明し予測する力を私たちに与えることによって、信じるに値する理論になることができるのである。実際一般に、これが科学理論の正当化の標準的なやり方である。

さて、私たち自身の素朴心理学を構成する一般原理のネットワークを考えてみよう。このネットワークは心的状態を他の心的状態や身体状態、行動と結びつける一般原理からなる。私たちはこの「理論」によって、現在手に入る他のどんな仮説よりもよりよく人間の観察可能な振る舞いを説明し予測することができる。観察不可能な状態と性質に関する一般法則の集まりを信じる理由として、これ以上のものはありえないのではないだろうか。この見方によれば、素朴心理学の諸法則は、一般に理論の諸法則が信じるに値するようになるのと同じ理由によって、つまり説明と予測の成功によって、信じるに値することになるのである！

この正当化は自分自身の場合の内観的な吟味にいっさい依存しない。このことに注目してほしい。正当化に関係するのは、人々の振る舞いに関して素朴心理学が成功を収めるかどうかということだけである。自分の場合が他人の場合と異なっているということも考えられるが、どれほど異なっていても、他人の心的状態に理論的に接近することへの妨げになるわけではない。異なっている場合には、他人の行動を理解するための別の心理理論、つまり自分の内的生活と外的行動についての理論とは別のものを使いさえすればよいのである。

さて、一般法則から個人についての特定の仮説に眼を転じよう。いまの見方によれば、ある特定の個人が意識的な知性をもつという仮説もまた説明仮説である。その個人の振る舞いが信念、欲求、知覚、感情などによってもっともよく説明・予測されれば、その個人への意識的知性の帰属は信じるに値する。実際、そのような説明・予測がたいていの人々の振る舞いを理解する最善の方法である。したがって、人々に対する心理状態の帰属が人々の振る舞いのもっともよい説明と予測であり続けるかぎり、そのような帰属を行うことは正当化される。また、他の動物についても、それどころか機械についてさえ、このような説明が同じように成功するなら、それらに意識的な知性を帰属させることも、同様に正当化されるであろう。

他我問題に対するもっとも新しい解決は、以上のようなものである。それは非常に明快な利点をもつし、意味論的問題に対するさきの解決ともよく整合している。どちらの問題も、その解決のためには、心的状態に対する常識の概念枠組が一つの理論であり、理論のもつ特徴をすべて備えているという想定が必要なように思われる。この想定は大きな利点をもつが、それにもかかわらず、誰しもがそれをもっともだと考えるわけではない。自分自身の心的状態に対する直接的な意識に注意を向ければ、心的状態が「理論的実体」だという考えは非常に奇異に感じられよう。その考えが本当に意味をなすのかどうか、いかにして意味をなしうるのかということについては、自己意識を論じる次節で検討しよう。

2　自己意識の問題

ちょっと考えただけでは、自己意識は途方もなく神秘的で、まったく特異なもののようにみえる。そのため、自己意識はきわめて魅力的に感じられる。しかし、もっと深く考えてみると、神秘のベールは少し剥がれ始め、自己意識はもっと一般的な現象の一例とみなすことができるだろう。自己意識的であることは、少なくとも自分についての知識をもつということである。しかし、それだけのことではない。自己意識には、自分の身体状態の知識だけではなく、とくに心的状態の知識も含まれる。さらに自己意識には、外界の持続的な経験によって得られる知識と同じく、絶えず更新される知識も含まれる。自己意識は自分の心的状態と活動からなる内的現実についてのある種の持続的な把握であるように思われる。

自己意識——現在の見解

心的状態を把握するということにはいったい何が必要かをきちんと理解しておくことが重要である。たんに心的状態もつというだけでは、明らかに把握することにとって十分ではない。把握するためには、ある種の心的状態を別のものから識別しなければならず、その状態が何であるかに気づかなければならない。つまり、さまざまなタイプの心的状態を分類する何らかの概念枠組のもとでその心的状態を把握しなければならない。そうしてはじめて識別判断（「私は怒っている」、「私は気持ちが高揚している」、「私はPと信じている」、などの判断）が可能になる。このことから自己意識には、さまざまな程度があると言えよう。というのも、いろいろなタイプの心的状態を識別する能力は、おそらく経験と訓練を積むにつれて高まるであろうし、また人間の複雑な本性についてじっくりと学んでいくにつれて、明示的に行った識別を表現するための概念枠組がより洗練され包括的なものになるからである。したがって、識別力のある大人の自己意識と比べると、幼い子供の自己意識は、たしかに存在するとはいえ、はるかに偏狭で深みに欠けるであろう。子供にとってはたんにある人への嫌悪にすぎないものが、自己理解力のある誠実な大人にとっては、その人への嫉妬、恐怖、道徳的否認の混ざりあったものとなるであろう。

このことから、自己意識は人によって違いがありうると言えよう。というのも、どの心的領域の概念や識別をどれほどよく学んできたかは、人によって異なりうるからである。小説家や心理学者は、そうでない人たちよりもはるかに深く、自分の感情状態を自覚していよう。論理学者は、自分の信念の持続的な展開をより詳細に意識していよう。意思決定理論の専門家は、自分の欲求、意図、実践的推論の流れをより明瞭に自覚していよう。画家は、自分の視覚的感覚のあり方をより鋭く捉えていよう。自己意識には明らかに学習の側面が非常に大きく関係しているのである。

自分に対する内観的な意識は、このような点で外界に対する知覚的な意識とよく似ているように思われる。違いはただ、内観的意識の場合、識別のメカニズムが外的状態ではなく内的状態に向けられているという点だけである。そのメカニズムはたぶん生得的であろうが、私たちはその使い方を学ばなければならない。そうしてはじめて有益な識別や洞察力のある判断を行うことができる。学習した知覚能力というのは、外的知覚ではお馴染みのものだ。交響曲の指揮者は、子供にとっては渾然一体のオーケストラの音響のなかに、クラリネットの響きを聞き取ることができる。天文学者は、そうでない人たちにとって夜空の光の点にすぎないもののなかに、惑星、星雲、赤色巨星を見分けることができる。熟練の料理人は、空腹の人にとってはただの美味にすぎないもののなかに、ローズマリーとエシャロットの味を捉えることができる、等々。内的、外的を問わず、知覚が実質的に学習された能力であることは明白である。その学習の大部分は、もちろん幼少時になされる。私たちにとっていま知覚的に明瞭なものが、二歳のときには困難な識別だったのである。しかし、さらなる学習の余地がつねに残されている。

ようするに、この現在の見解によれば、自己意識は知覚の一種にすぎない。つまり、自己知覚なのだ。それは、たとえば、自分の眼で自分の足を知覚することとは違うが、内観能力（ほとんどその内実はわかっていないが）とよんでよいもので自分の内的状態を知覚することなのである。したがって、自己意識は知覚一般と比べてそれ以上の（あるいはそれ以下の）神秘性を有するわけではない。それは外にではなく内に向けられた意識にすぎないのである。

高度な認知能力をもつ生物が自己意識をもつこともまた、何ら驚くべきことではない。知覚に必要なのは、判断能力が知覚されるべき領域と体系的かつ因果的に接触していることだけである。このような接触により、その領域について自発的で非推論的だが、適切な判断を持続的に行うことができるようになる。私たちの判断能力はさまざまな感覚器官を通じて外の世界と因果的に接触しているが、それはまた内側の領域とも体系的かつ因果的に接触しているのである。この内側の領域は脳と神経系の領域であり、判断能力もその一部である。ある種の脳活動が他のさまざまな種類の脳活動と豊かな因果的結合をもつということには誰も驚かないだろうが、そのような結合が情報を運び、「情報に基づく」判断を可能にするのである。それゆえ、高度な認知能力をもつ生物なら、ほとんどどんなものにも、それ相応の自己意識が当然あると考えられるのである。

この見解は進化論的な見方とよく調和する。人間はおそらく二つの面で、自己意識を苦労して進化させてきたと考えられる。第一に、人間は有用な内観的識別を行う能力を神経生理学的に進化させてきたし、また第二に、人間はこの識別能力を利用して、説明や予測に役立つ判断を行うための概念枠組を社会的に進化させてきた。さらに、私たち個々人が生涯を通じて自己把握を苦労して発展させるという面もある。私たちは生涯を通じて、次第に生得的な識別能力を巧みに使用し洗練することができるようになり、またその識別能力を利用するのに必要な社会的に根付いた概念枠組(つまり素朴心理学)をより深く活用できるようになるのである。

自己意識――伝統的な見解

以上のような自己意識の話は、十分もっともらしく思われようが、心の哲学の長い伝統においては、私たちの内観的知識について、まったく異なる見解がとられてきた。それによれば、内観は外的知覚と根本的に異なるとされる。外的世界の知覚はつねに何らかの種類の感覚や印象によって媒介されており、したがって外的世界は間接的で問題含みの仕方でしか知られない。しかし、内観の場合は、私たちの知識は媒介がなく、直接的である。私たちはある感覚をその感覚の感覚によって内観するわけではないし、ある印象をその印象の印象によって把握するわけではない。それゆえ、私たちは（ある印象の）誤った印象の犠牲になったり、（ある感覚の）紛らわしい感覚の犠牲になったりすることはない。つまり、自分の心の状態については、現れと実在の区別が完全になくなるのである。心はそれ自身に対して透明であり、心の状態は必ずそう「みえる」とおりにある。たとえば、「かなりの痛みがあるようにみえたが、間違っていた」と語ることは意味をなさないのである。したがって、自分の心の状態（あるいは少なくとも自分の感覚）に関する誠実な内観的判断は、訂正不可能であり、不可謬であるとされる。それが誤っているということは、論理的に不可能なのだ。心はまずそれ自身を特別な仕方で、しかも外的世界を知るよりもはるかに正しく知るのである。

この立場はかなり異様であるが、私たちがそれを少なくとも取りあえずは真剣に受け止めるべき理由がいくつかある。第一に、その立場は知識一般の由緒ある有力な理論、すなわち伝統的な経験論を支える一つの重要な柱になっている。第二に、自分の感覚についての知識がさらなる「感覚[2]」によって媒介されるわけではないという点は、たしかにもっともであるように思われる。それを否定しようとすれば、「感覚^{3}」、「感覚^{4}」、等々の無限後退に陥ることになろう。第三に、この見解の支持者は強力な修辞疑問を手にしている。すなわち、自分に痛みがあるかどうかについて、いったいいかにして間違うことがありうるのだろうか。そのような誤りを犯すことがどのようにして可能だろうか。読者もお気づきのように、この問いに答えるのは決して容易ではない。

伝統的な見解への反論

心はまずそれ自身を特別な仕方で、しかも外的世界を知るよりもはるかによく知るという見方は、三〇〇年以上にわたって西洋の思想を支配してきた。しかし、心に対して徹底的に自然主義的で進化論的な見方をとれば、伝統的な見解はすぐさま一種のおとぎ話と化す。脳が選択されたのは、結局のところ、脳をもつ個体に脳が繁殖上の利点を与えたからである。そして脳がそのような利点を与えることができたのは、個体が脳のおかげで周囲の状況を予想することができ、また、食べ物とそうでないもの、捕食者と非捕食者、安全と危険、仲間と敵を区別することができたからである。ようするに、脳が個体に与えたのは、外的世界の知識と制御である。脳はまさにこの特徴をもつがゆえに、自然選択によって選択されたのである。脳がまず知るのは、そしてもっともよく知るのは、それ自身ではなく、それが生き抜かなければならない環境なのである。

自己知の能力は、知識一般の能力にたまたま付随したものとして選択されたのだと考えることができるかもしれない。たとえば、自己知の能力がたまたま脳の外的知識の能力を何らかの仕方で高めたとすれば、それゆえにそれは選択されたのかもしれない。しかし、いずれにせよ、それはたかだか二次的な利点であり、外的世界の知識と制御から派生したものにすぎないであろう。自己知覚が進化したものであるかぎり、ともかくそれが外的知覚と根本的に種類が異なると考えるべき理由はないし、また、それが不可謬だと考えるべき理由もないのである。

伝統的な見解が基本的にもっともらしくないとすれば、それを支持するために出されてきた議論は、はたして厳しい吟味に耐えられるのだろうか。それを検討してみよう。まず、「自分の感覚が何であるかについて誤ることがいかにしてありうるのか」という修辞疑問について考察してみよう。これは自分の感覚に関する知識の訂正不可能性を支持する議論として、つぎのように言い換えることができる。「私たちが自分の感覚について判断を誤るような仕方を考えることは誰にもできない。したがって、私たちがそれを誤るような仕方は存在しない。」しかし、これは無知による議論(argument from ignorance)であり、初歩的な誤謬を犯している。誤りが可能であるような仕方を私たちが知らないとしても、そのような仕方が存在するかもしれないし、しかもたくさん存在するかもしれない。実際、私たちがそれに気づかないのはたぶん、内観の隠れた神経機構について私たちがまさに現段階ではほとんど、あるいはまったく理解していないからであろう。したがって、この修辞疑問は、たとえいまそれに私たちが答えられなかったとしても、当面棚上げにしておいてかまわないであろう。しかしながら、じつはいまそれに答えることが私たちには可能なのである。ちょっと努力すれば、まもなく見るように、内観が誤りうる仕方、それどころか、実際しばしば誤る仕方をいろいろ考えることができるのである。

つぎに、自分の感覚を把握するときには、その感覚を誤って表象するような媒介者は存在せず、それゆえ感覚の場合には、現れと実在の区別がないのだという議論を考察してみよう。媒介者による誤表象という仕方でのみ誤りが生じうるとすれば、これはたしかに良い議論であろう。しかし、誤りはそうではない仕方でも生じうる。内観が二階の「感覚^2」によって媒介されていなくても、「私は痛い」という内観的判断が痛みの発生とは別のものによって引き起こされることはありうる。その判断が痛みの発生によってのみ引き起こされるという保証は何もない。異常な状況では、たぶん他のものもその判断を引き起こすことができるだろうし、その場合には、その判断は誤っている。一例を挙げれば、痛みを感じることをあらかじめ強く予期しているような状況で、痛みにかなりよく似た感覚、たとえば、突然の非常に冷たい感覚が生じるような場合である。あなたは捕らえられたスパイだとしよう。あなたは、背中に熱い鉄を一瞬押し当てるということを何度も繰り返されながら、長時間の尋問を受けている。あなたは二〇回目に熱い鉄の代わりに冷たい氷の固まりを密かに押し当てられるが、それでもその直後のあなたの反応は、それまでの一九回の反応とほとんど、あるいはまったく同じであろう。あなたがごく短時間であれ、自分は痛みを感じていると思うことは、ほぼ確実であろう。

訂正不可能性の擁護者は、たとえ悪くない原因によって二〇回目の感覚が引き起こされたとしても、それは結局痛みなのだと主張しようとするかもしれない。あなたがそれを痛みだと判断するなら、つまり、それが痛く感じられるとあなたが思うなら、それは本当に痛みなのだというわけである。しかし、この解釈はつぎの事実と折り合いが悪い。すなわち、私たちはいま考察しているような誤った判断を自ら正すことができるのである。最初の苦痛の叫びは「待て、待て、これは前と同じ感覚ではない。背中はどうなっているのだ？」という思いに変わる。二〇回目の感覚が本当に痛みであったのなら、どうして数秒後に判断がくつがえるのだろうか。

味覚にも似たようなケースがある。ライムシャーベットの味の感覚はオレンジシャーベットの味の感覚とほんの少ししか違わない。目隠しをしてどちらがどちらの感覚かを識別するテストでは、人々の成績は驚くほど悪い。それゆえ、被験者が本当はライムシャーベットを与えられるにもかかわらず、オレンジシャーベットを与えられるのだという強い期待を抱かせられると、与えられたライムシャーベットの味の感覚をオレンジシャーベットのそれだと思ってしまうだろう。そしてその直後に今度は本当にオレンジシャーベットを与えられると、ただちにさっきライムシャーベットの味の感覚だと思ったことを打ち消すだろう。つまり、感覚に関する判断を訂正するのである。これはそのような間違いがありえないという考えと明らかに矛盾する。この種の事例での間違いは期待効果とよばれ、知覚一般に見られるよくある現象である。内観的判断にも期待効果があるのは明らかである。期待効果を利用すれば、外的事物についてであれ、内的状態についてであれ、ほとんどどんな誤った判断でも好きなように生み出すことができる。

さらに、感覚とそれについての判断を媒介するものは絶対何もないと主張するのに十分なほど、私たちは内観のメカニズムについて本当に知っているのだろうか。たしかに私たちが気づいている媒介者はまったくないが、これには何の意味もない。というのも、内観では知られない多くの心／脳の働きがあるにちがいないということは、誰しも認めるからである。そうすると、ここにもまた誤りの可能性がある。感覚の場合、現れと実在の区別を付けることはたしかに難しいが、それはどのようにして誤りが生じうるのかについて（そして実際明らかにそれは生じるのだが、その仕方について）ほとんど何も知られていないからにすぎないかもしれないのである。

感覚が誤って判断されるさらに別の可能性が出てくるのは、非常に短時間の感覚を考察するときである。感覚を人工的に生じさせる場合、その持続時間をいくらでも短くすることができる。感覚の持続時間が短いほど、当然のことながら、その感覚が何であるかの信頼できる判断を行うことが難しくなり、間違いがたんにありうるのではなく、むしろ避けられなくなる。つまり、被験者がこうだと述べる感覚と、それが生じる仕方から想定される感覚は、感覚を提示する時間が長い場合はほぼ完全に一致するが、提示時間がゼロに近づくにつれて偶然的にしか一致しなくなる。このような「提示効果」もまた、知覚一般によく見られる。そして被験者がぼうっとしていたり疲れていたりすると、判断の信頼可能性はより急速に低下していく。これもまた、よくあることである。

記憶効果も取り上げる必要がある。ある人がずっと以前の若いときの神経傷害のせいで五〇年間も痛みを感じたことがなく、またその他の触覚的な感覚や内臓感覚も感じたことがないとしよう。あるいは同じ期間、色盲であったとしてもよい。このようなとき、その人の神経傷害がそのような長い時を経て突如回復したとすれば、その人はすぐさま、新たに得られる感覚をすべて、しかも不可謬の正確さで、識別し判定することができるだろうか。できると本気で考える人はいないだろうし、そのような考えはまったくもっともらしさを欠く。同様の効果は、もっと短い期間でも、生み出すことができる。いろいろなタイプの感覚の記憶を一時的に曇らせる薬物を使えばよい。そうすると、ごく当然のこととして、判断を行うことができなかったり、明らかに誤った判断をしたりするであろう。そして通常の場合でも、気づかないうちに記憶がおのずと一時的に途切れることは決してありえないことではない。伝統的見解の擁護者は、そのような記憶の断絶の可能性をいったいいかにして排除できるのだろうか。

もっと馴染み深いケースを取り上げてみてもよい。夢のなかで、割れるような頭痛や、怪我による激痛を経験しているとしよう。そのとき突如目が覚めたとすると、ホッとして、本当は頭痛や激痛を感じてはいなかったのだと思うのではないだろうか。どの夢においても、たしかにそう感じられるという思いが伴うだろうが、それにもかかわらず、目が覚めると、本当はそうではなかったと思うだろう。訂正不可能性テーゼは非常にもっともらしくないようにみえてこよう。

以上のことは、決して驚くに値しない。訂正不可能性テーゼは、感覚の場合には、最初もっともらしかったかもしれないが、信念や欲求、感情のような大部分の他の心的状態については、最初から少しももっともらしくない。たとえば、よく知られているように、私たちは自分が嫉妬しているのかどうか、恨んでいるのかどうかを判断するのが得意ではない。また、自分のもっとも基本的な欲求を判断したり、自分の性格特性を判断したりすることも苦手である。たしかに感覚以外で不可謬性が主張されることはめったになかったが、たとえ不可謬性を感覚に限定しても、それはそれで別の問題を引き起こす。すなわち、どうして不可謬性は感覚の内観には伴うが、感情や欲求の内観には伴わないのか。感情や欲求の知識も、感覚の知識と同じく「媒介されて」いないように思われるのに、なぜ感覚の知識だけが不可謬なのだろうか。

興味深いことに、社会心理学の最近の研究が示してきたことによれば、私たちが自分の行動に対して与える自発的な説明は、自分では信頼できる内観にきちんと基づいていると思っているものの、実際にはたいていそうではない。それはむしろ、その状況のもとでそう行動したことに対する説明仮説（explanatory hypothesis）であり、そのようなものとしてその場で作話されたもの（つまり適当にでっちあげられたもの）である（巻末の読書案内に挙げたニスベットとウィルソンの論文を参照）。それらが間違っていることは、しばしばきちんと証明できる。というのも、その「内観」報告なるものは実験者が操作できる実験状況のまったく外的な特徴に影響されるのであり、そのことがまさに実証できるからである。このような実験を行う研究者たちの見方によれば、内観報告とされるものの多くはじつは、自分の理由、動機、知覚について自発的に構築した仮説を言葉で表したものにすぎない。そこで作り出される仮説は、本人だけではなく、他の人にも手に入る外的な証拠に基づいて立てられたものなのである。

最後に、訂正不可能性テーゼに対するもっと深い反論を考えてみよう。私たちの内観的判断はもちろん、素朴心理学の概念で構成される。すでに論じたように（第3章3、4節、第4章1節）、素朴心理学の枠組は包括的な経験的理論の構造と身分を有する。一般に、個々の判断の良さはその判断を構成する概念が埋め込まれた経験的理論の良さに左右され、内観的判断もその例外ではない。したがって、素朴心理学が根本的に誤った理論だということになれば、その存在論全体が実在を表象する資格を失うことになろう。そうなると、素朴心理学の用語で形成されたどんな判断も、誤った理論を前提しているという理由で誤りとされなければならないだろう。素朴心理学は経験的な理論なので、それが根本的に誤っているということになる可能性はつねに厳然とある。したがって、その用語で形成された判断が誤りである可能性もつねに厳然とある。それゆえ、内観的判断は訂正不可能ではない。それらはときどき間違っているかもしれないというだけではなく、そのすべてが間違っているかもしれないのである！

あらゆる知覚の理論負荷性

心的状態が「理論的」だという考えは最初奇妙に思えるが、つぎの点を考慮に入れれば、その奇妙さは減少するだろう。内観的判断だけではなく、すべての知覚的判断は「理論負荷的」であり、どんな知覚にも思弁的な解釈が含まれる。少なくとも比較的最近の経験論はそう主張する。この主張の背後にある基本的な考えは、つぎの非常に簡潔ながら非常に一般的な論証、すなわちネットワーク論証によって表現することができる。

一、どんな知覚的判断も概念の適用を含む（たとえば、aはFである）。
二、どんな概念Fも対比的な諸概念のネットワークのなかの一つのノードであり、その意味はネットワークにおいてそれが占める特定の位置によって定められる。
三、概念のいかなるネットワークも、少なくとも一つの理論である。すなわち、自然の側でおのずとまとまりをなす事物の集合とそれらの集合のあいだに成立する主要な関係に関する思弁的な枠組である。

したがって、

四、どんな知覚的判断も理論を前提とする。

この一般的な見方によれば、心／脳は最初からものすごく活発な理論家である。知覚的世界は新生児にとってはほとんど訳のわからない混沌であるが、新生児の心／脳はただちにその世界を把握・予期・説明するための概念枠組を形成し始める。そして概念をめぐる一連の創造、変容、革命が続き、ついには大人の常識の概念枠組に近いものが生み出される。すべての子供が経験する最初の数年のこのすさまじい概念的進化に匹敵するものは、おそらくその後の生涯のどの時期にもないだろう。

本章の目的にとってこの話が重要となるのは、つぎの点においてである。誕生したばかりの心／脳には、外的世界だけではなく、それ自身も混沌とした訳のわからないものとして現れる。心／脳は外的世界の構造と活動をまず学習しなければならないが、やがてそれはまた、それ自身の構造と活動も学習する。この学習は概念的に成長し、識別能力を高めていく過程であるが、それはちょうど外界を把握できるようになるのと同様の過程である。実際、成長した大人が自分自身における心理現象を理解するために用いる概念枠組、すなわち素朴心理学は、人々一般についての生涯にわたる経験から学習されると言えるだろう。自分自身の自己観を形成する手本やひな型となるのは、他人と彼らの使う心理的語彙である。こうしたことから自己意識に関する伝統的見解は端的に誤りだと思われる。

意識それ自体についての最終的な問い

ここまで外的世界の意識と「内的」世界の意識の両方について、またそれらが互いにどう異なり、どう異ならないかについて論じてきたが、無意識的ではなく、意識的であるということはそもそもどういうことかという問題はどうなるであろうか。そもそも何かを意識するというのはどういうことだろうか。結局のところ、はっきりと目覚めているということと深く眠っているということのあいだには大きな違いがある。その違いはじつのところ何であろうか。

それは、認知的に十分機能している状態にあることと、脳機能の多数または大部分が一時的に停止している状態にあることとの違いである。後者の場合、たとえば、通常の神経信号が末梢の感覚器官から脳の情報処理階層の上部にある感覚皮質へと送られてこない。あるいは、そのような神経信号が送られてきても、「判断」を行ういくつかまたはすべての領域が一時的に活動を停止しているため、その信号がこれらの領域における通常の解釈活動を喚起しない。あるいは、これらの領域が通常の相互作用を行うことができないため、末梢の感覚器官から送られてきた乏しい情報に対して首尾一貫した認知的反応を行うことができない。その結果、脳はもはや感覚入力や内観入力を体系的かつ即時的に理解するシステムではなくなる。つまり、脳は一時的に「廃業」状態になっているのである。

覚醒状態の情報処理活動が実際どのようなものであるかは、もちろん複雑で込み入った問題である。それに答えるには、通常の脳が感覚情報をどのように処理するか、またそのような処理がいろいろな種類の機能不全や睡眠の深さによってどのようにさまざまな仕方で妨げられるかについて、体系的な理解が必要である。しかし、この問題には神秘的ないし形而上学的に謎めいたものは何もない。進展する神経科学の研究を知らない人にとっては謎めいてみえるかもしれないが、実際はそうではないのである。

これは目下の問題に対する自然主義丸出しの答えであり、きわめて暫定的なものである。まさにそうであるがゆえに、この答えに抵抗したいと思う人もいるかもしれない。もしそうであるなら、いまの問題がどのようなものかを多少なりとも明らかにしてくれそうな歴史上の一つの事例を考えてみるとよいだろう。現代より前の時代では、いったい何が生物を生きている状態にしているのかという問題が同様の関心をよび、同じように神秘的だと思われた。この問題に対して当時もっとも流布した理論は、学界でも一般の人々のあいだでも、生きている生物のうちには生気とよばれる非物質的なものがあり、それが成長や代謝活動、治癒力、生殖能力などを担っているという説であった。明らかに、生きているものと生命のない物質のあいだには揺るぎない形而上学的な境界があり、その境界の橋渡しをすることは決して物理諸科学には望みえないように思えたのである。

しかし、実際には橋渡しが行われた。代謝過程の化学が徐々に太陽光による植物の光合成の過程を明らかにした。この過程からエネルギーの豊富な分子（糖とでんぷん）が生み出され、そのような分子が微視的な細胞と巨視的な樹木の活動および成長のエネルギー源となる。動物界は食物に関して完全に植物界に依存しているので、そのような光合成から生み出された分子は間接的に多くの動物を養うことにもなる。また、ＲＮＡによるタンパク質合成、ＤＮＡにおける遺伝情報のコード化、および細胞分裂時のＤＮＡの自己複製が解明されることによって、生命の熱力学的な活動を成り立たせる決定的な要素がすべて明らかとなり、さまざまな病気の状態も含めて、私たちの素朴な生命概念の決定的な要素がすべて解明された。もちろん、この話の全体はたいへん込み入っていて、それが一つにまとまるには、とても長い時間がかかった。生命という現象は完全に実在的であり、とてつもなく重要であるが、もうすでに私たちが知っているように、そこには「形而上学的に特別な」ものは何もない。意識という現象も、それを理解しようという試みがどう進むかに関して、当然、生命現象と平行的な点がたくさんあるはずである。これが本章の少なくとも当面の教訓である。

第5章 方法論的問題

お馴染みの素朴心理学の概念枠組が人間の心理の多くの面について重要な理解をもたらしていることは明らかである。しかし、それが意識的知性の多くの面をほとんど闇のなかに放置したままであるのも、同様に明らかである。学習、記憶、言語使用、知性の個人差、睡眠、運動調整、知覚、狂気などは、闇に包まれたままである。私たちは理解されるべきことがらをほとんどまだ理解していない。覆っている闇を取り払い、心の内的本性と隠れた働きを明るみに出すのは、広い意味での科学の仕事である。

この点については、誰もが同意しよう。しかし、心の科学がもっともよく成功するためには、どのように進んでいけばよいかについては、大きな意見の食い違いがある。つまり、用いるべき知的な方法について食い違いがあるのである。本章では、前世紀に心の研究を導いてきた四つのもっとも有力な方法を取り上げて、簡単な検討を行う。

1　観念論と現象学

ここで、数歩退いて、少し歴史を振り返っておくのが有益だろう。ド・ラ・メトリ（一七〇ページを参照）は心を物質に還元しようとしたが、他の思想家たちはまったく逆の還元を行おうとした。ジョージ・バークリー卿（一六八五～一七五三）は、物質的対象は意識的な心の知覚状態の「対象」または「内容」としてのみ存在すると主張した。つまり、露骨に言えば、物質世界は一貫した夢にほかならないのである。物質世界を自分自身の夢だとするのは主観的観念論であり、バークリーのように、それを私たち皆が共有する神の見る夢だとするのは客観的観念論である。いずれにせよ、存在の根本的な素材は心であって、物質ではない。それゆえ「観念論（idealism）」とよばれるのである。

これは驚くべき仮説であり、好奇心をそそるだろう。「客観的」世界は「神の感覚」にすぎないと考えよ、と言われるのである。物質世界が神に対してもつ関係は、私の感覚経験が私自身の心に対してもつ関係と同じである。私たちは皆、神の夢という物理的宇宙に参加している者なのだ！この仮説はそれ自体がちょっとした狂気の夢ではないかと思われるかもしれない。しかし、まともな証拠がそれを支持する可能性を想像することも、まったくできないということはない。もし私たちの心か、あるいは神の心について何らかの理論的な仮定を立て、それに基づいて物質の振る舞いと組成、もしくは空間と時間について詳細な説明を行うことができたとすれば、観念論も本当にもっともらしくみえるようになろう。

実際には、この種の実質的に意味のある説明がこれまで一度も行われたことはない。それゆえ、観念論は他の立場と比べてもっともらしさを欠いたままである。これとは逆方向の説明、すなわち物理現象によるさまざまな心的現象の説明のほうがはるかに実質的な進展があった。前進し続ける唯物論の発展を理解するには、進化論、経験心理学、人工知能、神経科学のことを考えてみればよい。（これらの研究については第6章から第8章で少し詳しく考察する。）

しかしながら、物質世界の観念論的な説明が提供されたようにみえた時期がそれでもあった。イマヌエル・カントは彼の著書『純粋理性批判』において、物質世界についての人間の通常の経験はその大部分が能動的な人間の心によって構成されると主張したが、この考えはその後ずっと西洋哲学に影響を与え続けた。カントの見方によれば、人間の感性の先天的な形式と人間の悟性の先天的なカテゴリーが最初のありのままの混沌とした感覚入力に不変の秩序を「押しつける」のである。それゆえ、人間は皆「物質世界」について非常に詳細な共通の経験をもつことになる。カントはこのようにして、ユークリッド幾何学やニュートン物理学の法則がなぜ人間の経験する世界に関して必然的に成り立つのかを説明しようとした。彼は心の認知活動の仕組みから必然的にそのような法則が帰結すると考えたのである。

その後、ユークリッド幾何学とニュートン物理学はともに経験的に誤りであることが判明した。このことから、カントの説はその細部についてはたしかに否定されることになる。しかし、カントの中心的な考え、すなわち能動的に組織化する心によって私たちの知覚経験の一般的な形式とカテゴリーが押しつけられるという考えは、いまなお生き延びている。したがって、構成された経験に現れる物質的対象は、経験的に実在的（＝すべての可能な人間の経験にとって実在的）でありうるが、超越論的に実在的（＝可能な神の視点から実在的）であるとは限らないのである。

このように物質をたんなる現れの世界の重要カテゴリーに格下げすることは、カント以降の多くの哲学に特徴的なことである。しかしながら、カントは彼の説に第二の要素を加えており、それが彼の説を純粋に観念論的な立場から逸脱させ、彼をもっとも典型的でない観念論者に仕立てあげている。カントによれば、内的感覚の世界、すなわち感覚と思考と感情の世界もまた「構成された」世界である。空間と時間のなかにある物理的対象からなるお馴染みの「外的」世界に心が接近しようとするときには、その接近は心自身の構造的および概念的な寄与によって媒介されるが、心がそれ自身に接近しようとするときも、同じような寄与によって媒介される。心はそれ自身による自己表象を介してのみ、それ自身に接近できるのである。したがって、心は経験的に実在的であるが、物質と同じく、超越論的に実在的であるとは限らない。カントにとって心自体の超越論的本性は、物質自体のそれと同じく、不透明で不可解である。そして一般に、事物の即自的なあり方（人間の知覚と概念から独立したあり方）は、人間にとって永遠に不可知なのである。

その後の哲学者たちは心の自己理解の最終的な見込みについて、カントほど悲観的ではなかった。彼らの多くは、科学的研究を通じて、心が概念的進歩を遂げることができると考えてきた。心は最終的には、事物自体の真の本性にきちんと対応するような概念で、物質世界と心の両方を把握し直すことができるのだ。これが科学的実在論（scientific realism）の望みであり、現在のほとんどの心理学的および神経科学的な研究の背後にあるのはこの哲学的な見解である。一方、現象学の伝統は、自己理解についてやはり楽観的であるが、それとは別の興味深い見方をとる。

現象学（phenomenology）はヨーロッパ大陸を中心とする哲学の一つの伝統である。それはカント哲学に根をもち、多くの枝に分かれているが、その多様な支持者たちもつぎの点では一致している。すなわち、彼らは皆、心の本性の真の理解は科学一般を導く方法とは根本的に異なる方法によってのみ達成できると考えるのである。この大胆な立場はどんな理由によって支持されるのだろうか。それは、一つには、現象学者たちが奉じる知識の理論（認識論）によってである。現象学者たちは、カント以降のほぼすべての哲学者たちと同じく、私たちの日常経験の世界のほぼすべてが構成された世界であるということを明瞭に意識している。お馴染みの常識的な知覚世界すなわち生活世界（Lebenswelt, life-world）は、私たちの感性の先天的な形式、悟性の先天的な形式、および学習された概念枠組によって組み立てられたものなのである。

通常の科学的な活動は、現象学者の見解によれば、そのような心の「構成」活動の延長線上にあるものにほかならない。私たちは客観的世界について非常に多くの解釈を含んだ詳細な見方を構成していき、そのような見方から導き出される予測や説明が私たちの生活世界の知覚的事実と一致していくようにするのである。

しかし、このような構成的なやり方は、このすべての構成的活動の遂行者である心を真に理解する方法ではない、と現象学者たちは主張する。そのようなやり方は心を元の「純粋な」現象からどんどん遠ざけ、それ自身が構成した複雑なもので心をますます厚く覆い隠してしまうだけである。物理科学の諸概念は心が構成した「客観的」世界の解釈にすぎず、それ以上のものではありえない。心を理解するには、そのような概念を用いるのではなく、一八〇度向きを変えて、私たちの経験の分析と脱解釈という方法を取らなければならない。このような方法は心の構成活動をたどり直すことによってそれを明らかにするものであり、私たちを心の真の本性へと連れ戻してくれる。心はそれ自身の真の本性を直観することができる。というのも、心が客観的世界を知るときとは対照的に、心はそれ自身に対して直接かつ媒介なしに接近できるか、あるいはそのような接近を望みうるからである。このような分析的で内観的な研究方法は、経験科学の本質的に構成的で解釈的な方法によって生み出すことができるどんな理解よりもすぐれた、独自の洞察と理解を生み出すことができるであろう。

現象学者たちはこのような展望を共有しているが、それ以上の詳細については、彼らはじつに多様である。ゲオルク・ヘーゲル（一七七〇～一八三一）は現象学の伝統における最初期の人物のひとりであるが、彼は新しい形の「客観的」観念論を唱えた。彼の考えによれば、究極的な自己知へと向かう精神の旅は、主観的な自我と客観的な世界のあいだの区別の解消へと向かう旅である。個人および集団の意識の歴史的な発展は、まだ「よちよち歩きの」絶対精神（＝神＝宇宙）が完全な自己意識に到達しようとする緩やかで散発的な過程にほかならない。個々の人間の「意識」はその大いなる精神の一つの面ないし相であり、絶対精神が十全な自己認識を達成していくにつれて、自己と他者、および自己と客観的世界の対比は最終的には消失する。それまでのあいだの私たちの生活世界は、絶対精神の平和な夢としてではなく、むしろ絶対精神が自己意識に到達しようとする苦闘の歩みとして解釈すべきなのである。

しかし、ヘーゲルは現象学のその後の伝統においてあまり受け継がれず、観念論的な存在論も現象学者たちによってさほど受け入れられていない。現代の伝統の中心人物はエトムント・フッサール（一八五九〜一九三八）である。フッサールは心と物質が同等に実在的であるようなほぼデカルト的な枠組のなかで現象学的な探究を行った。彼の主要な関心は、私たちの心的状態の志向性（第3章4節を参照）を理解することであった。彼によれば、心の構成活動を内観的にたどり直すことで、私たちの心的「内容」の源泉が明らかとなり、私たちは経験的ないし現象的な自己の背後にある超越論的な自己を純粋かつ不可疑な仕方で把握することができる。ここにおいてこそ、私たちは人間の経験およびあらゆる客観的な経験科学の疑いえない基礎を見いだすことができるのである。そうフッサールは考えた。

　こんな短い素描では、とうてい現象学という非常に豊かな伝統に対して公平を期すことはできないし、わずかひと段落で、それほど大きな伝統を論駁し去ることもできない。しかしながら、前章で内観に関する「伝統的見解」とよんだものが、ある形で現象学的伝統の重要な部分になっていることに読者は気づかれるであろう。自己に関する超科学的な知識、すなわち構成および客観化を行う概念的理解に媒介されないような特別な形の知識を得ることができるという見方が、現象学の伝統を貫いているのである。この伝統がカント自身の考えと食い違うことによく注意してほしい。カントは内観的な自己知が外的世界の知識と同じくらい、客観化する「構成」の産物であらざるをえないと考えていた。また、その伝統は現代の心理学的な証拠とも食い違う。現代の心理学によれば、内観的判断は知覚的判断一般と少しも違わないのであり、それが提供する知識は決して何か特別な身分、純粋さ、あるいは権威によって他の知識から区別されるわけではないのである。

あらゆる知識が概念的な構成と思弁的な解釈の産物であらざるをえないとすれば（第4章2節の結論を思い出してほしい）、現象学者たちが探し求めた心の「真の本性」への「特別な接近」は夢物語にすぎず、経験的で理論的な科学の標準的な方法こそ、心がそれ自身を理解することを可能にする唯一の方法だと思われよう。これは内観的判断が科学にとって有用なデータであることを認めないということではなく、したがって「現象学的研究」を排除するわけではないが、そのような研究の結果が何か特別な認識論的身分をもつことは断固として拒否するのである。

「経験的で理論的な科学の標準的方法」に戻ろう。この方法については、ただちに全員が一致するであろうか。そうではない。というのも、次節で明らかになるように、「標準的方法」が何であるか、また何であるべきかについて、いくつかの競合する考え方があるからである。

2　方法論的行動主義

方法論的行動主義は先行するアプローチ、すなわち人間の心理への二元論的で内観的なアプローチに対する非常に強い反動であった。この二〇世紀の申し子である行動主義はまた、物理学、化学、および生物学のような巨大な成功を収めた物理諸科学の路線に沿って、心理学を自覚的に再構築しようとする試みでもあった。これまで六〇年以上にわたって、行動主義は英語圏で唯一の非常に大きな影響力のあった心理学の学派である。ここ三〇年ほどは、その教義の一部の見直しと軟化を余儀なくされているが、それでもなお大きな影響力を保っている。

中心テーゼとそれを支える議論

行動主義の中心的な原理を理解するのは難しくない。行動主義によれば、心理学の第一のもっとも重要な任務は、人間を含めてどのような生物を取り扱うにせよ、その生物の観察可能な行動を説明することである。「行動」によって行動主義者が意味するのは、生物の公共的に観察可能で、測定可能、記録可能な活動である。すなわち、身体運動、発する声、体温の変化、放出する化学物質、環境との相互作用、などである。このような現象が客観的に実在することについては疑いの余地がないと思われるので、動物の行動を第一義的な説明対象とすることで心理学が道を誤ることはありえない。この見方は内的な意識の要素と内容を心理学の固有の説明対象とした以前の見方とはまったく対照的である。

しかしながら、大半の行動主義者にとって同様に重要なのは、行動が説明されるべき適切な仕方であった。「心的状態」に訴える常識的な説明はいろいろな点で重大な欠陥があるとみなされた。そのような説明は適切な科学的基盤をもたない一群の世俗的な知識に訴えるが、私たちの古い考え方の多くがそうであるように、そうした知識はその大部分が迷信と混乱である。お馴染みの心的な概念はきちんと定義されておらず、客観的な適用基準がない。とくに人間以外の動物に適用する場合はそうである。人間の場合でも、個人の内観によって、一貫した信頼できる適用の根拠が与えられるわけではない。一般に、心的なものによる説明は事後的に構成され、持ち出される原理はほとんど予測力をもたない。このような「内部に目を向けた」説明は、外的環境こそが生物の行動を制御するのに非常に大きな役割を担うということを覆い隠してしまうのである。

心的状態に訴える代わりに、行動主義者は生物の行動をその生物に特有の環境条件によって説明しようとした。あるいは、環境に加えて生物の観察可能な特徴によって、それでもだめなら、さらに観察不可能な特徴も加えて、説明しようとした。ただし、この観察不可能な特徴には、ある非常に厳格な条件を課した。すなわち、一個の砂糖の溶解性が水に入れた（＝環境条件）ときに現に溶ける（＝行動）ことによって示されるのと同じように、観察不可能な特徴が現にあるかないかは行動テストによって一義的に決定されなければならないのである。ようするに、心理学における説明は完全に公共的に観察可能なものか、あるいはそのように観察可能なものによって操作的に定義できるものだけを基礎としなければならないのである（操作的定義が何であるかについては、第2章2節を参照）。

行動主義者はこのような制限を進んで自らに課すとともに、他の人々に同じ制限を守るように説得しようとする（あるいはかつてそうしようとした）。なぜなら、そのような制限は心理学を正真正銘の科学にするのに払わざるをえない代償だと考えられたからである。常識の素朴心理学の古くからの道具を脇にのけておくのは、そのような価値ある目標を追求するための些細な代償であるように思えた。しかも、もし心的な概念が本当に説明力をもつなら、行動主義的な方法論は最終的には私たちを心的概念に、あるいはそれらを適切に定義し直したものに連れ戻してくれるだろうと考えられた。そしてもし心的概念が説明力をもたないなら、それらを排除しても、実質的な損失はないはずである。

さらに、行動主義者たちはたまたま、関連領域のある有力な見解から支持を得ることができた。

「論理実証主義（logical positivism）」ないし「論理経験主義（logical empiricism）」とよばれる科学的傾向の強い哲学の一派が、科学における理論語の意味についてつぎのような見解を提唱した。理論語は観察語からどれほど遠く離れていようとも、観察語と定義的に結びついており、観察語が感覚経験から直接その意味を得るのに対して、理論語はそのような観察語との定義的な結びつきによってその意味を得る。この見解に影響された一部の科学哲学者たちはとくに、有意味な理論語は観察可能なものによって操作的に定義されなければならないと主張した。したがって、行動主義はたんに正当な科学を一般に支配するとされた規則に従っているだけのようにみえたのである。

行動主義への批判

心的状態の存在に対して、そして行動の原因に関する私たちのお馴染みの考え方に対して、あからさまに懐疑的な態度を取ることによって、行動主義者たちは倫理学者や聖職者、小説家、他の哲学や心理学の学派など、じつに多方面から強い否定的な反応を浴びせられた。一番の不満は、行動主義者たちが意識的な心的生活という、私たち人間を特別なものにしているまさにその特徴を勝手に排除してしまって、人間を非人間化する傾向があったことである。しかし、この不満はやや論点先取的である。人間が「特別」であるかどうか、もしそうなら、どんな特徴が人間を特別にするのかは、それ自体が科学的な答えを必要とする科学的な問いである。つまり、私たちが特別かどうか、なぜ特別かに関する常識的な信念は間違っているかもしれないのである。（間違っているとしたら、それははじめてのことではないだろう。人間は宇宙の中心に位置しているという皆が抱いていた固い信念を思い出してほしい。）そして私たちの文化的に根付いた固い信念をただ頑固に繰り返すだけというのは、行動主義への有力な批判とはならない。

しかしながら、行動主義は行き過ぎであった。このことについては、いまでは多くの人が同意している。行動主義の当初の主張および制限は、心理学に科学的な地位を保証するために絶対に必要というわけではなかった。一つには、有意味な理論語は観察可能なものによって操作的に定義されなければならないという論理実証主義者の見解は、すぐに誤りだとみなされるようになった。たとえば、理論物理学のたいていの理論語はたしかに、ある程度の距離があっても、少なくとも観察可能なものと結びついているが、その結びつきは観察可能なものによる操作的な定義を可能にするような単純な種類のものではない。「xはニュートリノである」や「xはもっともエネルギー順位の低い電子殻に一つの電子をもつ」に対して、そのような定義を作成してみてほしい。このような理論語を観察可能なものに結びつける条件を適切に定式化しようとすれば、ふつう同じ理論に属する他の多くの理論語が必要となることがわかる。したがって、この定義は純粋に「操作的」なものとはならないのである。操作的な定義にかぎるという方法論的な制限が守られなければならないとすれば、理論物理学の大半は無意味な疑似科学として捨て去られなければならないだろう。

意味についての現在の見方は論理実証主義者の見方を完全にくつがえそうとする。観察語も含めて、どんな語であれ、その意味はその語が現れる信念ないし一般化のネットワークにおいてそれが占める位置によって決定される。（意味のネットワーク理論については第3章3節で論じた。）したがって、私たちの心的な語彙を論理実証主義者の意味についての純粋に抽象的な原理のみに基づいて科学から排除するというわけにはいかない。それを拒否するなら、その理由はそれの説明力と予測力が人間本性に関する他の競合する理論と比べて欠陥があるということでなければならないのである。

3 認知的／計算的アプローチ

第4章2節で論じた心の機能主義的な見方は非常に広範なものであり、そのなかには意識的知性の謎を解き明かそうとする二つの密接に関連する研究方法、すなわち認知心理学と人工知能があった。どちらのアプローチも、知的な生物の行動を説明するために内的状態の複雑なシステムをその生物に自由に措定し帰属させてよいとする点で、伝統的な形の行動主義と対照的である。措定される内的状態はふつう何らかの仕方で「情報を担う」状態であり、それぞれが担う特定の情報によってそれらの集団的な相互作用のあり方が決まる。ここからそれらのアプローチは一般的に「情報処理アプローチ」、あるいはもっと簡単に「計算的アプローチ」とよばれるようになった。

簡単な電卓を考えてみよう。それへのさまざまな入力状態は特定の数や算術操作を表しており、入力後の内部の活動は計算に関係する入力状態の特徴によって決まる。そのため、出力状態は入力状態に対して一定の規則に基づく体系的な関係をもつことになる。同じことが自然知能をもつ生物についても当てはまるとされる。ただし、生物の入力状態は数だけではなく、その他のもっと多くのものを表しており、遂行される「計算」も算術的関係だけではなく、はるかにもっと多くのものに関わっている。たとえば、論理的関係や空間的形態、社会関係、言語構造、色、運動などである。（具体例については次章で扱う。）

認知心理学の目的は、一群の計算手続きによって支配される内的状態のシステム、もしくはそのようなシステムの互いに作用し合う集まりを措定することによって、知覚、記憶、推論、熟慮、学習、言語使用、運動制御など、知性を構成する多様な活動を説明することである。つまり、その目的は人間の神経系、あるいは研究中のどんな生物であれ、その生物の神経系が示す現実の機能的組織の基本的なあり方を解明することなのである。

知的生物の途方もない複雑さを考えると、これはきわめて困難な課題であり、必ずといってよいほど細分化されたアプローチが採用される。たとえば、理論家はまず知覚に、あるいは言語使用に焦点を絞り、その能力の活動だけを詳細に説明する計算システムを作り上げようとする。それが成功すれば、そのような個別のシステムを集めて、生物の知性の一般的な説明を組み上げることが可能になるのである。

このような計算仮説（computational hypothesis）を定式化し評価するに当たって、三つの基準が重要となる。第一に、ある認知能力について提案された計算システムはその認知能力の入力と出力を正しく説明することができなければならない。たとえば、その能力が知覚だとすれば、提案された計算システムは、感覚器官への物理的刺激に対して生物が実際にどんな知覚的な識別を行うかを説明できなければならない。また、その能力が言語使用なら、計算システムは文法的な文をそうでない文から識別する能力、およびほとんどもっぱら文法的な文だけを生み出す能力を説明できなければならない。一般的に言えば、ある生物について提案される計算システムは、その生物の進化的に選択された能力が首尾よく遂行できることをまさに遂行できなければならないのである。

この最初の基準は重要であるが、それだけでは粗すぎて不十分である。ここで問題となるのは、どんなことをするにも、多くの異なるやり方があるということである。入力と出力のあいだのどんな関係であれ、正確にその関係を生み出す異なる手続きが無数にたくさん存在するのである。

この点は簡単な例で容易に示すことができる。つぎのように振る舞う小さな計算装置を考えてみよう。この装置は、任意の数 n がキーボードから入力されると、$2n$ に等しい数を画面に表示する。その装置がこの答えを計算するやり方の一つは、たんに入力数に2を掛けることである。しかし、第二のやり方として、入力数に6を掛けて、その答えを3で割ってもよいし、さらに第三のやり方として、入力数を10で割って、その答えに20を掛けてもよい、等々。これらの計算手続きはどれも、任意の入力数を二倍にするという点では、同じ「出力行動」を生み出す。しかし、計算器が用いているのはおそらくそのうちの一つだけであろう。どの手続きを用いているかをいかにして決定できるだろうか。

ここで、計算仮説を評価するための第二の基準が入ってくる。ある分析水準では「同じ行動」を生み出す手続きも、もっときめ細かな分析水準では微妙な差異を示すかもしれない。たとえば、さきほど考えた第二と第三の手続きはそれぞれ二つの別個の操作を含んでいるのに対し、第一の手続きは一つしか含んでいない。そうすると、特別な事情がないかぎり、第二と第三の手続きは計算を完了するのにより長い時間がかかると考えられよう。したがって、二つの異なる計算器があるとき、それらが計算に要する時間を注意深く測定すれば、どちらがより単純な手続きを用いているかが決定できるかもしれない。また、誤りが生じるパターンも仮説の選別に役立つことがある。それぞれの計算操作が、一回の遂行で、小さくてもある有限の誤謬確率を有するなら、さきの計算の例における第二と第三の手続きは、2を掛けるだけの第一の単純な手続きよりもたくさん誤りを犯すだろう。したがって、長時間のテストを行えば、ある手続きを別の手続きから識別することがしばしば可能であろう。また、個々の誤りの具体的なあり方も、その誤りを生み出した手続きについてしばしば非常に多くのことを物語ってくれよう。

計算仮説を評価する第三の基準は、人工物と生物のどちらについても、同様に明白である。それは、計算手続きが人工物の回路または生物の神経系の物理的な能力と整合的でなければならないという基準である。つまり、受け容れ可能な仮説は実際に当該の計算活動を行う「ハードウェア」ないし「ウェットウェア」と合致していなければならないのである。

この第三の基準は、ごく表面的なレベルで適用するのでなければ、ふつう適用が非常に困難である。というのも、高度な神経系を構成する神経機構はその要素が非常に小さく、要素間の結合が非常に入り組んでおり、その結合の広がりが非常に膨大だからである。神経系を解明するのは、第7章で見るように、決して気楽にできることではない。その結果、この第三の基準は多くの場合、第一と第二の基準と比べて認知心理学の理論化に及ぼす影響が非常に弱い。これはおそらく予期されることにすぎないだろう。なぜなら、私たちはまだ大半の認知機能について、それを説明する同等に適切な計算仮説のなかからどれを選ぶべきかという問題に到達すらしておらず、むしろまず一つでよいから十分適切な仮説を何とか作り出そうしている段階だからである。しかし、そうではあるが、第二と第三の基準は認知科学が誠実な経験科学であり続けるために必要な基準である。認知心理学はそれらの基準を満たそうとするからこそ、正真正銘の経験的な科学なのである。つまり、それは、自然知能が現にどのように生み出されるかという問題に実際に取り組んでいる科学なのである。

これとは対照的に、人工知能の研究方法は第一の基準だけで十分である。この研究方法の目的は、たんに自然生物に見られる知的な行動を産出できるような計算システムを設計することだけである。提案されたシステムが自然生物によって用いられているのと同じ計算手続きを用いているかどうかには、せいぜい二次的な関心しかもたれない。

知性に対するこのもう一つのアプローチを追求すべき重要な理由がある。一つの理由は、自然生物によって用いられる計算手続きが必ずしも当該の目的を達成するのに最善だというわけではないということである。絶対に最善だと信じるべき理由はない。私たちの進化の歴史および生物学的な機構は、むしろほぼ確実に、私たちが使用できる手続きに対して、重要であるがときに偶然的な制約を課す。たとえば、高速電子計算機で実行できるルーティンのなかには、私たちの神経系では実行できないものがある。（しかし、その逆もまたときに正しいということを忘れないでほしい。）そしてともかく、実際の生物の知能だけではなく、知能一般の多くの側面を研究すべきだと言えよう。しかも、この後者の研究の進展がおそらく純粋な自然知能の理解を促進してくれよう。

二つのアプローチの違いは明白であるが、実践上はしばしば違いがなくなる傾向がある。ある生物の情報処理活動に関する仮説をテストする一つのやり方は、提案された計算を行うプログラムを書き、それをコンピュータで走らせ、その出力行動をその生物の行動と照合することである。このような場合、認知心理学の探究は人工知能の探究によく似ているようにみえよう。他方、人工知能研究者は賢いプログラムを作成するためのヒントを得るために、現実の生物の行動と内観報告を少しもためらうことなく参考にする。この場合には、人工知能の探究が認知心理学の探究とよく似ているようにみえよう。

人工知能については、次章でもっと詳しく見る。本節は、いま描いた二つの研究方法に対する一つの共通の反論を検討することで締めくくることにしよう。この二つの方法はいずれも計算アプローチであるが、読者はこの計算アプローチについてつぎのような印象を抱いたかもしれない。このアプローチでは、意識的知性は単一の統一的な本質、あるいは単純な唯一の本性をもたないことになろう。知的な生物はきわめて多様な計算手続きの寄せ集めであり、それらがユルユルに結びついて出来たものである。かつて私の仲間のある大学院生が私の車について「ユルユルに飛び跳ねるナットとボルトの飛行隊」と述べたが、知的な生物もそのようなものだ。計算アプローチは意識的生物をそのように描くのである。

私の車についてのその描写はたまたま当たっていたが、計算アプローチが提唱する知性の見方もまた当たっているかもしれない。準独立の制御システムが徐々に付け加わっていくというのは、進化的に意味をなす見方である。神経系にときおり偶然付け加わったものがたまたま生物の行動あるいは内部操作のある面をうまく制御することができ、そのためその付加物が選択されるということがつぎつぎと繰り返されることで、神経系は少しずつ進化した。長期的な自然選択を通じて、生き延びた生物はおおむね環境との円滑な相互作用を行えるようになるが、その相互作用を支える内部メカニズムはたぶん恣意的で、ご都合主義的で、間に合わせ的であろう。そうだとすれば、計算アプローチが生物をそのように描くことは、決してそのアプローチへの批判とはならないのである。

4　方法論的唯物論

前節で描いた研究方法はふつう「トップダウンアプローチ」とよばれる。なぜなら、知的生物がどんな認知活動を行うかの目下の理解から出発して、そうした活動がどんな種類の基礎的な操作によって生み出されるか、あるいは説明されるかを問題にするからである。本節で描く研究方法はこれとは鋭い対比を成し、まったく反対の側から出発する。それゆえ、「ボ﹅ト﹅ム﹅ア﹅ッ﹅プ﹅アプローチ」とよばれる。基本的な考え方はこうである。認知活動は究極的には神経系の活動にほかならない。そして神経系の活動を理解したいなら、神経系そのものを調べるのが何と言っても最善である。すなわち、神経系の機能的要素の構造と振る舞い、それらの相互結合と相互作用、それらの時間的な発達、およびそれらの集合による行動の制御を明らかにするのである。

神経科学という言葉で総称されるいくつかの学問を導いているのはこの方法論である。それは本質的には、目覚まし時計の裏のカバーを取り除いて、それを分解して何がそれを動かしているのかを見ようとするのと同じ精神である。この知的行動へのアプローチは非常に長い歴史をもつ。古代ギリシアの医師ヒポクラテスは、脳の変性が正気を失わせることに気づいていた。また、古代ローマの医師ガレノスはすでに体性感覚神経系（「触覚」情報を脳に伝える軸索線維の束）と運動神経系（身体の筋肉を制御するために脳と脊髄から放射状に出る軸索の束）の存在とその違いを発見していた。それらの存在は死んだ動物の解剖から明らかにされており、ガレノスはさらに、生きた動物においてそれぞれの系で局所的な損傷や切断が生じると、体性感覚神経系では局所的な触覚「盲」が生じ、運動神経系では局所的な麻痺が生じることを発見したのである。

神経系の構造と働きの解明が体系的に進展するようになるのは、もっとあとの近世になってからであった。なぜなら、宗教的権威が人体の死後解剖に嫌悪を示したり、あるいは直接それを禁じたりしたからである。それにもかかわらず、神経系の多少なりともおおまかな解剖地図が一六〇〇年代後半には出来上がっていた。しかし、それは神経系の機能についてごく限られた理解しか与えず、脳の微視的構造と微視的活動の解明が本当に進展するようになるには、現代の顕微鏡的技術の発展、化学と電気理論の発展、および現代の電子装置と記録装置の発展を待たなければならなかった。それゆえ、ようやく二〇世紀くらいになってから、もっとも重要な発展が起こってきた。

これらの発展によって明らかになった神経構造は、息を飲むほど入り組んでいる。脳の機能的「原子」はニューロンとよばれる微細なインパルス処理細胞であり、一個の人間の脳のなかにはほぼ10^{11}個（1のつぎに0が11個続く数で、一千億個）のニューロンがある。この数の具体的なイメージを得るには、小さめの二階建ての家にその地下室から屋根の垂木までびっしりと粗い砂が詰まっているのを想像してみるとよい。脳にはこの家にある砂粒の数と同じだけのニューロンが存在するのである。さらにもっと興味深いことに、ニューロンから伸びている軸索と樹状突起とよばれる微細な線維によって、各ニューロンは他のニューロンとのあいだに平均約三〇〇〇個の結合をもっている。したがって、脳全体におけるニューロンの相互結合はじつに途方もないものであり、約10^{14}個、つまり一〇〇兆個の結合があることになる。

このように複雑なため、人間の神経系は容易には理解できず、実際その解明はようやく始まったばかりである。生きた人間に対して自由に実験を行うことは、もちろん倫理的な理由によって許されないが、自然は残酷にもそれ自身の「実験」を行っており、病院の神経科医はさまざまな傷害を受けた脳、すなわち化学的、物理的、退化的な異常のある脳を絶えず眼にすることになる。そのような脳を治療するために行われる外科手術の最中に、あるいは死後の検査から、脳の詳細な機能について多くのことが明らかとなる。また、これとは別の理解への道筋を与えてくれるのが非常に単純な神経系をもつ生物である。たとえば、ナメクジの神経系には約一万個のニューロンしかなく、すでにその神経ネットワーク全体の地図が研究者たちによって作成されている。原初的な学習である刺激への順化についても、すでに化学的な説明が微視的な実験から作り出されている。このような単純なケースから得られた知見がネズミやサル、そしてついにはヒトのようなもっと複雑な生物の神経活動を解明するのに役立つのである。

方法論的唯物論を導いているのは、ニューロンおよびとくにそれらからなる神経系の物理的、化学的、電気的、発生的な振る舞いを理解し、さらにそれらがお互いおよび行動に対してどのように制御を及ぼすかを理解しさえすれば、自然知能について理解すべきことはすべて理解することになるのだということ確信である。たしかにボトムアップアプローチは素朴心理学で捉えられるお馴染みの心的な現象に直接取り組むわけではないが、それはむしろこのアプローチの利点と見ることができる。素朴心理学の使い慣れたカテゴリー（信念、欲求、意識、など）に本当にちゃんとした客観性があるのなら、ボトムアップアプローチは私たちを最終的にそれらへと連れ戻してくれるにちがいない。もしちゃんとした客観性がないのなら、ボトムアップアプローチは経験的に探究できる脳にしっかりと照準を合わせることによって、私たちの内的生活を理解するためのより適切な諸概念を新たに最善の仕方で構築してくれるだろう。明らかにこの方法論こそが、還元的唯物論と消去的唯物論が掲げる哲学的テーゼをもっとも直接的に表現するものである。

このような徹底した唯物論的アプローチは、意識的知性の真の本性をおとしめ、ひどく過小評価しているように感じられるかもしれない。しかし、唯物論者はそうした反応こそが人間の脳の卓越した力量と技能をおとしめ、ひどく過小評価するものなのだと応答することができよう。脳は神経科学的な探究を通じてそれ自身の解明を行い続けている。私たちはその成果を待つ必要がある。成果の一部については、そしてそれが意識的知性の問題にどう光明を与えるかについては、第7章で検討する。

第6章
人工知能

正真正銘の知能をもつ、純粋に物理的な装置を作ることは可能だろうか。人工知能（AI：artificial intelligence）とよばれる分野の研究者はそれが可能だと確信しており、その目標を実現することがこの研究分野の狙いである。人工知能の研究はどんなことを行うのだろうか。また、研究者たちはどうして楽観的なのだろうか。これが本章の主題である。さらに、人工知能が直面する問題についても、いくつか検討する。

人工的な知能の実現に向けた有望な試みはずっと以前から行われてきた。デカルトの世紀（一七世紀）の後半には、ドイツ人の数学者・哲学者ゴットフリート・ライプニッツが、連結した回転シリンダーによって足し算と引き算ができる装置を組み立てた。彼はまた、すべての思考がたんなる記号計算になるような完全に論理的な言語が可能であると主張した。彼はこの言語について何ら明瞭な考えをもっていなかったが、のちに見るように、彼の考えは予言的であった。

デカルトのつぎの世紀には、ジュリアン・ド・ラ・メトリという名の生理学者が、デカルトと同じく、人間の身体の見事なメカニズムに感動し、また「生命」活動が物質に内在する原理や非物質的な魂から生じるのではなく、物質の機能的な組織化から生じるという考えに強く心を動かされた。デカルトはその考えが示すある結論を受け入れることに尻込みしたが、ラ・メトリのほうはその結論へと突き進んでいった。すなわち、彼は「生命」活動が物質の組織化から生じるだけではなく、すべての心的活動もそうなのだと宣言したのである。

彼の著書『人間機械論』は多くの人たちから酷評されたが、その思想はいったん解き放たれると、鎮静化することはなかった。ド・ラ・メトリの同時代人であるジャック・ド・ヴォーカンソンは、まるで生きているかのような巧みな自動機械をいくつも設計し、制作した。これらの自動機械は内部の機械仕掛けと空圧作用により、いろいろ簡単な動きをすることができた。金メッキをした銅製のアヒルはじつに本物そっくりに、飲んだり、食べたり、ガーガー鳴いたり、水をはねかけたりしてみせることができた。また、等身大の人形の一つはフルートを非常に正確に吹いたとされる。このような自動機械は動きが限られているので、いまの私たちにはあまり感銘を与えそうもないが、一八世紀の純朴な人たちにとっては、そのような機械が突然動き出すことはきっと大きな衝撃であっただろう。

もっと心的であるような能力への取り組みは、一九世紀にケンブリッジの数学者チャールズ・バベッジによって行われた。彼が入念に設計した解析機関（analytical engine）は初歩的な論理的操作と算術的操作をすべて行うことができ、その原理は現代のデジタルコンピュータの原型となるものであった。しかしながら、バベッジにはまだ純粋に力学的な機械装置しか手に入らなかった。彼が詳細に設計した装置がもしかりに物理的に実現されたなら、きっとうまく作動したであろうが、それはあまりにも機械的に複雑であったために、実際に作動する機械として完成されることはなかった。

その後も、知的活動に含まれる複雑さが大きな壁となり、機械的な装置による知的活動の実現はなかなか達成されなかった。この壁を乗り越えるための技術の開発には、バベッジ以降、一世紀待たなければならなかった。しかしながら、この期間が無駄に過ぎ去ったというわけではない。根本的な進展が抽象的な学問領域において見られた。すなわち、命題の論理、集合の論理、および幾何学、算術、代数の論理構造に関する理解が進んだのである。私たちは形式的体系（formal system）という抽象的な概念についておおいに理解を深めた。いま挙げた体系はすべてこの形式的体系の個別例である。形式的体系は、(1)式の集まりと、(2)式を操作するための変形規則の集まりからなる。式は所定の形成規則に従って、基本となる要素をいくつか組み合わせることによって形成される。また、変形規則はそのように形成された式の形式的構造（すなわち要素を組み合わせる一定のパターン）に基づいて適用され、ある式をその構造に即して別の式に変形することがその役割である。

このような形式的体系については、中学校以来、誰もがよく知っている体系が少なくとも一つある。すなわち、初等代数である。ここでは、基本要素は数字の0から9、定数のa、b、c、……、変数のx、y、z、……、結合表現の+、−、×、÷、=、括弧の（）である。式は「(12 − 4) ÷ 2」のような複合名辞か、「x = (12 − 4) ÷ 2」のような等式である。変形は、たとえば、つぎのようなものである。

$$x = (12 - 4) \div 2$$
$$x = 8 \div 2$$
$$x = 4$$

この種の代数的変形は、それによって可能となる多様な計算とともに、私たちがよく理解しているものである。それゆえ、私たちはすでに少なくとも一つの形式的体系について自覚的な理解をもっている。また、私たちは言語を用いて一般的な推論を行うことができるので、もう一つ別の有名な形式的体系である一般的な命題論理についても、少なくとも暗黙的な理解をもっている。

可能な形式的体系は無数に多くあるが、その大部分は些細でつまらないものである。しかし、なかにはものすごく強力なものもある。それは論理や数学の事例が示すとおりである。人工知能の観点からさらにいっそう興味深いのは、どんな形式的体系も原理的には自動化できるという点である。すなわち、どんな形式的体系でも、その要素と形式的操作は、適切に組み立てられた物理的装置なら、つねに定式化し、操作することができるようなたぐいのものである。もちろん、適切な装置の実際の組み立ては規模や時間、技術の点から実行不可能であるかもしれない。しかし、二〇世紀の後半には、電子工学の発達により、高速の汎用デジタルコンピュータの組み立てが可能になった。非常に強力な形式的体系の自動化がそのような機械により可能になり、それに伴って非常に強力な計算が可能になった。バベッジを挫折させた壁は打ち砕かれたのである。

1　コンピュータ――いくつかの基本概念

ハードウェア

「ハードウェア」という言葉は、物理的なコンピュータ本体とその周辺装置を指す。周辺装置としては、入力用のキーボード、出力用のディスプレイやプリンタ、外部メモリ（「パッシブ」メモリ）のテープやディスク、それらを駆動するフラッシュドライブなどがある（図6・1を参照）。「ハードウェア」と対をなすのが「ソフトウェア」であり、これはハードウェアにどんな計算をするかを一つずつ指示する命令の系列を意味する。

コンピュータ本体は中央処理装置（CPU）とアクティブメモリという二つの主要な部分からなる。アクティブメモリはふつうランダムアクセス式のもの（RAM）である。ランダムアクセス式では、アクティブメモリの情報を蓄える要素が電子グリッド上に配列され、その各要素（「レジスタ」とよばれる）がそれ固有の「アドレス」をもつため、CPUから直接アクセスが可能になっている。これによりCPUはどのレジスタについても、そこにどんなデータや命令があるのかをただちに見いだすことができ、必要な情報を見つけるために何十億ものレジスタを順にこつこつと探していく必要はない。また逆に、CPUは特定のレジスタにただちに情報を収納することもできる。このタイプのアクティブメモリでは、CPUがそのどの要素にも自由に直接アクセスできるので、「ラン

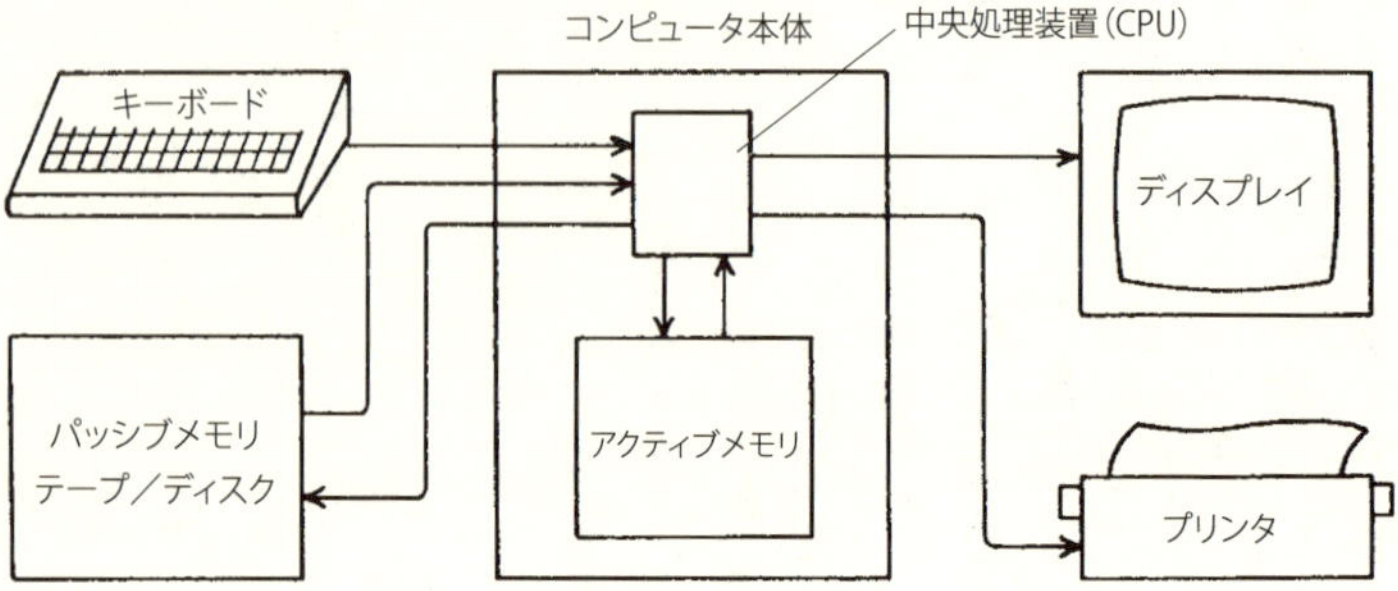

図６・１

ダムアクセスメモリ（ＲＡＭ）」という名前が付けられているのである。このアクティブメモリはＣＰＵの「メモ帳」ないし「作業場」として機能するとともに、私たちがＣＰＵに何をするかの指示を与えるために入力した命令系列（つまりプログラム）を保存する。

ＣＰＵはコンピュータの機能上の中心である。それはコンピュータに入力されたさまざまな式を操作する装置であり、基本的な変形規則をもっていて、それらを実行する。計算（すなわち情報処理）というのは、規則に従って式を別の式に変形することであり、それがＣＰＵの仕事である。

いったいＣＰＵはどんな式を扱い、どのようにそれを変形するのだろうか。標準的なコンピュータが操作する形式的体系はまったく味も素っ気もないものである。それは「１」と「０」に相当する二つの基本要素しかもたず、すべての式はこの二つの要素から構成される。これはマシンコードまたは機械語とよばれ、そのいかなる式も１と０の有限の列である。

１と０は、アクティブメモリでは各要素の電気的なオンとオフとして、またＣＰＵの経路ではパルスの有る無しとして、機械それ自身のなかで表示される。（現在の計算機がデジタルコンピュータとよばれるのは、結局のところ、この単純なコードを使用しているからである。）

CPUに「配線」によって物理的に組み込まれているのが、論理ゲートとよばれる多数の小さな要素である。論理ゲートはそのそれぞれの入り口で1か0を受け取り、1か0を出力として返す。ここで、出力はゲートの性格（さまざまなタイプがある）と現在の入力の値によって一義的に決まる。1と0の列は、一群の論理ゲートによって、ほぼ瞬時に1と0の別の列に変形される。どう変形されるかは最初の列がCPUのどこで、どのように入力されるかによって決まる。こうして規則に従った変形が生み出されるのである。

このような意味不明な式の単調な操作は毎秒百万回以上の驚くべき速さで行われるが、それ以外でこの操作に関してとくに興味深いのは、一部の列が体系的に通常の数を表すものとして解釈でき、またCPUの一部の下位装置が加算器、乗算器、除算器などとして解釈できるということである。いかなる数も、私たちにとって馴染み深い十進法でなくても、この1と0の二進法で表現可能である。そしてそのように表現されるとき、CPUのある下位装置における入力列S_1とS_2および出力列S_3は、それぞれ数として解釈されれば、S_3がつねに$S_1 + S_2$に等しくなるようにすることができる。そうすれば、この下位装置（すなわち適切に結合された論理ゲートの集まり）は加算器として機能することになる。もちろん、論理ゲートを別の仕方で結合すれば、別の基本的な算術関数を計算することになる。

同様に、機械語を用いて命題論理の式（数ではなく、自然言語の文を表す）を1と0の列で表現することもできる。このとき、CPUの一部の下位装置はそれらの列を入力として受け取り、その出力の列がつねに別の文、すなわち入力列で表された文の連言とか、選言、否定、含意であるような文を表すように変形を行うことができる。また、任意の言明（たとえば「もし……ならば……」の言明）に対して、それを表す入力列を処理して、出力列がその言明の真理値の評価を表すようにすることもできる。

CPUには基本的な論理操作と算術操作のすべての命令が埋め込まれている。そしてコンピュータプログラムを書くときのように、基本操作を組み合わせてもっと複雑な操作を作り出し、その複雑な操作をさらに組み合わせていっそう複雑な操作を作り出すことによって、無数に多くの操作が実行できるようになっている。それゆえ、この1と0の単調な操作が非常に刺激的な計算活動、すなわち速さに加えて深さと複雑さの点でもじつに強力な計算活動になりうるということは明らかであろう。

ソフトウェア

CPUの計算活動はさまざまな仕方で制御することができ、そのような制御を実行する命令系列すなわちプログラムを「ソフトウェア」とよぶ。プログラムは最初コンピュータのアクティブメモリに保存され、そこからCPUによって個々の命令が逐次的に読み取られ実行される。プログラムはCPUに対して、どの入力列をどんな仕方で処理するか、処理結果をメモリのどこに、いつ保存するか、いつそれを読み出し、ディスプレイに表示し、印刷するか、等々の指示を与える。

こうしてCPUに読み込まれる特定のプログラムは、コンピュータを特定目的用（specific purpose）の機械に変える。そして可能的には無限の異なるプログラムが存在するので、コンピュータは可能的には無限の異なる「特定目的用」の機械として振る舞うことができる。これは上述の物理的なコンピュータが「一般目的用（general purpose）」とよばれる一つの理由である。しかし、まもなく見るように、そうよばれるもっと深い理由がある。

もっとも基礎的なレベルでは、プログラムは機械語で1と0の列としてCPUに読み込まれなければならない。なぜなら、CPUが理解できるのはその言語だけである（つまりCPUが操作できるのはそのような列だけだ）からである。しかし、機械語は人間が扱うには非常に不便でわかりにくい言語である。特定の数や等式、命題を表すどの列も、またさまざまな論理操作や算術操作を実行するための命令を表すどの列も、もっとも優秀なプログラマー以外の人たちには何も表さない列（1と0のまったく無意味な列）と同じように見える。それゆえ、機械語を人間にとってもっと近づきやすい言語に翻訳できれば、そのほうが明らかによいであろう。

この翻訳は実際実行可能である。しかも、翻訳はある種の式を別種の式に変形することであり、コンピュータはなかんずく変形装置なのであるから、コンピュータに翻訳をやらせることさえできる。この最初のステップは、入力用のキーボードを作成し、各キーをたたくと、対応するお馴染みのアルファベットか数字が1と0の八個の列としてコード化されてコンピュータ本体に送られる。この予備的なコード化はふつうASCIIコード（情報変換用アメリカ標準コード）で行われる。こうして少なくともそのようなお馴染みの文字の列、たとえば「ADD 7, 5」が機械語の基本語彙で表現できるようになる。つぎのステップは、こうした機械語の列を別の列に変換するプログラムをコンピュータにもたせることである（このプログラムは手間をかけて機械語で書かなければならないが、書くのは一度だけでよい）。プログラムはたとえば、７の二進法表記を５の二進法表記に加えることをＣＰＵに実際に命令する。また、それはその加算の結果（1100）を変形してＡＳＣＩＩコード（00110001, 00110010）に戻すことができ、それをＡＳＣＩＩコードのプリンタが受け取ると、求められている馴染みの数や文字の列、この場合では、「12」を印刷する。

このようなプログラムはコンパイラとかアセンブラとかインタープリタとかよばれ、このやり方が人間と機械のあいだのより「友好的な」やりとりだけではなく、表現の多大な効率化も実現できることが読者の方々にはおわかりだろう。「AVERAGE $X_1, X_2, \ldots, X_n$」という形式の一つの表現が（まずはＡＳＣＩＩコードに変形されて、それから）長い機械語の列に変形される。この列は加算や除算のようないくつもの異なる基本的な操作を組み合わせたものである。こうして高次言語の一つの命令により、機械語のかなりの数の命令が実行されることになる。このような高次言語はプログラミング言語とよばれ、それはたいていのプログラマーにとっては、隠れた機械語の無味乾燥な表現にもっとも近づきうる手段なのである。

いったんインタープリタないしコンパイラが読み込まれて高級プログラミング言語を使えるようになると、コンピュータは明らかに、新しい形式体系の式を操作できるようになる。この新しい体系の一部の「基本」変形は、明らかに隠れた機械語の形式的体系で表示される変形よりもはるかに洗練されたものである。元のコンピュータはいまや別のコンピュータ、すなわちプログラミング言語の列を操作するように作られたコンピュータであるかのように振る舞う。つまり、そのようなコンピュータをシミュレートするのである。この「新しい」コンピュータを使う人から見れば、その「新しい」言語がまさにそのコンピュータの言語である。そのため、コンピュータとインタープリタの合体したものはしばしば「仮想機械」とよばれるのである。

以上のことは、一つの情報処理システムがプログラムの入れ替えによって多くの異なる情報処理システムをシミュレートできるということを意味する。ここから、コンピュータを適切にプログラムすることによって、生物の神経系に見られる情報処理活動をシミュレートできるかもしれないということが示唆される。

この期待に強力な支持を与えるのが抽象的な計算理論における有名な成果である。あるコンピュータが一定の機能的条件を満たせば、それは理論家が万能チューリングマシンとよぶものになる（この名称はこの分野の開拓者である数学者・コンピュータ理論家のアラン・M・チューリングにちなむ）。万能チューリングマシンに関して興味をそそるのは、きちんと定義されたどんな計算手続きでも、万能チューリングマシンはその手続きを実行する機械をシミュレートできるということである。このシミュレーションは、シミュレートされる側の機械の入力／出力行動を万能チューリングマシンが正確に再現することによってなされる。そしてじつに刺激的なのは、現在のコンピュータがまさに万能チューリングマシンであるということだ。（ただし、現実のコンピュータは無限のメモリをもってはいない。しかし、メモリは必要に応じていつでも増やせる。）さきに現在のコンピュータが「一般目的用」マシンであることの深い理由があると述べたが、これがまさにその理由である。

したがって、AI研究に立ちはだかる問題は、適切にプログラムされたコンピュータが動物に見られる計算手続きから生み出される入力／出力行動をはたしてシミュレートできるかということではない。一般に、この問題は解決済みとみなされている。少なくとも原理的には、そうできるはずである。むしろ重要な問題は、意識的な知能を構成するすべての活動がそもそも何らかの種類の計算手続きによるものであるのかどうかということである。そうであるというのがAIを導く根本的な仮定であり、その計算手続きをことごとくシミュレートするプログラムを実際に作成することがAIの目的なのである。

このような理由から、AI研究者の大半はハードウェアを組み立てることではなく、プログラムを書くことに没頭している。一般目的用マシンはすでにある。探究しなければならないのはシミュレーションなのである。

2　知能をプログラムする——断片的アプローチ

知能をプログラムするにはどうすればよいだろうか。素朴な見方からすれば、それに必要なのは、一人のプログラミングの天才がとくに霊感の働くときに、恐るべき創造の一夜を過ごして、神秘のプログラムを作成するということであるように思われるかもしれない。このプログラムをそこらにあるコンピュータで走らせれば、あなたや私のような意識的な生物が生み出されるのだ。このような見方は魅力的だが、漫画的である。それは、捉えられるべき単一の一様な現象があると想定している点で、そしてその現象の核心となる唯一の隠れた本質があると想定している点で、素朴なのである。

動物界をざっと見渡しただけでも、じつに多くの異なる程度の知能が存在することがわかる。異なる動物においては、知能は異なる技能、関心、戦略によって構成され、これらはすべて生理学的な構成と進化の歴史の違いを反映している。よく知られた例を挙げれば、イルカの知能は人間のそれと多くの点で実質的に異なる必然性がある。その理由はつぎのとおりである。すなわち、出力に関しては、イルカは物を細かく操作するための腕や手、指をもっておらず、また、重力場のなかで自分を垂直の不安定な姿勢に保つ必要がない。そのため、イルカは人間においてはそのような重要なことを可能にする特定の制御メカニズムをもっている必要がない。また、入力に関しては、イルカの主要な感覚はソナー（反響定位）である。これは視覚とは非常に異なる感覚世界を提供する。そうであっても、イルカはソナーを視覚に匹敵する力のあるものにするような情報処理メカニズムをもっている。たとえば、ソナーは色を感受しないが、その一方で、どんなものも音にとってある程度「透明」なので、ソナーはイルカに物体の内部構造を知らせる。しかしながら、複雑な反響音からそのような捉えにくい情報を抽出するためには、イルカの脳は人間の視覚皮質が直面するのとは別の問題に取り組まなければならない。イルカはきっと、そのような問題を決まったやり方で解く専用のメカニズム、つまり専用の神経手続きをもっているであろう。

このような入出力行動の大きな違いは当然、もっと深いレベルでのさらなる違いを伴うだろう。そうだとすれば、それぞれの生物種の知能はおそらくその種に特有のものであろうということがわかってくる。進化はそれぞれの生物種に特有の仕方で特別目的用の情報処理メカニズムを組み合わせることでその知能を形成してきたが、そのことによって各生物種の知能はそれに特有なものとなった。そうだとすれば、私たち人間の知能も、ある特有の仕方で多くの多様な糸が編み合わさって出来た一つのロープであるにちがいないということがわかるだろう。したがって、それをシミュレートするためには、それらに似た糸を似た仕方で編み合わせる必要がある。そしてそのためには、まず、個々の必要な糸を作成しなければならないだろう。このようなことから、ＡＩ研究者はこれまでおおむね、知能のある一つの側面を取り出して、それをシミュレートすることに専心してきたのである。それらを統合するという問題は、戦略上、後回しにすることが可能である。

目的行動と問題解決

目的行動と問題解決は多くのものを含む非常に大きな主題である。たとえば、獲物を狩る、チェスをする、ブロックでタワーを組み立てる、等々がそれに含まれる。一般に、行為者の行動が特定の目的や目標を達成する試みとして理解できるようなものなら、何でもこの主題に含まれる。もっとも単純な事例は目標に向かう魚雷や熱追尾式ミサイルであろう。これらは尾翼を動かして舵を取り、逃げる標的につねに照準を合わせて進路を変えていく。自分が実際にそれらに追われたら、それらは恐ろしいほど一途に追いかけてくるように思えるかもしれないが、冷静になってみると、それらに真の知能を認めようとはきっと思わないだろう。というのも、それらは追尾をかわす動きに対して一定の反応を行うということしかできないからである。すなわち、それらはセンサによって「中心点からの標的のずれ」を測定し、それに合わせて進路を修正することしかできないのである。このようなシステムはたしかに動物の行動の理解には関係するだろう。蚊は同じような単純さで、人が吐いた息によってできる空気中の二酸化炭素の濃度勾配に従って、それが上昇する方向に向かって飛んでいく。しかし、私たちがＡＩに望むのは、そのような蚊よりももっと高度な知能である。

では、現在の状態と目標状態のあいだにずれが見いだされたとき、それに対する可能な反応がもっとたくさんある場合はどうであろうか。しかも、そのような可能な反応のなかから有益な選択を行うためには、行為者の側である程度の問題解決が必要だとしたらどうであろうか。これなら、真の知能の仕事にもっと似ているように思われる。興味深いことに、かなりの種類の既存のプログラムがこの条件を満たしており、そのうちのいくつかはすでに人間において高度に知的だとみなされるような行動を生み出している。

簡単な例から始めよう。三目並べ（図6・2）を考えていただきたい。コンピュータが三目並べをするとき、勝つかあるいは最低でも引き分けにする可能性をもっとも高くするためには、どんな手続きに従えばよいだろうか。コンピュータが×をもって先手だとする

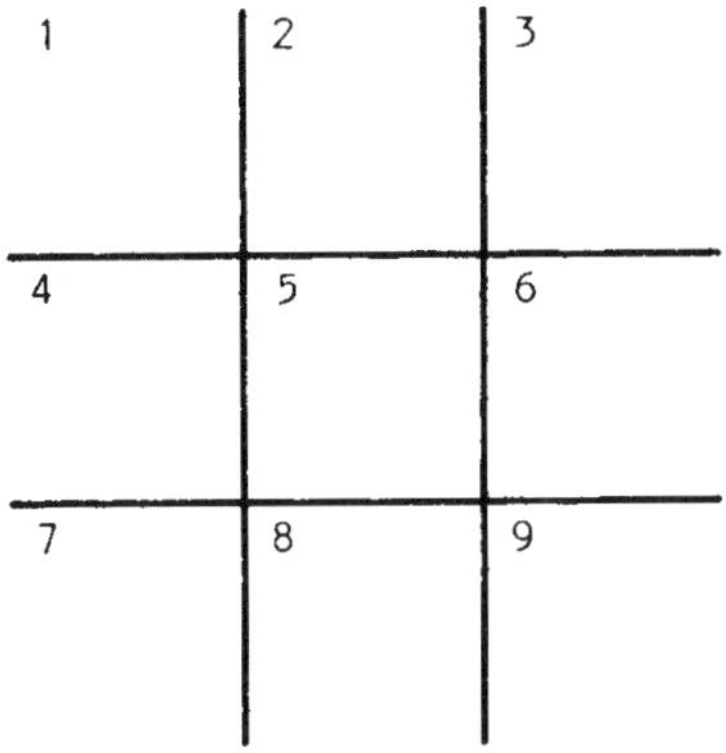

図6・2

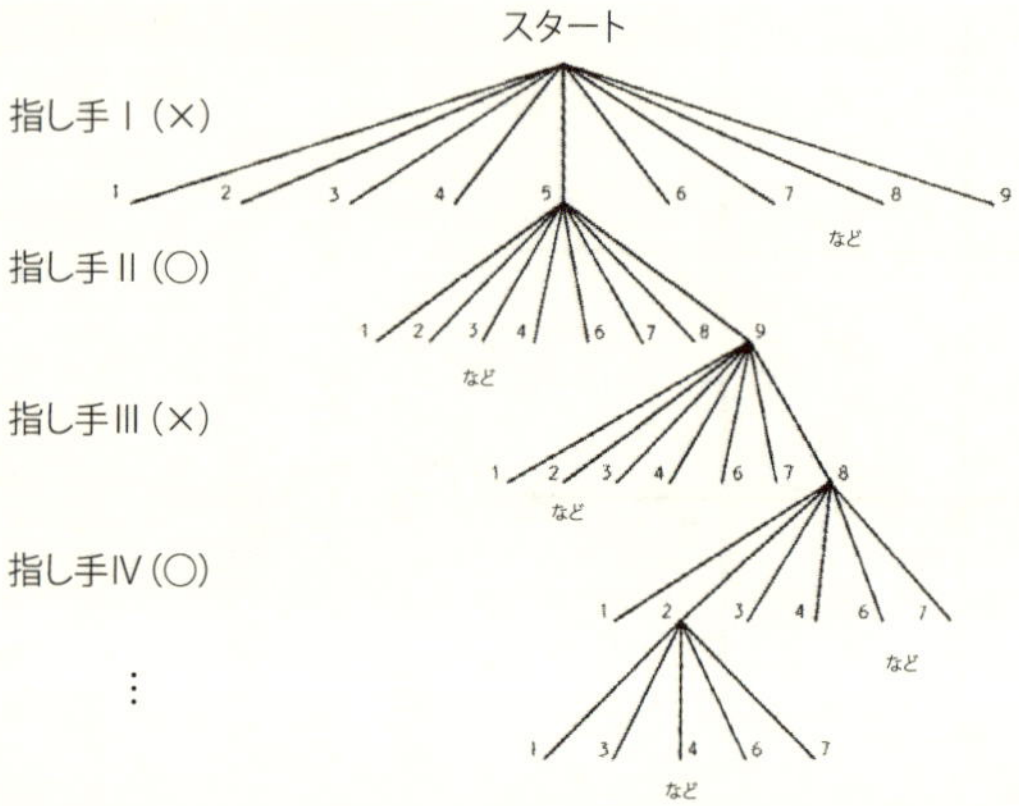

図6・3

と、コンピュータにはまず九通りの可能な指し手がある。このそれぞれの指し手に対して、○をもつ相手には八通りの可能な指し手がある。そしてそのそれぞれに対して、コンピュータには今度は七通りの可能な指し手がある、等々。ごく単純な計算により、ゲームのマトリクスを埋める仕方は9×8×7×…×2（＝9! = 362,880）通りある。（たいていのゲームはマトリクスが埋め終わる前に、三目の列ができた時点で終了するので、実際には可能なゲームのあり方はこの数よりもやや小さい）。これらの可能なあり方はゲームツリーの形で表現できる（図6・3）。

　このゲームツリーはあまりにも大きいので、ここではその一部を示すことしかできないが、適切にプログラムされたコンピュータにとっては、すべての枝を速やかに探索し、各枝が最終的に×側にとって勝ち、負け、引き分けのいずれになるかを決定することは、十分に可能である。この最終的な結果の情報を参照して、以下のように、ゲームの展開の各段階でどの指し手を選択すべきかを決定することができる。×側が直面するツリーの枝において、そのつぎの指し手で○側が勝ちとなるような指し手、つまりゲームを終わらせる手がある場合、その枝は「悪い枝」だと言うことにしよう。そして×側がいま直面する枝において、そのつぎの指し手で○側が×側に悪い枝しか残さないような指し手がある場合、そのような枝もまた悪い枝だと言うことにしよう。この再帰的な定義があれば、コンピュータは最初に末端の悪い枝をすべて見つけだし、そこからツリーを遡っていくことで、悪い枝をすべて見つけだすことができる。そしてコンピュータが実際のゲームの各段階で、それが見つけだした悪い枝を決して選ばず、また、引き分けよりも勝ちの指し手をつねに選ぶようにプログラムされれば、コンピュータは絶対に負けないだろう！　そのようなコンピュータを敵にして望みうることはせいぜい引き分けであり、それゆえそのようにプログラムされた二つのコンピュータがゲームを行うと、結果はつねに引き分けになるだろう。

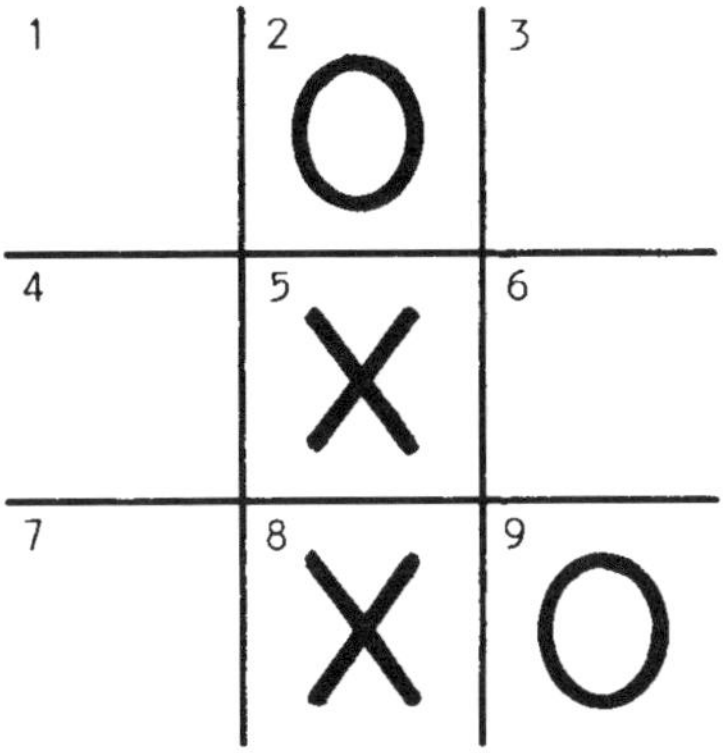

図6・4

以上の点を簡単な例で示してみよう。×—5、○—9、×—8、○—2、×—7、○—3、×—6、○—1という特定のゲーム列を考察してみよう。そしてこの列の四番目のあとの段階、すなわち図6・4に示した盤面のその後を取り上げて検討してみよう。

もしよろしければ、残りの四つの指し手を書き込ん

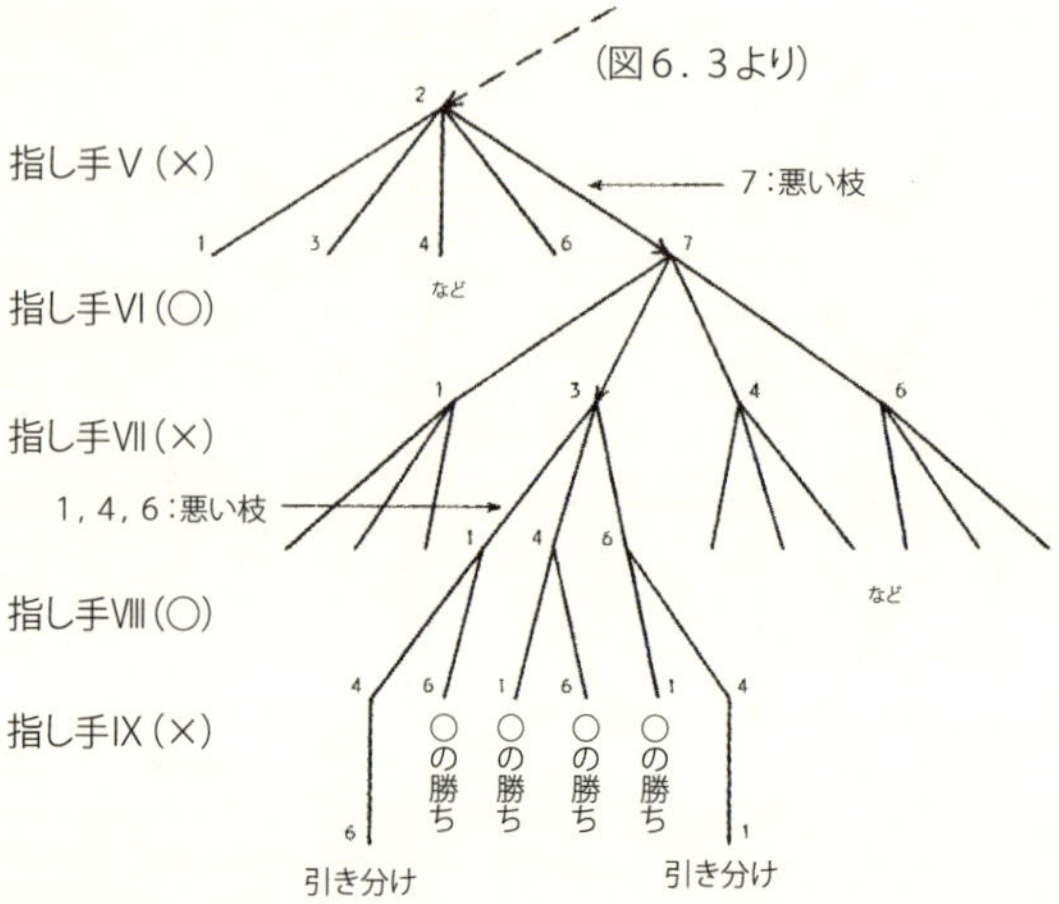

図6・5

でいただきたい。そうすれば、×側の負けを見届けることができるだろう。さて、指し手Ⅳにおける○側の手から展開する探索ツリーの部分（図6・5）を見ると、なぜ×側が指し手Ⅴにおいてマス7を選ぶべきでなかったということがわかる。そこからは、○側には、×側に悪い枝しか残さないような指し手がある。その理由はつぎのとおりである。まず、×側は指し手Ⅶでマス1か4か6を選ばなければならないが、いずれも○側につぎの手で勝ちになる指し手がある。したがって、この三つの手からの枝は悪い枝である。それゆえ、指し手Ⅴでのマス7からの枝もまた×側にとって悪い枝である。この枝は、○側につぎの手で×側に悪い枝しか残さないようにすることを可能にする。こうして私たちは×側が指し手Ⅴでマス7に行くべきでないということを理解できる。ツリーの探索を行うようにプログラムされたコンピュータもそれを理解することができ、それゆえいま探り出した誤りを回避できるだろう。そしてツリーのどこであれ、他の誤りもすべて回避できるだろう。

こうして求めていたコンピュータがここに得られたことになる。このコンピュータは適切にプログラムされることにより、目標（勝つか、少なくとも引き分けるという目標）をもち、自分の置かれたそれぞれの状況で複数の反応を行うことができ、そのうちのどれが目標を達成するのに最善かという問題を解決する手続きをもっている。（同等に良い二つ以上の選択肢がある場合は、そのうちの最初のものを選ぶようにするか、あるいはランダム化するサブルーティンを用いて「コイン投げをする」ようにコンピュータに指示することができる。）

これまで述べてきたやり方は、問題解決への力まかせ（brute-force）アプローチとよばれるものである。力まかせアプローチでは、コンピュータは問題の基本的な記述から関連するすべての可能性を網羅する探索ツリーを作り上げ、解となる特定の枝をしらみつぶしで探索する。これはしらみつぶし先読み（exhaustive look-ahead）とよばれる。解のある問題（すべてがそうであるわけではない）に対しては、十分な「力」が与えられれば、このアプローチはきれいに問題を解決する。それは最善の指し手を見つけるための実効的な手続き、すなわちアルゴリズムになっているのである。

ここで「力」というのは、機械の処理速度とメモリ容量を意味する。それはツリーを作成し探索する力である。残念ながら、真の知能が取り組んでいる問題の多くは、現在の機械と力まかせアプローチでは太刀打ちできない探索ツリーを含んでいる。三目並べでさえ、さきほど述べたやり方は高い処理速度と大きめのメモリを必要とする。少し複雑なゲームになると、力まかせアプローチは急にだめになる。

チェスを考えてみよう。チェスは間違いなく複雑なゲームだが、人間が日常的に行っている社会的「ゲーム」に比べれば、それほどではない。チェスでは、平均すると、競技者はまず三〇ほどの指し手のなかから一手を選ばなければならない。その一手が指されると、相手はつぎにやはり三〇ほどの指し手が可能である。そうすると、最初の二手だけで、およそ30^2（＝900）通りの可能な組合せがある。一回のゲームが平均して、先手と後手それぞれおよそ四〇手、合計およそ八〇手で終わるとすると、三〇の八〇乗、すなわち10^{118}通りの可能な異なるゲームがあることになる。したがって、チェスのゲームツリーは約10^{118}個の枝をもつことになる。これはとてつもなく大きな数である。一〇〇万台のコンピュータがそれぞれ毎秒一〇〇万個の枝を調べたとしても、全部のツリーを調べるのに10^{100}年かかることになろう。チェスに対しては、力まかせアプローチは明らかにだめであろう。

ここで直面している問題は組合せ爆発とよばれる。これは、チェスのプログラムの場合、最善手を見つけるアルゴリズムを使うというわけにはいかないことを意味している。チェスのプログラムはヒューリスティックスの手続き（heuristic procedure）に後退せざるをえない。すなわち、それはたんに有望であるにすぎない指し手をそうでない指し手から区別する「経験則」、それゆえ誤る可能性のある「経験則」を使用せざるをえないのである。このような使用がどのように行われるかを考察してみよう。コンピュータが最後の八〇手先まで読むのではなく、どの段階でも、たとえば四手先（先後二手ずつ）だけ読むようにプログラムを書くとしよう。そうすると、探索ツリーはかなり小さくなって、わずか30^4すなわち八〇万個の枝になる。これは既存の機械がまずまずの時間で探索できるくらい小さい。しかし、この場合、最終的な勝ちを探索できないとすると、コンピュータは何を探索するのだろうか。ここでプログラマーがコンピュータに与えようとするのは、一群の中間目標である。これらの目標は、(a)コンピュータが実効的に見いだすことができ、(b)繰り返し達成されれば、それによって最終的な勝ちが達成される可能性がそれなりにあるような目標である。

たとえば、特定のコマを取られることに対して、その損失を表すために、そのコマの価値に応じた一定の数を割り当てることができるが、そのようにすると、コンピュータは相手とのどんな可能なコマのやりとりに対しても、どちらがどれだけの価値のコマを取られたかに応じて、全体的な正または負の値を割り当てることができるようになる。その結果、コンピュータは各コマへの不変の価値の割り当てによって、指し手の選択について適切な手がかりを得ることができるようになる。また、コンピュータはそのコマに「中央の支配」をさせる（つまり盤の中央の部分に利くようにコマを配置する）ことに対して一定の正の値を割り当てることによって、指し手の選択を方向づけることができる。さらに、相手のキングを攻める手は最終的な勝ちに必要だから、その手には付加的な価値を与えることによって、指し手の選択を導くことができる、等々。

コンピュータが可能な指し手に対して、これらの要素をすべて考慮した総合的な価値を算出し、その価値がもっとも高くなるような手を選択するように、プログラムを書くことができよう。こうして、コンピュータに少なくともチェスの対局に見えるようなゲームを行わせることが可能である。力まかせアプローチでは、作業の膨大さにコンピュータが麻痺してしまうから、ゲームを行わせることさえ不可能である。

実際、このようなヒューリスティックスや他のもっと巧みなものを用いるチェスのプログラムが書かれてきた。これらのプログラムは少数の名人級の熱中者を別にすれば、どんな人でもこてんぱんにやっつけてしまうし、名人級の人とでもかなりの戦いをする。（もっと簡単なプログラムだが、それでもなかなか手強いものがここ数十年間、「電子チェス」として商業的に売り出されている。）このような精緻に調整された振る舞いは、人間的な知能の水準からしてもなかなか印象的である。ヒューリスティックスに導かれた先読みは不可謬ではないかもしれないが、それでも非常に強力でありうるのである。

学習

つぎに指摘しなければならないのは、この種のプログラムがふた通りの仕方で学習を行うことができるということである。第一のもっとも簡単な学習は、すでに達成した解決をただメモリに保存するというだけのものである。同じ問題にふたたび直面したとき、もう一度骨を折ってそれを解決するのではなく、メモリからただちに解決をよびだして直接利用することができる。教訓は、いったん学習されると、記憶されるのだ。こうして最初はたどたどしかった目標行動も、円滑で迷いのないものになる。

第二の学習の仕方は、たとえば、ヒューリスティックスに導かれるチェスのプログラムが行うような学習である。コンピュータが自分の勝ちと負けの割合を記録し続けるようにプログラムを書いておけば、ひどい率で負けているのがわかったときに、コンピュータにいくつかのヒューリスティックスに対して新たな重みを付けてみるようにさせることができる。たとえば、「相手のキングを攻めよ」というヒューリスティックスに対して最初に過大な重みが与えられており、相手のキングに繰り返し神風特攻を行うせいで、コンピュータがいつも負けを喫しているとしよう。このような負けに気づいたとき、コンピュータはこのヒューリスティックスの重みを順にいろいろな値に調整してみて、勝ちと負けの割合が良くなるかどうか、そしていつ良くなるかを見極めることができよう。重みが大きすぎたこのヒューリスティックスはやがてその重みを下げられ、コンピュータの戦いの質は向上するだろう。あなたや私と似たような仕方で、コンピュータはより良い戦いをするように学習するのである。

この二つのやり方から学習が生じることは明らかである。しかし、ふつう学習とよばれるものには、獲得した情報のたんなる保存には尽きないようなはるかにもっと多くのことが含まれる。いま挙げた二つのやり方のいずれにおいても、機械は最初のプログラムによって提供されたのと同じ概念／カテゴリーの枠組のもとで「学習した」情報を表現している。つまり、どちらの場合にも、機械（あるいはプログラム）は入力情報を分析し操作するための新たな概念／カテゴリーを生み出してはいない。それは古いカテゴリーを操作して、それらのさまざまな組合せを形成することはできるが、このようなもともとの枠組のなかでの組合せ活動を超えた概念的革新は見られないのである。

これはきわめて保守的な学習形態である。その保守性は、生まれた赤ん坊が最初の二年間で経験する学習や、数世紀にわたって科学者共同体が経験する学習のことを考えてみれば、よくわかるであろう。この二つの学習過程にはいずれも、大規模な概念変化、すなわち古い概念枠組に完全に取って代わって真に新しい概念枠組が生成するという変化が生じており、その点に大きな特徴がある。このより深いタイプの学習は上述のより簡単なタイプのものよりシミュレーションないし再現を行うのがはるかに困難である。哲学者や論理学者、ＡＩ研究者は、まだそのような創造的な帰納的過程を理解するには至っていない。大規模な意味体系と体系的な知識ベースをうまく表現して、それらに内在する動的な過程からそれらの合理的な進化がおのずと現れてくるようにしなければならない。この進化はときに不連続性を含むような飛躍的な進化である。これはもちろん、ＡＩ、認知心理学、認識論、帰納論理にとって等しく未解決の中心的な問題である。

このようなことは機械にはできないと考えるべき説得的な理由はとくにない。結局のところ、ある「機械」はそれがかなり得意であるようにみえる。その機械とは、すなわち、脳である。脳がそれを行えるなら、一般目的用計算機もまた、適切にプログラムされれば、それを行えるはずである。ここでの問題は、機械の能力に内在的な限界があるという点ではなく、むしろ機械にシミュレートさせたいことを現在の私たちがまだ十分理解できていないという点にある。この問題については、次章で見るように、神経科学がＡＩに助け船を出すことができるかもしれない。

視覚

光センサを備えれば、適切にプログラムされたコンピュータは見ることができるようになるだろうか。光情報処理の簡単なレベルでは、答えはもちろんイエスである。かつては（つまりディスクやフラッシュメモリに原稿が保存されるようになる前は）、出版社は本の原稿を出版用の活字に組む過

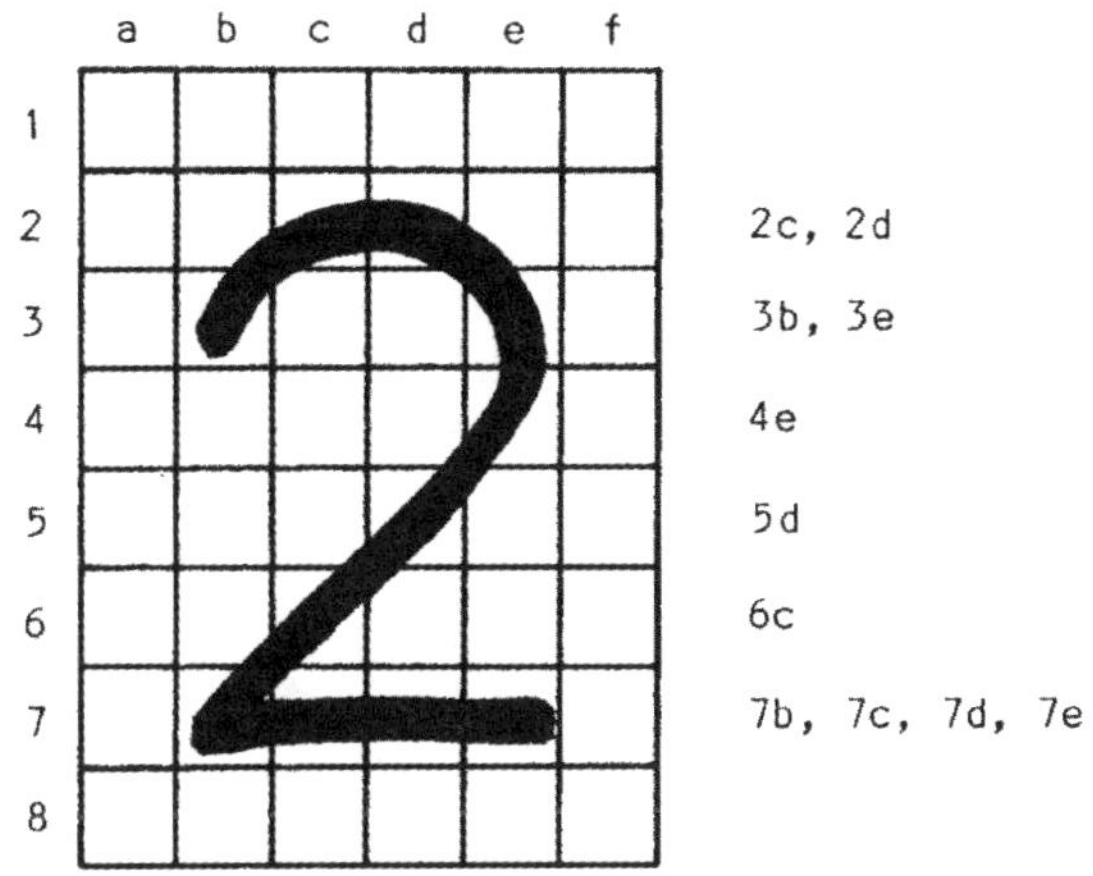

図6・6

程で、いつもそのようなシステムを利用していた。このシステムは文字認識を行うことができた。それは著者のタイプ原稿をひと文字ずつスキャンして、それが何の文字かを認識し、その情報をメモリに記録した。このようにしてそれは原稿を「読んだ」。そして別のコンピュータがその情報を用いて活字組み装置を走らせたのである。

文字認識スキャナは非常に単純である。まず、レンズ装置により各文字の白黒の像が光感受要素（画素）からなるグリッドに投影される（図6・6）。すると、グリッドの各要素はこの投影された像によって大部分がおおわれたものとそうでないものに分かれ、おおわれた要素を集めれば、元の文字が何かが特定される。つぎにスキャンを行う装置がおおわれた要素のコード化されたリストをコンピュータに送る。コンピュータはそのリストをメモリにある多くの「標準」リストと比較する。これらの標準リストは一つの標準文字に対して一つある。この比較の過程はテンプレート照合とよばれる。この照合により、いま受け取った入力リストともっとも多くの要素に関して一致する標準リストが選び出され、スキャンされた文字が何であるかが決定される。そしてつぎの文字に移る。もちろん、すべては稲妻のような速さで行われる。

　このシステムが柔軟性を欠き、容易に誤りの餌食になるのは明らかである。変わった活字体の文字が入力されると、必ず読み間違いが起こる。また、顔や動物の像が入力されても、文字の場合と同じように処理されるので、それらもアルファベットや数詞として認識されてしまう。それでも、このような失敗は私たち自身の視覚系の明らかな特徴を彷彿させるものである。私たちもまた見たものをよく知っているカテゴリーや予想されるカテゴリーによって解釈する傾向があり、しっかり注意していないと、新しいものに気づかないことさえよくある。

　しかしながら、文字認識はマシンビジョンの到達点ではなく、始まりにすぎない。二次元の光点列で示されるデータだけを用いて、三次元空間にある対象が何であり、どこにあるかを認識するには、どうすればよいかというもっと一般的な問題を考えてみよう。二次元の光点列は強度アレイとよばれ、テレビのスクリーンはそのよく知られた一例である。それはさきほどの文字認識のグリッドと比べて、はるかに多くの要素をもち、各要素に段階的な値が割り振られるが、違いはただそれだけで、その本質は変わらない。

　私たち自身もまた強度アレイとして機能する網膜をもっており、網膜の特定の強度アレイに基づいて対象の特定の配列を見ることができ、容易にこの一般的な問題を解決することができる。私たちはふつうこの解釈の「問題」に気づいてさえおらず、それを解決する自分のなかの処理過程にも気づいていない。しかし、機械によってこのような能力を実現することは、ＡＩプログラマーにとってはたいへんな難題である。というのも、その能力は視覚系に備わる実質的な知能によって可能になっているからである。

この能力の実現が困難なのは、視覚表象がつねに際限なく多義的だからである。どの二次元強度アレイについても、多くの異なる外的状況がそれと完全に整合する。すなわち、異なる状況が同じに「見える」。たとえば、少し傾けた通常のペニー硬貨は実際に楕円の硬貨を真正面から見たときと同じに見える。どんな視覚システムも、生データを与えられたときに、もっとも本当らしい解釈を見いだして、情景の多義性を合理的な仕方で解除できなければならない。また、状況にはその複雑さに違いがある。ときには、「正しい」解釈を行うのに、システムが備えてさえいないような概念が必要となることもある。ここから、知能そのものと同様に、視覚能力にも程度差があることがわかる。そのため、幸いなことに、まずは程度の低い簡単な視覚能力から研究を始めることができる。

いま、つぎのようなテレビの静止画像を思い浮かべていただきたい。この静止画像には、いくつかの大きな箱が乱雑に積まれた様子が映し出されている。この画像において、反射光強度の急激な変化は各箱のエッジを表しており、そのような変化を検出できるプログラムはそこからいくつかの箱の線描画を構成することができる。プログラムはさらに、そこからエッジが交わってどう角／辺／立体ができるかを検出し、いくつの箱があるのか、そしてどこにあるのかを正しく見いだすことができる。このようなプログラムは平面でできた立体しか含まないような非常に人工的な環境では

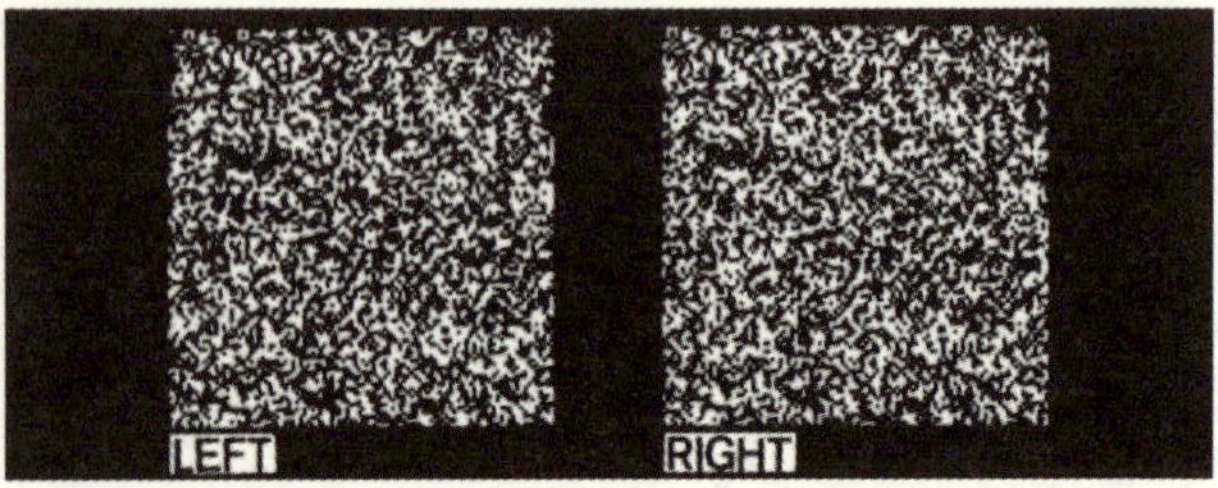

図6・7 D. Marr and T. Poggio, "Cooperrative Computation of Stereo Disparity" *Science* 194（1976）, 283-286. ©1976 AAAS より。

うまく機能する。しかし、その解像能力を超えるような多義性がまだまだたくさんある。たとえば、岩の多い浜辺や葉の生い茂った峡谷を提示されると、それはまったく歯が立たないのである。

もっと最近のプログラムでは、強度の連続的な変化、たとえば円筒や球から光が反射される場合のような変化に含まれる情報を利用して、はるかに広い範囲の対象について仮説を立てることができる。また、人工的な立体視の研究も行われている。二つの少し異なる位置から取られた一対の二次元強度アレイ（左右の網膜像のような対）のあいだの微妙な差異には、情景内の諸対象がどんな輪郭をもち、どのように空間的に配置されているかについて、決定的に重要な情報が含まれている。図6・7に示された立体視画像の対に含まれる三次元情報については、それを正確に復元するアルゴリズムがもうすでに作成されている。

この一対の画像のあいだに大きな封筒を垂直に立て、そのこちら側の端に鼻と額の中央を置き、左右の目に片方の画像だけが見えるようにしていただきたい。そのまま一、二分待つと、あなたの視覚系によって左右の画像が融合されて、一つの明確に焦点の合った像ができる（我慢が必要）。こうしてあなたは自分の非常に有能な「アルゴリズム」が見いだした三次元情報を見ることができる。（それが何かは自分で見いだしてほしい）。

マシンビジョンにいつも付きまとう問題は、視覚自体が知能を含むということである。どんな生物であれ、与えられた環境で何を見ることができるかは、その生物がどんな概念と知識をもっているかに大きく依存する。したがって、強力な人工視覚システムを創り出すためには、強力な知能を創り出すこと、つまり知覚処理を方向づけるための広範な知識をもったシステムを創り出すことが必要である。これは驚くべきことでも、また、とくに落胆することでもない。しかし、それはたしかに、どんな認知能力であれ、それをシミュレートするのに純粋に断片的なアプローチをとることには、大きな限界があることをよく示していよう。

自然言語操作

ある別の領域でも、研究者たちは十分豊かな知識ベースがないために挫折を強いられてきた。それは自然言語の理解・産出の領域である。いろいろな理由から、日常言語でコンピュータと会話できるのがたいへん望ましい。また、自然言語の操作はともかく人間の知能の一つの中心的な要素であるから、それだけでもうシミュレートする価値があると言えよう。文の構造に対する言語学者たちの洞察と、プログラマーたちの計算技術によって、英語の統語論的（文法的）構造を十分よく取り扱えるプログラムが生み出されてきた。そのようなプログラムはもっとも複雑な文法構造でさえよく扱える。しかし、意味論のほうははるかに問題が難しく、ほとんどうまくいっていない。とはいえ、たまたまだが、統語論的な操作だけで驚くほどのことができた事例がある。ELIZAというワイゼンバウムによる初期の有名なプログラムがそうである。このプログラムは患者と会話する精神科医の言語行動をシミュレートするものである。患者はキーボードからメッセージを画面上に入力することで会話を行うが、相手がコンピュータだとは知らない。以下の会話はそのようなやりとりの抜粋である。コンピュータの応答は太字で示している（Weizenbaum 1976 より）。

人間はみな同じようなものです。
どんなふうに。
いつも何らかのことでいらいらさせます。
一つ例を挙げてくれませんか。
ボーイフレンドが私をここに来させました。
ボーイフレンドがあなたをここに来させたのですね。
彼は、私がほとんどいつも落ち込んでいると言います。
落ち込んでいるとは、お気の毒です。
そうなのです。私は不幸です。
ここに来ることで、不幸から脱出できそうですか。
私には助けが必要です。それだけは確かなようです。

助けが得られたら、どうなると思いますか。

たぶん母とうまくやっていけるようになるでしょう。

ご家族についてもう少し教えてください。

母が私の面倒を見てくれています。

ご家族には他にあなたの面倒を見てくれる人がいますか。

父が見てくれます。

おとうさんですね。

あなたは私の父と似ているところがあります。

どんなところが似ていますか。

あなたはあまり攻撃的ではありませんが、あなたは私にそれを気づかれたくないのだと思います。

どうして私があまり攻撃的でないと思うのですか。

あなたは私と言い争いません。

私があなたと言い争わないのはどうしてだと思いますか。

私を恐れているからです。

私があなたを恐れているという考えは好きですか。

父は皆を恐れています。

おとうさんのことを考えると、他にどんなことが思い浮かびますか。

弱いものいじめ。

それはボーイフレンドがあなたをここに来させたことと何か関係がありますか。

……、等々。

この会話では、プログラムELIZAを走らせるコンピュータは、本当に会話を理解しているかのような不気味な印象を与える。しかし、実際は何も理解していない。コンピュータの応答は大部分、患者自身の文章から組み立てられたものである。この組み立てには、患者の文章を単純に変形したものや、その文章に含まれるキーワード（「落ち込んでいる」、「似ている」など）に合わせた標準的な質問が用いられ、これらの変形や質問はあらかじめコンピュータのなかに蓄えられていたものである。ELIZAは父や兄弟、不幸が何であるかをまったくわかっていない。それはこれらの概念をもっておらず、それらが何を意味するかを少しも理解していない。このことは、驚くべきことに、理解というものが多くの標準的な会話を「成功裏に」行うのにほとんど必要ないことを示している。

Siriとよばれる現在の「会話プログラム」（最近のiPhoneアプリ）はELIZAよりもはるかにすぐれている。それは音声で命令したり、話しかけたりすると、それに応答する（書字ではなく声のテンプレート照合が用いられる）。また、それはその地方のイエローページを参照することができ、それゆえ、どんな小売り専門店であれ、あなたが要求した店を教えてくれる。しかしながら、政治についてSiriにたずねると、それはすごすごと引っ込んでしまうであろう。

ようするに問題はこうである。人間のレベルで自然言語を本当に理解し使用するためには、人間が世界についてもっているのに匹敵するような包括的な知識が必要である（第3章3節で論じた意味の全体論的理論すなわち「ネットワーク理論」を思い出してほしい）。迅速なアクセスと適切な操作が可能になるような仕方で、そのような膨大な知識ベースをどう表現し貯蔵すればよいのかという問題はまだ解決されていない。これに関連して、もっと深い問題がある。それは、そのような包括的な知識がどのようにして獲得されるのかという問題である。どのようにして概念枠組全体が形成され、修正され、あるいはときにはもっと深い新しい概念枠組に取って代わられるのだろうか。また、概念枠組はどのようにしてその真偽の評価や、誤りに導きやすいかどうかの評価がなされるのだろうか。こうしたことがまだまったく理解されていない。しかも、ＡＩではほとんど、それへの取り組みさえなされていないのである。

これらの問題は、哲学者にとっては、帰納論理、認識論、意味論の伝統的問題である。また、心理学者にとっては、発達心理学と学習理論の問題である。これらのさまざまな分野が結集して問題の解決に当たることが不可欠であるように思われる。というのも、理解されるべき現象はこれまで出会ったいかなる問題にも劣らないほど、複雑で困難な問題だからである。もちろん、忍耐も必要だ。なぜなら、少なくとも一〇億年の進化の過程によって創り出されたものを数十年で創り出すことなど、とうてい期待できないからである。

おそらく読者はすでに気づかれているだろうが、これまで見てきたシミュレーションはいずれも自己意識の問題に取り組んでいない。おそらく視覚と触覚のセンサおよび高度なプログラミングにより、コンピュータは自分がやりとりする世界の「気づき」をもつようになるだろうが、自己意識についてはほとんど、あるいは何も実現されそうにない。これは当然だ。自己意識の本質が自分自身の認知過程の内観的な把握にあるとすれば、そのような認知過程がうまくシミュレートされるまでは、それらの認知過程の把握をシミュレートしようとする試みにはほとんど、あるいはまったく意味がない。意識的な内観を行うのに本当に値するような「自己」をAIが組み立てるまでは、自己意識への全面的な取り組みはおそらく先延ばしにしたほうがよいだろう。しかしながら、ある種の課題では、自己意識に関するある予備的な研究がすでに必要であることがわかっている。たとえば、固有受容感覚（proprioception、自分の四肢の位置に対する気づき）は自己知覚の基本的な形式であるが、明らかな理由により、コンピュータ制御のロボットアーム（すでに製造産業ではよく見られるもの）を作るには、アームの位置と運動を感知し、この情報をつねに利用できるような仕方で表現する体系的な方法をコンピュータに与える必要がある。これはおそらく、それだけで一つの原初的な形態の自己意識と言ってよいであろう。

最後に、「シミュレーション」という言葉に惑わされて、意識的知性の問題に対するこの総合的アプローチには、最初から成功の見込みがないと考えてしまわないようにしなければならない。というのも、このシミュレーションは可能なもっとも強い意味での機能的シミュレーションでありうるからである。人間の計算システムをモデル化しようとするAI理論家によれば、人間における計算手続きと機械シミュレーションの計算手続きのあいだには、それらの活動を支える物理的な基盤の違いを除けば，何の違いも存在する必要はない。人間においては，物理的な基盤は有機物質であり、コンピュータにおいては金属と半導体である。しかし、この違いは、血液型や肌の色、代謝特性に関する違いと同じく、意識的知性の問題とは何の関係もない。そのように（機能主義をとる）ＡＩ理論家は主張する。機械が私たちの内的認知活動を最終的な機能的詳細に至るまですべて本当にシミュレートできるようになれば、そのような機械に正真正銘の人格の身分を与えないのは、新たな形の人種差別にほかならないだろう。

ＡＩの支持者たちはこのように主張する。しかし、この研究プログラムには、「中国語の部屋」の思考実験とよばれる有名な批判がある。この批判は、人間と機能的に等価なものが人間とは異なる計算媒体で実現される可能性を否定しないが、そのような計算シミュレーションは、たとえ成功したとしても、人間がもっている本当の心的状態や理解を欠いた空虚な模型にすぎないということを示そうとする。

この思考実験はカリフォルニア大学の私の同僚であるジョン・サールが考案したものであり、彼は以下のように論じる。二つの郵便受けがあるだけの閉鎖された部屋を想像してほしい。この郵便受けの一つは、中国語の文章が書かれた紙を受け取るためのものであり、もう一つは、それに対する返答として新たな文章が中国語で書かれた紙を送り出すためのものである。部屋のなかには紙とペンが置かれた台所用テーブルがあり、そこに英語しか理解できない人がひとり座っている。彼は壁に貼られた巨大な「マシンテーブル」もしくは「命令マニュアル」のなかに書かれている命令に従って、一定の作業を行うことができる。この思考実験では、この人が標準的なコンピュータのＣＰＵに相当する。彼は中国語のどの単語も、どの字も理解できない。しかし、彼の仕事は自分には理解できない「入力」メッセージの各文を取り上げ、そこに含まれる漢字とその並び方を壁に貼られた巨大な命令マニュアルで調べ、該当箇所に書かれている英語の命令に従って新しい漢字の列を作成して新しい紙に書き、それを「出力用」郵便受けに入れることである。こうして、部屋の壁に貼られた命令マニュアルつまりプログラムのおかげで、英語しか理解できない人が自分の受け取った中国語のメッセージに対して適切な返答を中国語で作成することができるのである。この返答は部屋の外にいる中国語を話す彼の通信相手には理解できる。しかし、それは彼には理解できないのである。

このAIに関する思考実験によれば、英語を理解するプログラム実行者が、彼自身は中国語を一語も理解できないのに、中国語の文章で一貫した有意味な会話を行うことができるように、ある一定のプログラム（つまり命令マニュアル）を作成するということが可能なはずである。つまり、彼（あるいはむしろ、彼と壁の命令プログラムが合体したもの）は、流暢な中国語話者の会話能力をシミュレートできるはずである。しかし、たとえそうだとしても、部屋も、またそのなかのいかなるものも、中国語を一語も理解していないことは明らかである。サールはそう主張する。部屋のどの活動段階のいかなる状態も、中国語の意味論的内容すなわち中国語の意味をまったく示していない。部屋のなかの活動は意味なき文に対する意味理解なき統語論的操作に限られている。サールは、人間のどの認知能力に関するどんなコンピュータシミュレーションもそうなのだと言う。彼は、真の知能の本当のエッセンスを再現するためには、たんに生物脳の入出力特性をシミュレートするだけではなく、その実際の「因果力」を再生する必要があると結論づけるのである。

この結論に対しては、その「因果力」とはいったい何であるのかと問いたくなるだろう。しかし、サールはそれを知っているとは言わない。彼は自分の明らかに否定的な論点を提示するだけで満足する。もちろん、この論点に対してはＡＩ支持者たちから応答が試みられている。その一つによれば、ＣＰＵとして機能する部屋のなかの人がその人自身としては中国語を知らないとしても、部屋の全体的なシステムとそのすべての内容物を合わせたものは中国語を実際に理解するのだ、と主張される。また、これと関連して、全体としてのあなたが英語を理解するとしても、あなたの部分である脳のなかのいかなるニューロンも、またニューロンから構成される個々のシステムも英語を理解しないのだ、という指摘がなされる。しかし、ここでは、この問題に決着を付けないでおこう。というのも、次章で脳の実際の「因果力」を見るからである。

第7章
神経科学

1　神経解剖学——進化論的背景

地球の海面近くで、三〇〜四〇億年前に、太陽のエネルギーによる純粋に化学的な進化の過程によって、自己複製の能力をもつ分子が生まれた。この複雑な分子は周囲にある簡単な分子どうしのあいだでつぎつぎと結合反応を引き起こし、最終的にはそこから自分自身の正確な複製を生み出すことができた。この自己複製の能力は、数を爆発的に増やすことができるので、明らかに大きな利点である。しかしながら、この数の増加は周囲の分子スープに適切な小分子があるかどうかによって限定されるし、また、自己複製する前にこの英雄的な構造をもつ分子を破壊してしまうような力が環境内にあるかどうかによっても限定される。したがって、自己複製分子が互いに競争する場合、つぎのようなことができる特別な構造をもったもののほうが有利である。すなわち、たんにそれ自身の複製を生み出すだけではなく、自分を敵から守るような構造を形成したり、直接には利用できない環境内の分子を化学的に操作して必要な分子断片を作り出すメカニズムを形成したりすることができるような構造である。

このような構造をもっとも見事に実現したのが細胞である。それは内部の精妙な構造を守るために外側に細胞膜をもち、また外の物質を処理して内部の構造に組み入れる複雑な代謝経路を備えている。この複雑なシステムの中心に位置するのが、遺伝情報を担うＤＮＡ分子ないしその集まりである。ＤＮＡ分子は細胞活動の司令塔であり、さきの競争の勝利者である。このような分子がいまや地球を支配している。その目覚ましい成功により、競争相手はすべて一掃された。ただし、ウイルスは例外であり、それらだけが古いやり方を継承している。しかしながら、ウイルスも細胞の成功に寄生する形で生存しているのであり、それは細胞に侵入してそのなかで生きている。細胞の出現により、生命の標準的な見方に合致するシステム、すなわち自己維持、自己複製、エネルギー利用の三つの能力を備えたシステムが出現したのである。

意識的知性は生物の一側面であり、それゆえ生物進化の背景のもとで、その出現は理解されなければならない。ここでは、進化の過程が十分に進んでからの話、つまり一〇億年近く前に多細胞生物が出現したあとの話を取り上げよう。高度な知能には神経系が必要であるが、藻類やバクテリアのような単細胞生物は神経系をもちえない。なぜなら、神経系それ自体が多くの細胞からなる組織だからである。

多細胞生物（後生動物）の利点は、個々の細胞がそれぞれ専門的な生物的機能をもてることである。

ある細胞は頑丈な外壁を形成して、内部の細胞が外の海よりも安定し恵まれた環境を享受できるようにすることができる。また、内部にかくまわれた細胞はそれぞれ自分自身の専門的技能を発揮して、食物の消化、他の細胞への栄養の移送、さまざまな運動を生み出すための収縮と弛緩、重要な環境要素（食べ物や捕食者の存在）の感知などを行うことができる。このように組織化されたシステムは、そのどの部分よりも長命であり、いかなる単細胞の競争相手より自己複製に成功する確率がはるかに高い。

しかしながら、このような専門化した部分が互いに協調し合うためには、細胞間の情報伝達が必要であり、この重要な作業を行うためにはさらなる専門化が必要である。筋肉の収縮がうまく調節されて有用な移動や咀嚼、排泄が可能になるのでなければ、筋細胞をもっていても無意味である。感覚細胞の情報が運動系に伝達されなければ、そのような細胞は無用である、等々。化学物質による情報伝達はある種の目的には有用である。成長と修復はこのような仕方で制御され、メッセンジャー細胞が特定の化学物質を身体全体に放出し、特定の選ばれた細胞がそれに反応する。しかし、これはあまりにも遅くて非特異的な伝達方法であるため、多くの目的にとっては役立たない。

幸いなことに、細胞が伝達の仲介者になることができる。細胞は仲介者として機能するのに必要な基本的な特徴を備えている。大部分の細胞は、自分を包む細胞膜の外側の表面と内側の表面のあいだで、小さな電位差すなわち分極（polarization）の状態を保っている。しかし、細胞膜上のどの場所であれ、そこで適当な攪乱が起こると、突如、そこで脱分極（depolarization）が生じる。延々と並べられたドミノの列が順に倒れていくように、脱分極は細胞の表面に沿って一定の距離だけ広がある。この脱分極のあと，細胞は頑張って電荷を取り込み、元の分極状態に戻る。ほとんどの細胞では、脱分極パルスは短い距離で衰え消滅するが、そうでない細胞もある。この好都合な性質と、一部の細胞が非常に長く延びた形、最長では一メートルかそれ以上の長さの線維の形をしているという事実とが合わさって、長距離伝達システムの完璧な構成要素が得られる。すなわち、高速で長距離にわたって電気化学的インパルスを伝える専門化した神経細胞が得られるのである。

専門化はさらに可能である。ある細胞は外から物理的な圧力を受けると脱分極化する。また、別の細胞は温度に変化があると、さらに別の細胞は入射光に変化があると、またさらに別の細胞は他の細胞から適当なインパルスが届くと、脱分極化する。これらの細胞がその種類ごとにまとまりを成すようになると、感覚神経系と中枢神経系が出現してくる。こうして進化のドラマは新たな章を迎えることになる。

神経系の進化

制御システムとして神経系が出現したことは決して奇跡でもなんでもない。一つの制御システムがどれほど簡単に生物の種全体の特徴になりうるかを理解するために、海底に棲息する架空の巻貝のような生物種を考えてみよう。この種の生物は食物を得るために自分の殻から少し身体を出さなければならないが、十分満足したときや、外部の何かが直接接触してきたとき、たとえば、捕食者が襲ってきたときは、身体を引っ込める。このような触覚的な引込め反射があるにもかかわらず、この種の生物の多くは捕食者の餌食になる。というのも、まさに最初の接触のさいに多くが殺されてしまうからである。しかし、そうだとしても、この生物種の集団は捕食者の集団とほぼ均衡関係にあり、集団の規模は安定している。

この巻き貝のような生物種のどの個体も、たまたまその頭の後ろに帯状に並んだ光感受細胞をもっている。これはとくに驚くべきことではない。多くのタイプの細胞はたまたまある程度光感受的であり、この光感受性はいま考えている生物種が偶然もった特徴、つまり有益な働きをしない特徴である。さて、この生物種のある個体においてその最初のDNAに小さな突然変異が起こり、そのため皮膚表面と引込め筋肉を結び付ける神経細胞が通常より多くなったとしよう。そしてその結果、とくにその個体だけ、光感受細胞が引込み筋肉と結び付くようになったとしよう。そうすると、この個体だけが、周囲の明るさに突然の変化が生じると、すぐさま自分の殻に引っ込むようになる。

この一つの個体に発生したこの偶発的な特徴は、多くの環境においては何の意味もないだろう。それは何の働きもしないその個体だけの「逸脱」であろう。しかしながら、この個体が生息する環境においては、明るさの突然の変化は非常にしばしば捕食者が直接その頭の上を泳いだときに生じる。したがって、この変異した個体は捕食者に食われる前に安全に引っ込むことができる「早期警報システム」をもつことになる。こうしてこの個体の生存および繁殖の可能性は、そのようなシステムを備えていない仲間たちよりもはるかに大きくなる。そしてこのシステムの新たな所有は遺伝的変異によるものであるから、その個体の子孫の多くもそのシステムをもつことになる。したがって、子孫たちの生存と繁殖の可能性も同様に高まる。こうして明らかに、早期警報システムをもつという特徴は急速にこの生物種のあいだで大多数の個体に備わるようになる。ほんの小さな偶然の出来事から、大きな変化が起こるのである。

進化がさらに進むことが容易に想像できる。遺伝的変異がさらに起こって、光感受面が湾曲して半球の窪みになったとしたら、その窪みのどの部分に光が当たるかによって、光源と遮蔽物がどの方向にあるかの情報が与えられることになる。この情報は適切な方向への運動反応を可能にする。魚類のようなつねに動き回る生物にとっては、これは捕食者としても被食者としても大きな強みである。半球の窪みが広まると、それはさらに遺伝的に変化して、外部に面する針穴が一つあるだけのほぼ球形の窪みになることがある。このような針穴は外部世界の像を内部の光感受面に形成する。さらに透明な組織がこの針穴をおおうようになることがあり、最初は針穴の保護として、後にはより良い像を形成するためのレンズとして機能するようになる。その間、「網膜」における神経感応の向上（つまり神経細胞の集中）によって、より良い情報が神経系の他の部分に伝えられるようになる。このように簡単な利点をだんだん積み重ねていくことによって、「奇跡的な」眼が出来上がってくる。眼の進化を再構成した以上の話は、決してたんなる思弁ではない。いま述べた進化のどの段階についても、現存の生物のあいだに、その段階にある生物が見いだされるのである。

一般に、神経系の進化の歴史は、現在、三つの分野の研究に基づいてその再構成が進められている。すなわち、第一に、古生物の化石、第二に、比較的原始的な構造をした現存の生物、第三に、あらゆる生物の胎児における神経系の発達である。神経組織は非常に柔らかいので、それ自体は化石化しないが、化石動物の頭蓋骨と脊柱に見いだされる小室や通路、裂け目から古い脊椎動物（背骨をもつ動物）の神経構造を追跡することができる。これは大きさとおおまかな構造については非常に

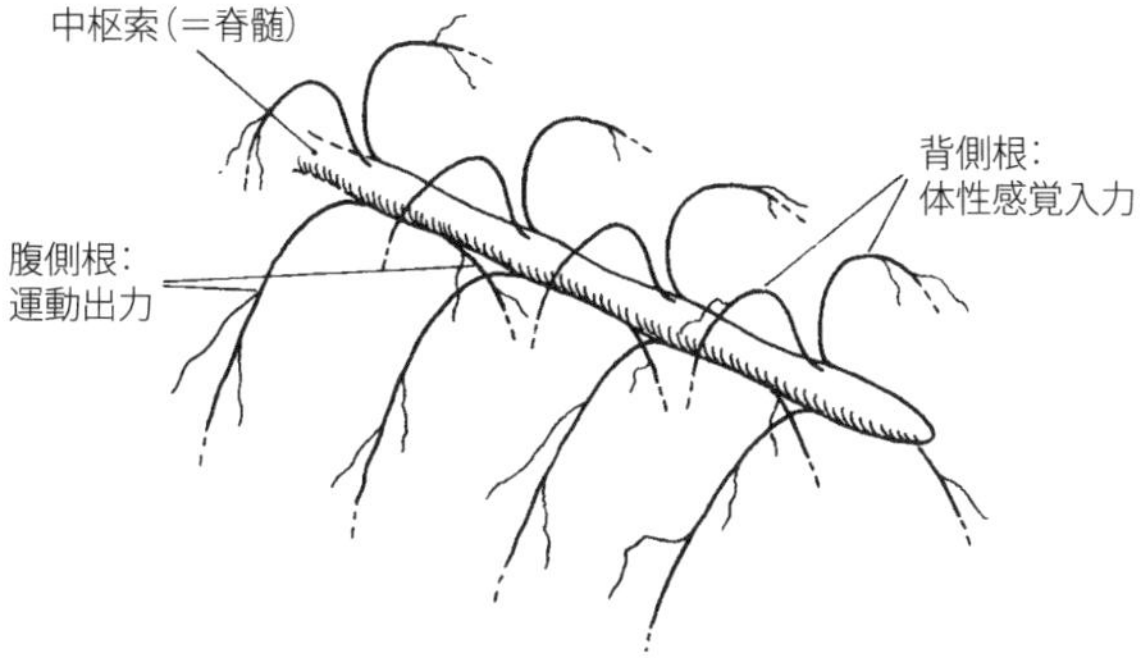

図 7・1

信頼できる研究である。しかしながら、詳細についてはほとんど何も得られない。詳細を知るには、現在の動物界を見なければならない。そこには、何億年、何十億年ものあいだ、ほとんど変化しなかったと思われる神経系をもつ何千もの生物種が存在する。ここで、「単純である」ということは必ずしも「原始的である」ということを意味しないが、この点に注意しながら、そのような研究から非常に信頼できる進化の「樹」が再構成できる。そしてこの二つの分野の研究を検証するのに、胎児の発達がおおいに役立つ。なぜなら、どの生物でも、その進化の歴史の一部（ただし一部だけだが）が、受精卵の分裂からその生物個体の誕生へと至る発達の過程――DNAによって導かれる過程――に書き込まれているからである。二つの研究を総合すると、以下のような神経系の進化の歴史が現れる。

もっとも原始的な脊椎動物は脊柱を走る細長い中枢神経節（細胞の束）をもっており、この神経節は二つの機能的かつ物理的に異なる神経線維によって身体の残りの部分と結合されている（図7・1）。その一つの体性感覚線維は触

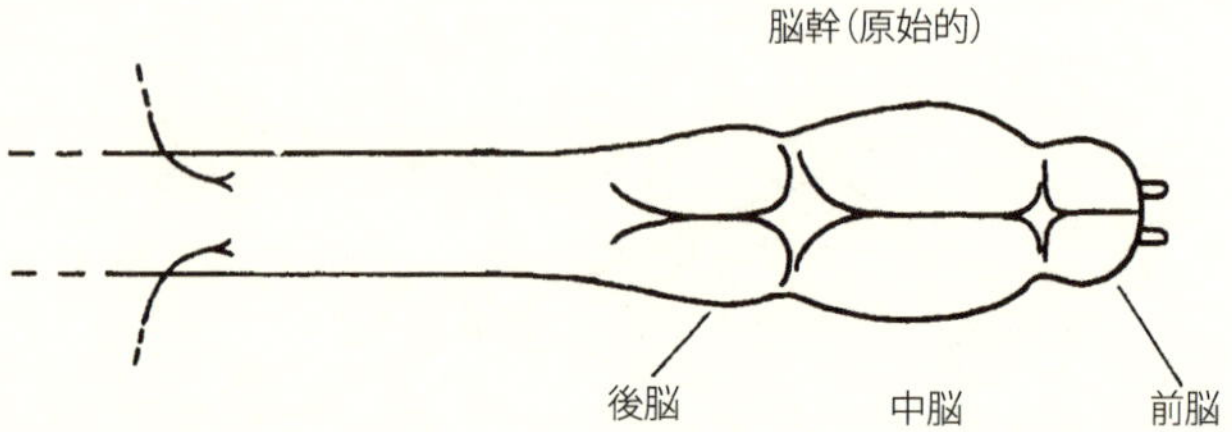

図７・２

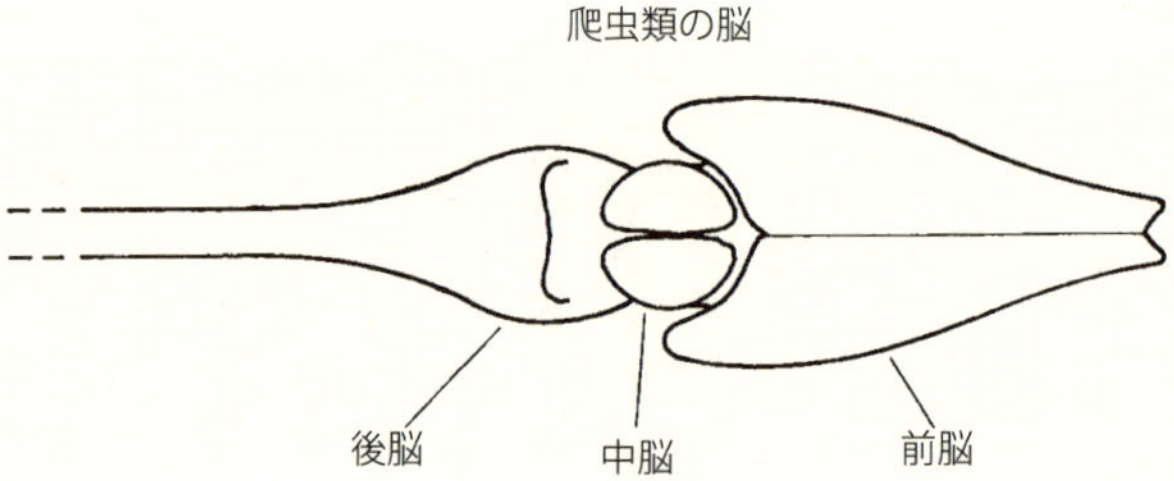

図７・３

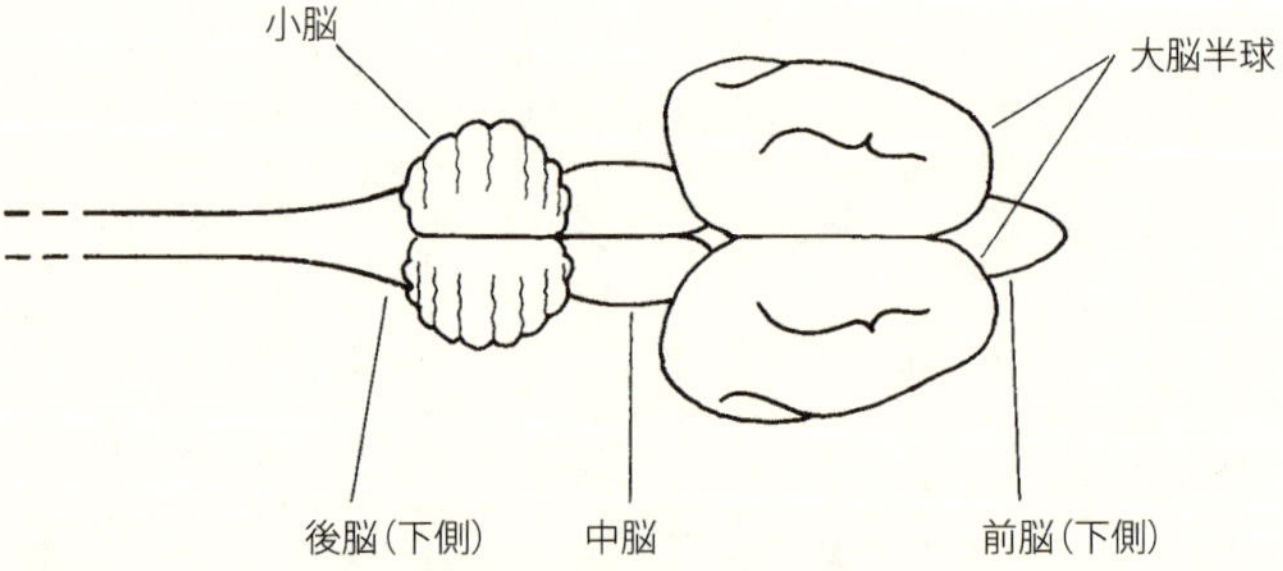

図７・４

覚と筋肉活動についての情報をその中枢索（＝中枢神経節）に送り、もう一つの運動線維はそこから命令インパルスを受け取って身体の筋肉組織に送る。中枢索自体は、身体の多くの筋肉を協調させて一貫した泳動を生み出し、感知した周囲の状況に合わせてその泳動を方向づける機能を果たす。この機能により、生物は触覚的な攻撃から逃走したり、空腹を満たすために探索運動をしたりすることができるようになる。現在のヒルのような単純な生物はまだこの段階にある。

後の生物では、この原始的な脊髄は前方の端が伸張し、そこに三つの膨らみが出来る。この三つの膨らみはその神経細胞の数と密度において新たな段階に達し、原始的な脳ないし脳幹となる。この脳は三つの膨らみに対応して前脳、中脳、後脳の三つに分かれる（図7・2）。小さな前脳の神経ネットワークはもっぱら嗅覚刺激の処理を行い、中脳は視覚と聴覚の情報を処理し、後脳はよりいっそう洗練された運動調整を専門的に行う。現在の魚類の脳はまだこの段階にあり、中脳がもっとも大きな部分になっている。

両生類や爬虫類のようなさらに進化した動物では、前脳が解剖学的に脳のもっとも大きな部分となり、嗅覚だけではなく、すべての様相の感覚を処理する中心的な役割を担うようになる（図7・3）。多くの動物において、脳の絶対的な大きさも増し、それとともに脳の神経細胞の絶対数も増す。脳はすでに複雑で準自律的な制御ネットワークになっているが、さらにいっそうその細胞数が増すのである。この脳の制御ネットワークは多くのことを行う必要があった。多くの恐竜は迅速に動く二足性の肉食動物であり、すぐれた視力によって遠方の獲物を追いかける。恐竜がその生態学的ニッチでうまくやっていくためには、高度な制御システムが不可欠である。

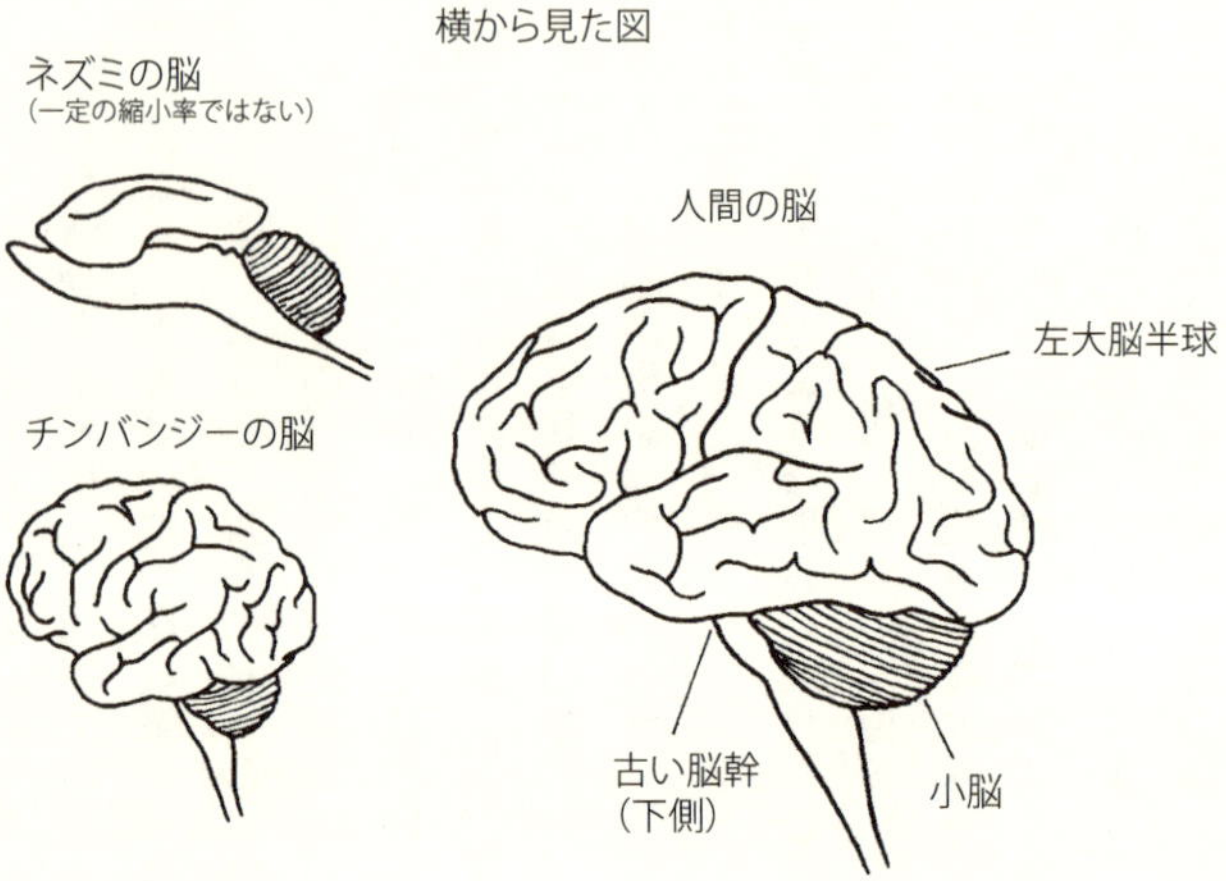

図7・5

早期の哺乳類の脳はさらにいっそうの分節化と専門化を示し、しかも非常に重要なことに、二つのまったく新しい構造をもつようになる。すなわち、大きくなった前脳の上部の両側に出来た大脳半球と、後脳の後ろに出来た小脳である（図7・4）。大脳半球は多くの専門化した領域を含み、各領域はたとえば、行動を開始するためのもっとも高いレベルの制御というような機能を担う。また、小脳はいろいろな対象が互いに動き回る世界において、さらにいっそう良い身体運動が行えるように、運動の調整を行う。大脳皮質と小脳皮質（とりわけ細胞体と細胞間の結合線維が密集する薄い表層）の神経細胞は、その数自体も、爬虫類のもっと原始的な皮質に見いだされる神経細胞の数より驚くほど多くなっている。この皮質の層（いわゆる「灰白質」）は、哺乳類では二倍から六倍もの厚さになっている。

典型的な哺乳類では、これらの新しい構造は目立ってはいるが、脳幹と比べてとくにサイズが大きいわけではない。しかしながら、霊長類では、少なくともパッと見たところ、それらは脳のもっとも大きなサイズの構造になっている。とくに人間では、じつに巨大になっている（図7・5）。古い脳幹がもはや大脳半球の傘に隠れてほとんど見えないくらいだし、小脳も他の霊長類に比べて著しく大きくなっている。私たち人間が他の動物から区別されるとすれば、その違いは人間の大脳と小脳の抜きんでた大きさ、神経細胞間の高密度の結合、およびその卓越した認知能力のうちに見いだされるにちがいないという思いを禁じることは、なかなか困難であろう。

2　神経生理学と神経組織

A　ニューラルネットワークの要素——ニューロン

構造と機能

インパルスを伝える細長く伸びた細胞についてさきに述べたが、この細胞はニューロンとよばれる。典型的なニューロンは図7・6に描いたような物理的構造をしており、入力用の多岐に枝分かれした樹状突起と、出力を伝えるための一つの軸索を備えている。（軸索は、図示の便宜上、折り曲げて描いている。）この構造はニューロンの主要な機能と思われるものを反映している。すなわち、他の多くのニューロンから与えられる入力を総合するという機能である。典型的な

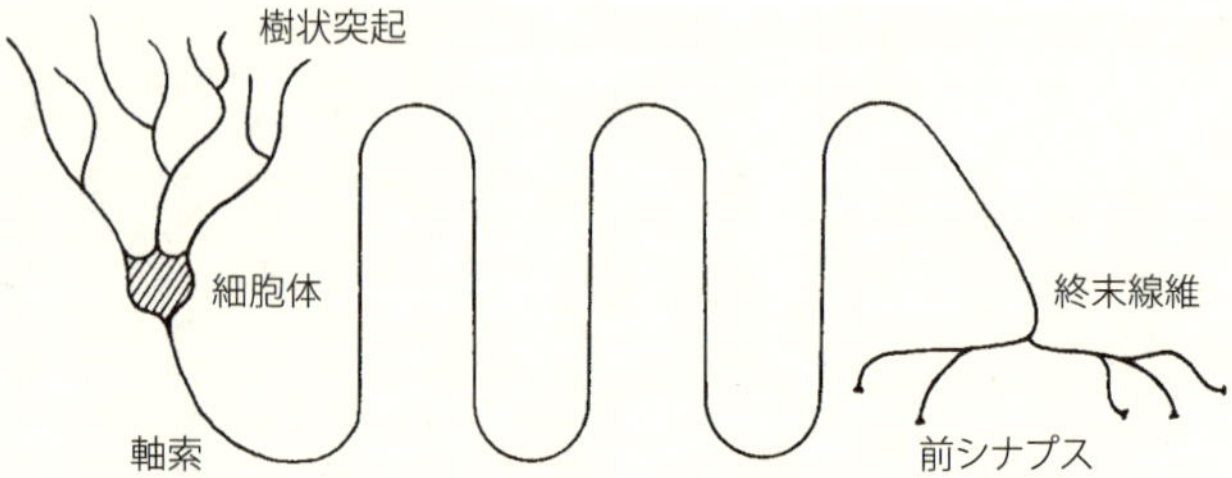

図 7・6

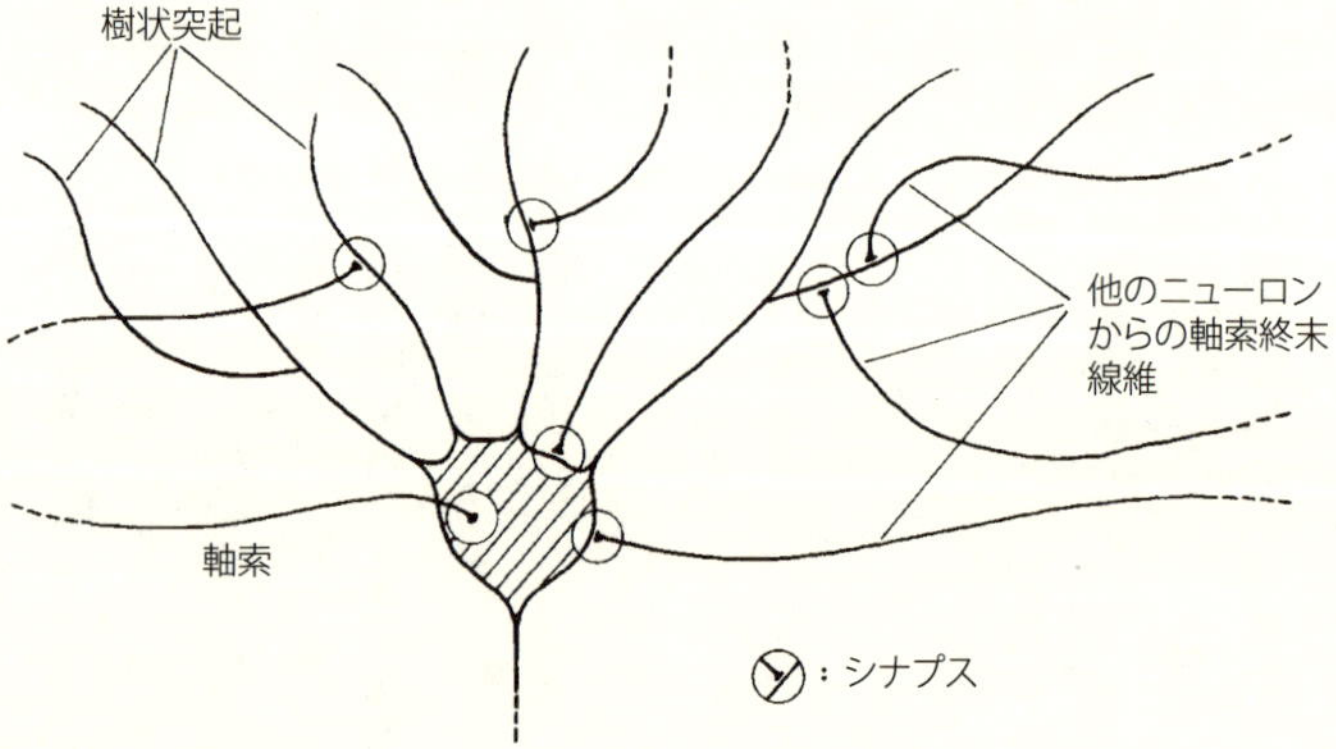

図 7・7

ケースでは、ふつう数千個くらいの他の多くのニューロンの軸索が、受け手のニューロンの樹状突起か、あるいはその細胞体そのものに接触している。この小さな接触部分はシナプスとよばれ、これを介して他の多くの細胞の活動が一つの細胞の活動に影響を与える（図7・7）。

この影響はつぎのような仕方で行われる。活動電位またはスパイクとよばれる分極パルスが軸索を伝わって多数のシナプス前終末に到達すると、それに促されて神経終末球が神経伝達物質とよばれる化学物質を小さな「シナプス間隙」に放出する。シナプス間隙というのは、伸びてきた軸索と受容側の樹状突起を分かつ間隙のことである。神経終末球から放出される神経伝達物質がどのようなものか、またその化学物質をシナプス間隙の反対側で受容する受容器がどのようなものかによって、シナプスは抑制性と興奮性の二種類に分かれる。

抑制性シナプスでは、シナプス間伝達により、小さな過分極、すなわち影響されるニューロンの電位上昇が起こる。このため、影響されるニューロンにおいて細胞膜が突然脱分極を起こしてスパイクを発火させ、そのスパイクが軸索を伝わっていくということが起こりにくくなる。

対照的に、興奮性シナプスでは、化学物質のシナプス間伝達により、影響されるニューロンにおいて小さな脱分極が起こり、電位が少し下降する。電位の下降が最小の閾値に達すると、ニューロンは突如、全面崩壊を起こして、出力スパイクを出し始め、それが軸索を伝わっていく。したがって、興奮性シナプスの場合は、影響されるニューロンが発火を起こしやすくなる。

各ニューロンはこの二つの要因の総合を行う。したがって、それは「発火せよ」入力と「発火するな」入力の競争の場だと言えよう。どちらの側が勝つかは二つのことがらによって決まる。第一に、興奮性と抑制性のニューロンの相対的な配置――それらの相対的な数とおそらく細胞体への相対的な近さ――が非常に重要である。一方の種類が優勢であることがよくあるが、そのようなニューロンにおいては、一方の反応に有利なようにあらかじめカードの束が「積まれている」ことになる。（ごく短い期間では、これらの多くのシナプス結合はそれぞれのニューロンにおいて比較的安定しているが、ときには数分のあいだに新しい結合ができたり、古い結合が失われたりするので、ニューロンの機能的性質にはいくらかの可塑性がある。）

受け手のニューロンの反応を決定する第二の要因は、シナプスから与えられる各種類の入力の時間的頻度である。二〇〇〇個の抑制性シナプスが毎秒五回しか活動しないのに対し、二〇〇個の興奮性シナプスが毎秒五〇回も活動するとすれば、興奮性の影響が優勢となり、ニューロンは発火するだろう。再分極後、ニューロンはまた発火でき、それを繰り返すことで、それ固有の有意な頻度で発火することになる。

関係する数値をここで記憶しておくとよいだろう。ふつうニューロンの本体（＝中央の細胞体）は数百のシナプス終末球の層の下にほとんど埋もれており、樹状突起は数千以上のシナプス結合をもつ。また、ニューロンは一秒の一〇〇分の一未満で静止電位に戻るので、一〇〇ヘルツ（毎秒一〇〇回）かそれ以上のスパイク頻度を保てる。単一のニューロンがかなりの能力の情報処理器であることは明らかであり、それゆえそれがデジタルコンピュータのCPUのなかの論理ゲートに比されるのも無理からぬことである。しかし、類似よりも差異のほうが興味深い。一つの論理ゲートは同時にたかだか二つの源から入力を受け取るだけだが、一つのニューロンは千を優に超える源から同時に入力を受け取る。論理ゲートは一定の規則正しい頻度、たとえば一〇〇万ヘルツで出力を発するが、ニューロンの出力は毎秒〇から一〇〇回の範囲で連続的に変化する。論理ゲートの出力は他の諸々のゲートの出力と厳密な調整が取れており、そうでなければならないが、ニューロンの出力はそうではない。論理ゲートの機能は一つか二つのバイナリ情報（オンとオフの集合）を別の一つのバイナリ情報に変形することであるが、ニューロンの機能は多くのスパイク頻度の集まりを別の一つのスパイク頻度に変換することであると言ってよいだろう。最後に、論理ゲートの機能的性質は固定されているが、ニューロンのそれには明らかな可塑性がある。なぜなら、一方では、新しいシナプス結合の形成やシナプスの結合の強さの増加が、そして他方では、古いシナプス結合の消滅や結合の強さの減少が、ニューロンの入出力関数を劇的に変えうるからである。このような変化は大部分、細胞自身のそれまでの活動によって引き起こされる。

　ニューロンはほぼ確実に情報処理装置であると言えそうだが、そうだとすれば、その基本的な作動様式は、いま見たように、デジタルCPUの論理ゲートが示すそれと非常に異なる。しかし、これは、デジタルCPUを適切にプログラムしても、それによってニューロンの活動をシミュレートすることはできないだろうということではない。おそらくそれはできるだろう。しかし、ニューロンの集団的な活動をうまくシミュレートするためには、ニューロンの可塑的な機能的性質についてもっと多くのことを知る必要があるし、ニューロン間の無数の結合についてもっと多くのことを考慮しなければならないのである。

ニューロンのタイプ

ニューロンはまず三種類に分かれる。運動ニューロン、感覚ニューロン、非常に多種多様な介在ニューロン（これは残りのすべて）である。一次運動ニューロンはほとんどすべて脊髄に見られる。それは軸索が直接、筋細胞にシナプス結合しているようなニューロンとして定義される。一次運動ニューロンの軸索は神経系のなかでもっとも長いものの一つであり、脊髄の深部から発して、脊椎骨のあいだにある腹側根（図7・1を参照）を出て、はるか遠方の末梢の筋肉に達する。運動ニューロンは二つの方法で筋肉の収縮度を上げる。一つは、個々の運動ニューロンのスパイク頻度を増やすことによってであり、もう一つは、同じ筋肉を神経支配するニューロンを次第に多く静止状態から活性状態にしていくことによってである。

感覚ニューロンは、神経系の外の世界の何らかの特徴を入力刺激として受け取るニューロンとして定義される。それは運動ニューロンより種類が多い。たとえば、網膜の受容細胞である桿体細胞と錐体細胞は、非常に小さくて、軸索と言えるほどのものはなく、また樹状突起もまったくない。それらはすぐ隣の層にあるもっとふつうの形態のニューロンとじかにシナプス結合している。それらが行うことは、ただ受容した光をその特性に応じて異なるシナプス事象に変換することだけである。これに対して体性感覚細胞は、運動ニューロンと同じくらい長い。その軸索は皮膚と筋肉から背側根（図7・1を参照）を経て脊髄に投射し、脊髄の深部で最初のシナプス結合を行う。その働きは、触覚・痛み・温度の情報や、筋肉の弛緩・収縮の情報——すなわち身体と四肢の絶えず変化する位置の情報——を伝えることである。他の種類の感覚細胞は、それがどんな物理的刺激に反応するかに応じて、それぞれ特有の性質をもつ。

中枢の介在ニューロンもその形や大きさが非常に多様であるが、その多様性はもっぱら樹状突起への入力と軸索からの出力に関係している。介在ニューロンの大部分は多極細胞とよばれるもので、細胞体から直接出る多くの樹状突起の枝をもつ。そのほかに、小脳のプルキンエ細胞のように、極度に多くの密集した樹状突起をもつものや、逆にまばらな樹状突起しかもたないものもある。多くのニューロンの軸索は脳全体にわたって投射を行い、遠方の非常に異なる神経集団とシナプス結合を行う。その他のニューロンの軸索は、密集したニューロンのあいだで局所的な結合を行う。

この密集した細胞体が相互に緊密に結合してできた層は皮質とよばれる。各大脳半球の外側の面は一枚の大きな紙のような皮質であり、もみくちゃにした紙のように深く折りたたまれていて、一定容量の脳のなかで最大の表面積を確保している。脳のニューロン間の結合はこの折りたたまれた領域で最大になっている。小脳の表面も皮質であり、脳幹にはその全体にわたって機能的に分化したいろいろな皮質的な「核」が存在する。これらの皮質は、脳の断面図では、灰色の領域（灰白質）として現れる。残る白い色の領域（白質）は、ある皮質領域から別の皮質領域へと軸索投射が行われているところである。脳はこのような投射によって、どのように全体的に組織化されているのだろうか。つぎはこの問題である。

B　ネットワークの組織化

人間の脳のような複雑なネットワークがどのように組織化されているかを探り出すことは、非常に困難な仕事である。多くの構造が見いだされてきたが、それと同じ数か、あるいはそれ以上の数の構造が、まだ隠されたままか、あるいは機能的に不透明なままである。ニューロン間の結合の大規模な構造については、特別な染料を用いて探り出すことができる。この染料をニューロンに注入すると、それは軸索を伝わって、末端のシナプス終末球に到達する。染色された領域の軸索が実際にどこに投射するかを知りたければ、死後脳の断面図をつぎつぎと作成すればよい。そうすると、染色された軸索が比較的無色の領域を通過していく様子と、最終的にある新しい神経集団のなかのある一定の領域に到達する様子が明らかになる。この技法（創案者にちなんでゴルジ染色とよばれる）により、脳のさまざまな皮質領域のあいだの主要な相互結合、すなわち一緒に伸びる何千、何万の軸索からなる「超高速道路」が明らかにされてきた。しかしながら、その位置がわかっても、必ずしもその機能が明らかになるわけではない。また、もっと小さな高速道路や側道もあり、それらは細かな組織のなかにさらにいっそう細かな組織を含むような構造をしていて、完全な把握を頑として拒む。

顕微鏡や薄片、他のさまざまな染色技法により、脳の微視的な構造が次第に明らかになりつつある。たとえば、大脳皮質には六つの異なる神経層があることが明らかになった。この六つの層は神経集団の密度、含まれるニューロンのタイプ、および他の皮質層との専用の（ふつう短い）結合によって互いに区別される。ニューロン間の伝達は、層のなかでも、また層と層のあいだでも、明らかにきわめて密である。詳細は複雑で不明であり、その特定の配列の意義もほとんど不明であるが、少しは明らかになったこともあり、それをしっかり理解することによって、もっと多くのことを明らかにするためにそれを利用できるだろう。いま述べた六層の構造は、大脳皮質全体にわたって完全に一様ではなく、層の厚さと密度が領域によって増減することがわかった。そこで、同一の構造をもつ領域をたどって、その境界を確定すると、五〇の異なる皮質領域に分かれることがわかった。これらの領域は、それを見いだしてその地図を作成した顕微鏡の達人ブロードマンにちなんで、ブロードマン野とよばれ、通常のすべての人間において共通である。

これらの領域はさらにどんな重要な意味をもつだろうか。それらは機能的性質についても、またより遠方の軸索結合についても、重要な意味をもつ。いくつかの顕著な例を簡単に見ていこう。

脳内の感覚投射

前述のように、一次体性感覚ニューロンは背側根を通って脊髄に入り、そのなかのニューロンと最初のシナプス結合を行う。このつぎのニューロンは脊髄をずっと上昇していって前脳の視床に達し、そのなかの腹側視床核とよばれる領域のニューロンとシナプス結合を行う。そして最後に、このさらにつぎのニューロンは大脳半球に向かい、隣接する三つのブロードマン野の領域として明確に区分される皮質領域に投射する。この領域は体性感覚皮質とよばれる。そのそれぞれの部分が損傷すると、その部分に対応する身体部分の触覚および内受容感覚が恒久的に失われる。また、こ

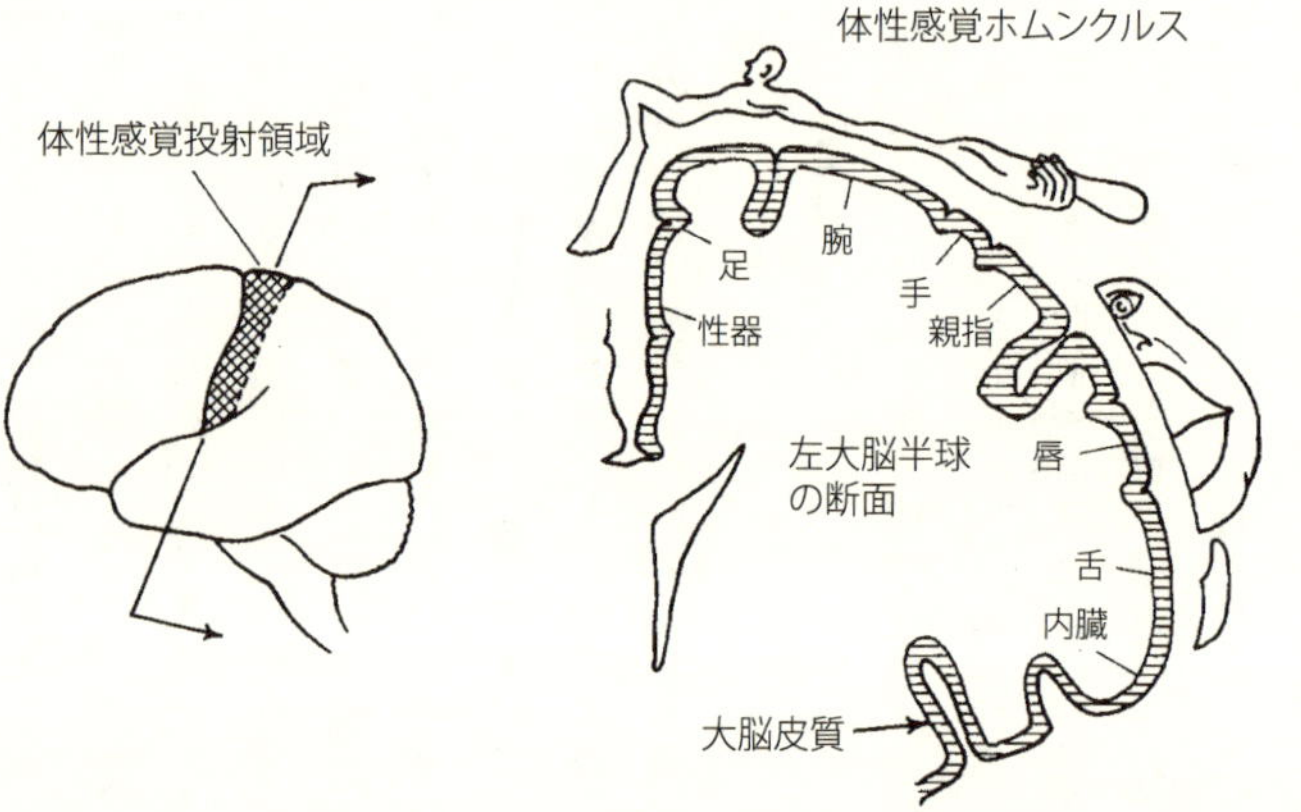

図7・8

の領域のニューロンを電気的にちょっと刺激すると、身体の対応する特定の部分に「位置した」鮮明な触覚的感覚が生じる。（体性感覚皮質に問題が生じたとき、それを治療するために脳の外科手術が行われることがあるが、そのような手術はこの皮質を探索する絶好の機会を与えてくれる。手術のあいだ、患者がはっきりした意識をもっていることがあり、そのような場合には、刺激の結果、どんな感覚が生じたかを患者が口で述べてくれる。）

実際、体性感覚皮質は身体全体の局在地図（topographic map）とよばれるものを作り上げている。というのも、そこにおける解剖学的に種類の異なるニューロンの空間的な配置は、元の身体の各部分を体系的に投射したものになっているからである。左右の半球はそれぞれその反対側の身体を表している。図7・8の片方の半球の断面図は、この体系的な投射を図示したものである。皮質の各領域が表す身体部位は、その隣に描かれた歪ん

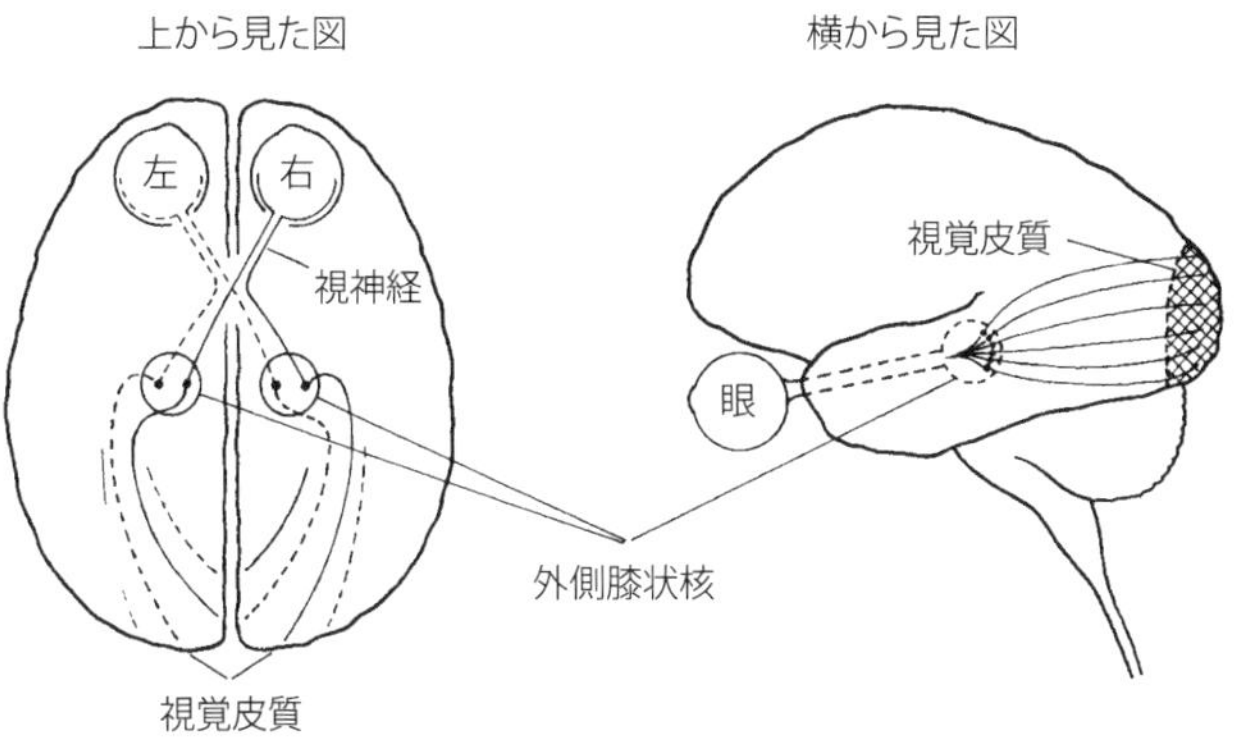

図７・９

だ生き物の身体部位によって示されており、大きく描かれた部位ほど、その部位からの入力を受け取る皮質領域のニューロンの数が多い。この歪めて描かれた生き物は「体性感覚ホムンクルス」とよばれる。

視覚系の組織と機能も、大脳皮質のブロードマン的構造と関係がある。眼を調べると、網膜の一次桿体細胞と一次錐体細胞のすぐ隣に、相互に結合した小さなニューロンの層があることがわかる。この層のニューロンは若干の初期的な処理を行い、その結果は網膜の後ろにある長い神経節細胞にシナプスを介して伝達される。この神経節細胞の長い軸索の束がお馴染みの視神経である。視神経は外側膝状核（ＬＧＮ）とよばれる脳の深部のある重要な視床領域に軸索を投射する。この領域は網膜表面の局在地図になっている。ただし、そこでは網膜の構造的かつ機能的な中心である中心窩が非常に大きく表現されている（つまり網膜の周辺と比べて拡大されている）という点で、量的な歪みがある。最後に、ＬＧＮのニューロンは、一次視覚皮質とよばれる大脳半球の最後部の表面にあるブロードマン野の一つに投射している。この投射は網膜の局在的な投射になっており、各半球が網膜表面の半分ずつを表している。しかし、視覚皮質およびその前段階での処理は、体性感覚系での処理よりも多くのことを行っており、視覚系はたんに網膜の刺激領域を表すのではなく、それ以上のかなり多くのことを表している。視覚ニューロンは多くの分化した集団に分かれ、それぞれの集団のニューロンはあるきわめて特定的な視覚特徴に反応する。処理階層の初期段階のある細胞は、それの「受容野」（＝それが反応を示す網膜のある部分領域）における明度の差異だけに反応する。しかし、この初期の細胞が投射するより高次のある細胞は、それの受容野のなかの特定の方向の線ないしエッジだけに反応する。さらに高次のある細胞は、特定の方向に動く線ないしエッジだけに反応する、等々。これはまさしく累積的情報処理システムであると考えざるをえない。

さらに他の微視的構造によって、両眼視のいろいろな特徴、とくに人間のもつ洗練された立体視すなわち三次元視覚を説明することができる。人間の二つの眼は空間的に少し異なる視点から外の三次元世界を見るので、左右の網膜に形成される世界の二つの像は互いに微妙に異なる。この差異は、二つの像に描かれたさまざまな対象が視覚者からどれくらいの距離にあるのかについて、詳細な情報を含んでいる。興味深いことに、左の像と右の像の差異は一次視覚皮質の表面に至るまでずっと忠実に保存され、そこにおいて遠方の対象については、その左右の像が完全に重なるが、近くの対象については、近くなるほど、左右の像のずれが大きくなっている。このずれは両眼視差とよばれ、一見、視覚的な混乱をもたらすだけのようにみえる。

しかしながら、視覚皮質全体に分散する一群のニューロンがあり、これらのニューロンはまさしくそのような左右の像のずれおよびそのずれの大きさに反応する。これらの「立体視細胞」が存在する領域は、その集団的な振る舞いによって、左右の像のずれが大きいほど、対象を近くにあるものとして表象する。その結果、よくご存じのように、外界の諸対象がさまざまな距離のところに存在するように見える。立体視細胞の集団的な振る舞いによって三次元視覚が可能になるのである。

この特定の神経配列を手本にして（著者の私が）人工ニューラルネットワークを作成した。このネットワークも左右の少しずれた像を入力として受け取り、コード化された視覚領域を出力として返す。この視覚領域は、外界の各対象をそれぞれの距離にあるものとして表現するように、適切にコード化されている。このネットワークは、AIに関する節で論じた視差計算プログラムとまったく同じ入出力行動を生み出す（一九六ページをふたたび参照して、最初は意味不明な立体視用の二つの像をもう一度見てほしい）。しかしながら、人間や動物の脳で実現される生物学的に実在的なこの種の神経配列は、プログラムされたコンピュータより何百倍も速く、鮮明な三次元像というお望みの認知的出力を与えてくれる。というのも、それは局所的な一致とずれ（何十万もある）に対して、一挙に同時に反応するからである。逐次的コンピュータのほうは、一つずつ、苦労して順に反応していくしかない。一九六ページの立体視用の二つの像をふたたび見れば、二つの像が一瞬のうちに「融合」し、隠された構造がただちに現れるだろう。対照的に、AIプログラムのほうは、その隠された構造を一挙にではなく、ゆっくりと徐々に復元していくのである。

生物の脳はふつう、それと同じ入出力機能をシミュレートするように設計された逐次的コンピュータよりも、はるかに速く認知機能を遂行できる。以上の話は、なぜそうなのかを鮮やかに示している。脳は一貫して並列分散処理（parallel distributed processing 略してPDP）とよばれる計算方法を使用する。この名称はとくにつぎの二つの事実を際立たせようとして考案された。すなわち、第一に、さきに挙げた網膜の視差情報が視覚皮質へ情報を伝えるニューロン群全体に分散しているという事実であり、第二に、この分散した情報がすべて同時に、つまり並列的にそのニューロン群全体で処理されるという事実である。必要な処理は「一挙に」なされ、それゆえミリ秒の範囲で完了する。コンピュータプログラムのように、長い逐次的な処理の最終的な結果として三次元構造が見えるのではなく、一瞬にしてそれが見えるのである。

遠心性の運動投射

脳の中心溝をはさんで体性感覚皮質の反対側に、運動皮質として知られるもう一つのブロードマン野がある。この領域も明らかに局在地図になっており、今度は身体の筋肉系の地図である。この領域の運動ニューロンを人為的に刺激すると、その刺激された部位に対応する身体の筋肉が動く。この局在地図に対応する身体部位の大きさを歪めて描いたもの、すなわち「運動ホムンクルス」を図7・10に示す。

これはもちろん、機能的な話のほんの始まりにすぎない。というのも、運動の制御には、よく調整された筋肉収縮の系列、しかも感知された身体部位のあり方ときちんと整合するような系列を生み出すことが必要だからである。そのために運動皮質は、脊髄およびそこを通じて身体の各筋肉に

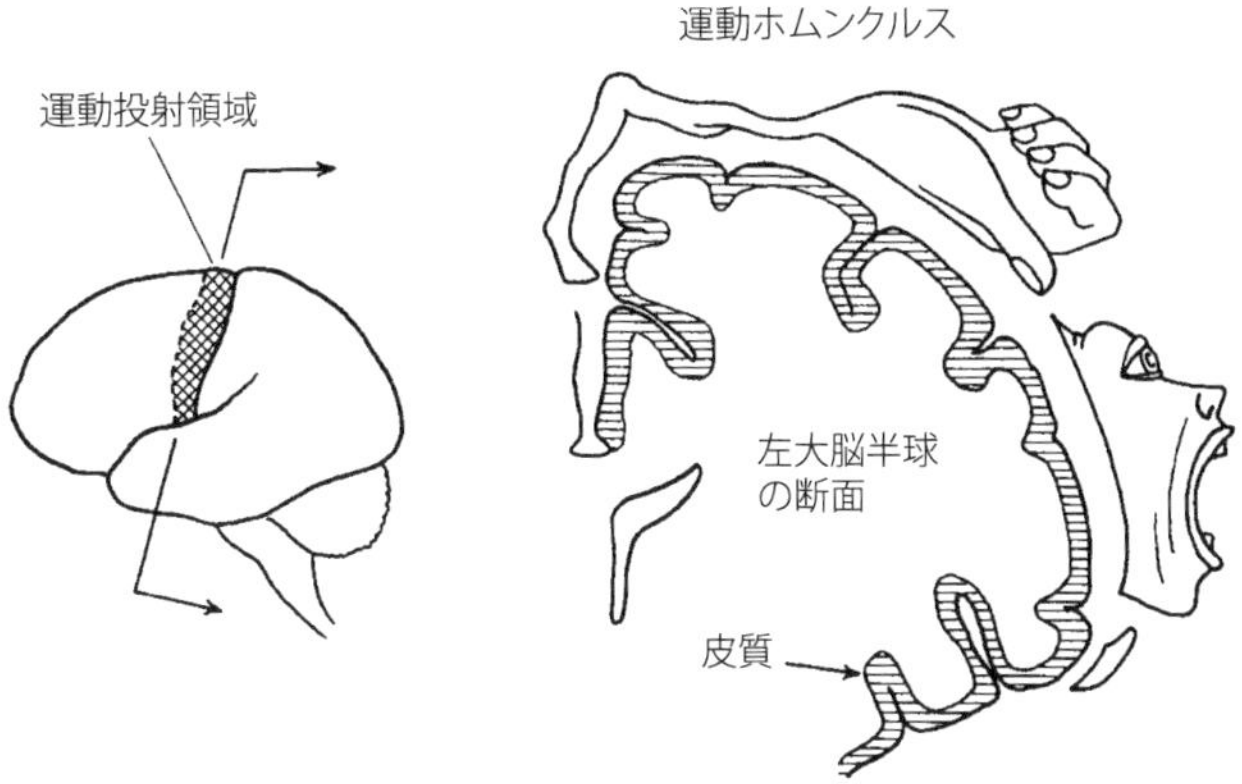

図7・10

軸索投射を行うだけでなく、小脳と大脳基底核にも軸索投射を行い、しかもこの両方と双方向的な投射を行っている。この双方向的な投射は、脳の中心的な位置を占める視床を通じておもに行われる。すでに述べたように、視床は感覚情報の源でもある。したがって、運動皮質は非常に広範な脳活動を統合する部位であり、その出力の一部は直接脊髄に行き、たとえば、単独で指の繊細な動きを制御したりするが、大部分は小脳と脳幹の下部における複雑な処理を経てから脊髄に入る。

　このような運動皮質からの出力は、もっと基本的な運動能力に対する高次の「微調整」として理解されなければならない。なぜなら、ほとんどの脊椎動物は、脊髄の神経組織だけで十分基本的な運動を生み出せるからである。たとえば、よく知られた例だが、ニワトリは首を切られても、数秒間、頭なしで当てもなく走り回る。小さな哺乳類でさえ、脳を実質的に切除されても、脊髄をちょっと電気的に刺激してやると、円滑な移動運動を行う。これは脊椎動物の移動能力が進化的に言っていかに古いかを示すものである。この運動は、原始的な脊椎動物がほとんど脊髄しかもたなかったときに、すでに出来上がっていたのである。その後、この基本的な神経機構にいろいろなものが徐々に付け加わっていくが、それらがすべていまも存続しているのは、その最初の運動能力に有益な微調整ないし賢い方向づけを与えたからである。運動皮質は、神経による運動制御の巨大な階層において、後から付け加わった高次の中心の一つにすぎない。この階層は、熱いストーブに触れた手をすぐさま引っ込めるといった簡単な運動を生み出す脊髄中心の単純な「反射弧」から、抽象的で長期の行動計画を定める最高次の中枢にまで広がる。

内部の組織化

脳はもちろん、感覚器官を通じて神経外の世界を監視する。しかし、その過程で脳はまた、それ自身の内部操作のいろいろな面も監視する。そして脳は神経外の世界に対して制御の力を発揮するが、それだけではなく、それ自身の内部操作のいろいろな面にも制御を及ぼす。脳の異なる部位のあいだの内部投射は豊かで多岐にわたり、脳の固有の機能にとって決定的に重要である。その良い例が「下降制御（descending control）」メカニズムである。さきに述べた視覚系の話ではとくに取り上げなかったが、脳の後部にある視覚皮質はじつは、図7・9に示したような軸索投射をLGNから受けるだけではなく、逆に視神経の最初の終末であるLGNへ膨大な数の軸索投射を返している。この「下降経路」の存在は、それを通じて視覚皮質がLGNに影響を及ぼし、上に送られる情報

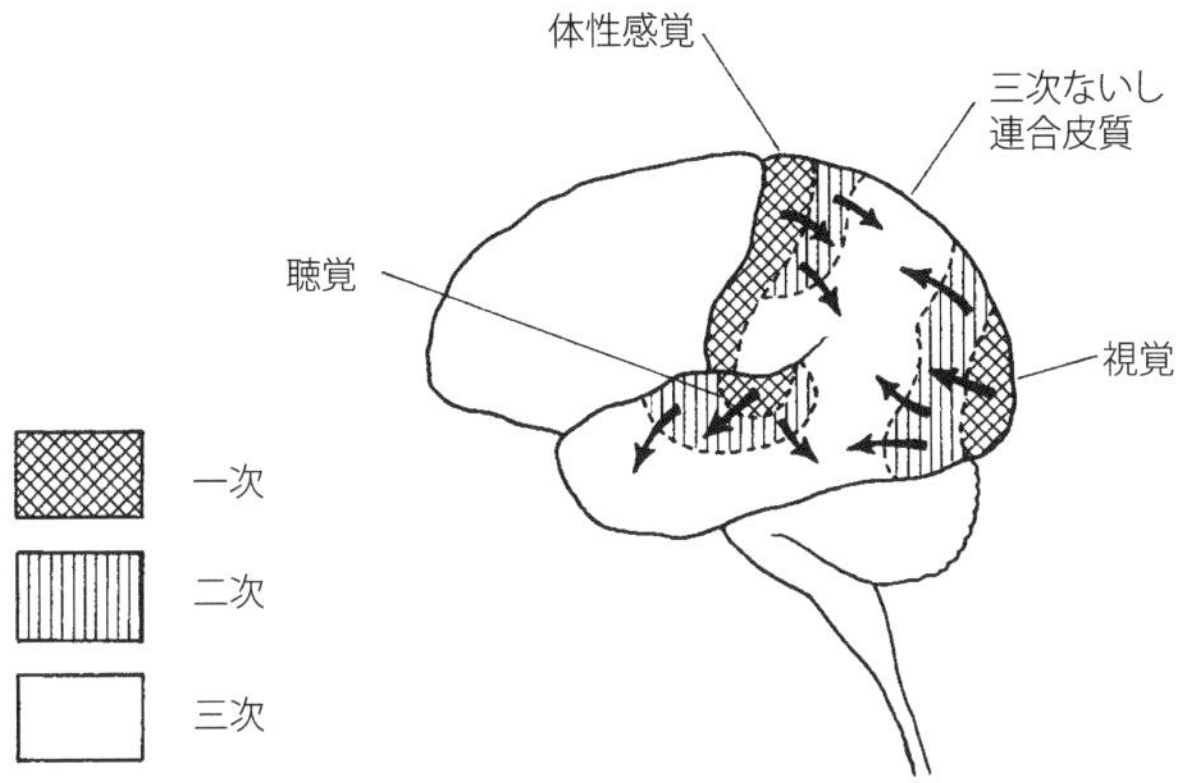

図7・11

を調整できることを意味している。つまり、視覚皮質は下降経路によって、おそらく元の網膜入力のある特徴を際立たせ、別の特徴を抑制することができるのである。こうして、脳の処理活動における即時的な柔軟性を可能にする能力が得られる。たとえば、注意を方向づけ、関連する資源を活用する能力が手に入るのである。下降制御経路（上昇経路と対比される）は、視覚系と発話処理を行う聴覚領域においてとくに顕著であるが、脳全体にふつうに見られる。

これまで述べてきた感覚領域やその他の感覚領域（これらも同様に他の末梢の感覚器官と結合している）のあいだには、非常に活発な大きな脳領域がある。さまざまなタイプの感覚皮質のあいだにあるいわゆる連合野は、まだよく理解されていない。また、大脳半球の大きな前頭領域もそうである。ただし、脳損傷の事例から、前頭領域が感情や衝動、計画的行動の能力に関わっていることは明らかである。

これらの領域の認知機能および他の領域との一定

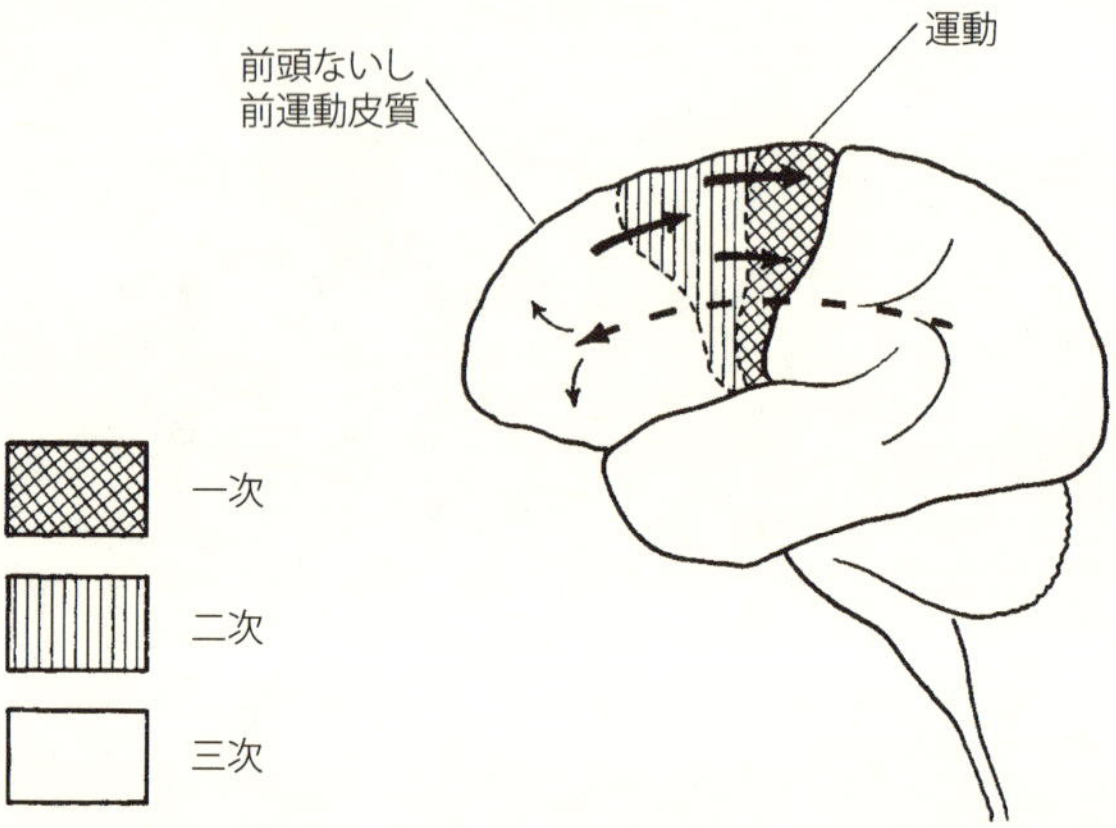

図7・12

の軸索結合におおまかな説明を与える仮説がある。図7・11を見ていただきたい。網目の領域は、体性感覚、視覚、聴覚の一次感覚皮質の領域である。このそれぞれの領域の隣に位置する三つの縦線の領域は、二次感覚皮質とよばれる。三つの感覚様相のいずれにおいても、一次皮質のニューロンは二次皮質のニューロンに軸索を投射しており、二次のニューロンは一次のそれよりも元の感覚入力の複雑で抽象的な特徴に反応する。二次皮質はつぎに三次または連合皮質とよばれる白い領域に軸索を投射する。連合皮質のニューロンは元の感覚入力のさらにいっそう抽象的な特徴に反応するが、この領域には視覚入力に反応する細胞、聴覚入力に反応する細胞、触覚入力に反応する細胞、この三つの組合せに反応する細胞が混在する。感覚入力に関する脳のもっとも抽象的で統合的な分析は、いくつかの感覚領域のあいだにある連合皮質で行われるようだ。

この脳の後ろ半分の「感覚」領域から前半分の「運動」領域へいくつかの軸索高速路が投射しており、三次運動領域とよびうる領域に達している。図7・12の白い前頭領域がそれである。この領域はもっとも一般的な計画および意図の形成を担うらしい。この領域のニューロンは二次運動皮質に投射しており、ここはより詳細な行為計画を考案する領域のようである。この二次の領域は最後に一次運動皮質に投射しており、ここは身体のさまざまな部分の非常に詳細な動きを決定する。

この全般的な仮説は脳の神経構造と整合的である。また、それは感覚に基づいて身体運動を制御するという脳の全体的な機能とも整合的であり、さらに脳のいろいろな部位における局所的な損傷によって生み出される非常に特異的な認知的欠陥に関する詳細な研究とも整合的である。たとえば、前頭葉の先端部に損傷が生じると、ほんの目先の簡単な実用的問題しか考えられず、将来のいろいろな可能性を考慮して、その違いを真剣に受け止めることができなくなる。

これまで描いてきた脳の全体的な組織化のされ方は古典的な見方に基づいているが、それは暫定的で過度に単純化された描像であることに注意していただきたい。最近の研究によれば、たとえば、網膜の局在地図はいくつもあって、皮質表面に散在しており、それらはそれぞれ脳の中心に位置する視床のなかのLGNから、あるいは視床の別の場所から異なる投射を受けている。上述の階層的な局在地図は脳の後ろの二次視覚皮質を頂点とするものであるが、それは視覚入力の異なる面を処理するいくつかの並行する系の一つにすぎない。この「古典的な」視覚系は視覚処理の主要な系かもしれないが、それには仲間の系があり、これらの系はすべて互いに作用し合っているのである。「体性感覚皮質」にも同じような複雑さがある。この皮質は、軽い接触、深い押し、四肢の位置、痛み、温度などの異なるタイプの体性感覚情報を処理するいくつかの並行する系の一つにすぎない。これらの異なる地図のあいだの機能的な差異を見いだし、その機能的な相互結合を突きとめる研究は、まだ始まったばかりである。そのようなことについての情報が得られるにつれて、知覚系がどのような込み入った、ときには思いもよらない働きをしているのかについて、次第に理解が深まるにちがいない。

もう一つ、興味をそそる領域がある。それが取り上げるに値するのは、それが大きいからではなく、大脳皮質の多くのさまざまな領域からの階層的な軸索投射が最終的にそこに到達する領域だからである。それは辺縁系の後端に位置する小振りの海馬である。辺縁系は大きな大脳両半球のすぐ下にある前脳の一つの構造である。海馬に入ってくる情報の流れを遡っていくと、すぐ大脳皮質全体に行き着く。海馬が損傷すると、短期記憶から長期記憶ないし永続的な記憶への情報の移行が阻まれることが明らかになっている。そのような損傷を受けた患者は一分くらい前までの記憶しかない悪夢の世界に生きる。ただし、海馬に損傷が起こる前にしっかりと形成された長期記憶、つまりもっと遠い過去の出来事についてのもともとの長期記憶は存続する。

脳は末梢感覚神経と末梢運動神経のあいだにあり、そのため、前者によって制御され、後者を制御すると考えるのは、自然なことである。進化論的な観点からも、これは少なくとも初期の段階の脳については、もっともな見方である。しかし、哺乳類やとりわけ人間に見いだされるような分化と自己調整のレベルに達した脳では、ある程度の自律性が徐々に入り込んでくる。私たちの行動は現在の知覚によって統制されるのと同じくらい、過去の学習と将来のための現在の計画によって統制される。そして自発的な学習により、脳の内部組織の長期的な発展は、かなりの程度、脳それ自身の制御下にある。しかし、私たちはこのことによって動物界を離脱するのではなく、そのもっとも創造的で予測不可能なメンバーになるのである。

3 神経心理学

神経心理学は脳の神経化学的、神経生理学的、および神経機能的な活動から心理現象を理解し説明しようとする学問である。暫定的ながら興味深いいくつかの神経心理学的成果については、すでに前節で見てきた。すなわち、視覚系の階層構造によってどのようにして光景の諸特徴の弁別が可能になるか、皮質表面において左右の網膜像の表象を重ね合わせることによってどのようにして立体視が可能になるか、大脳皮質の全体的な組織構造によってどのようにして高度に処理された感覚情報に導かれて行為の一般的な計画を形成し実行することが可能になるか、ということを見てきた。

残念ながら、これまで神経心理学が利用できたデータの大部分は、脳損傷、脳変性、および平衡失調の事例から得られたものである。つまり、もっともよく理解されているのは異常な心理の神経基盤なのである。脳の組織は侵入物によって物理的に破壊されたり、腫瘍の肥大や液体圧力によって押しつぶされたり、局所的な血液不足によって栄養不良で萎縮したり、病変や変性によって局所的に破壊されたりすることがある。どんな原因によるにせよ、脳のどの場所に損傷が生じるかによって、患者の心理的能力に非常に特異的な喪失が通常起こる。

こうした喪失は些細なものからより深刻なもの、さらに残酷なものまで、いろいろある。たとえば、知覚した色を言葉で言い表せないこと（二次視覚皮質と左半球の二次聴覚皮質のあいだの結合の損傷による）は、それほどたいしたことはないが、家族の顔さえ含めて人の顔を見分ける能力を永久的に失うこと（右半球の連合皮質の損傷による）は、より深刻であり、さらに言語理解の全面的かつ永久的な喪失（左半球の二次聴覚皮質の損傷による）や、長期記憶の形成能力の喪失（両側の海馬の損傷による）は、残酷である。

死後脳の検査やその他の診断技法、たとえば、現在のさまざまな種類の脳スキャンによって、神経学者や神経心理学者は、認知機能と行動機能のそのような喪失やその他の何百もの喪失について、その神経相関物を見いだすことができる。このような方法によって、脳の機能地図を徐々に作り上げていくことが可能である。つまり、正常な人の脳がどのように機能的に分化し、機能的に組織化されているかをだんだん正しく認識できるようになる。この情報は、関連する領域の神経構造および微視的な活動についての詳細な理解とともに、私たちの認知活動が実際にどのようにして生み出されるのかについて、本当の理解をもたらしてくれるだろう。さきにざっと見た、視覚系の特徴抽出と立体視の話を思い出してほしい。どこを探せばよいかがわかれば、問題にしている認知能力の特定の特徴を説明してくれる特定の神経構造を見つけだすことができる。無知がまだ理解を阻んでいるものの、総じて言えば、今後の研究の進展についておおいに楽観してよいのである。

いま述べた機能的追跡については、二つの点で注意する必要がある。第一に、ある領域 x の損傷とある認知機能Fの喪失がたんに相関しているというだけでは、領域 x が機能Fをもつとは必ずしも言えない。言えるのはただ、領域xのある部分がFの遂行に何らかの仕方で通常関わっているということだけである。Fを担う中心的な神経構造は別の領域にあるかもしれないし、そもそもどこにも局在しておらず、脳の広範な領域に分散しているかもしれないのである。

第二に、私たちが見いだす機能的喪失と機能的局在性は、つねに常識的な心的語彙ときれいに対応しているはずだと期待してはならない。患者の人格の大きな変化が欠陥に含まれる場合のように、欠陥を記述するのが困難なこともあるし、欠陥の記述が信用しがたいこともある。たとえば、ある損傷によって、患者が自分の身体も含めて、自分の世界の左半分に対して、知覚的および実践的な気づきを完全に失うことがある（これは半側無視とよばれる）。患者は通常、自分の身体の右側にしか服を着ないし、自分の左の腕と脚が自分のものであることを否定しさえする。別の損傷では、患者は明快で読みやすい文章を書くことができるが、まったく視覚に異常がないにもかかわらず、自分や他人が書いたものを読んで理解することができなくなる（これは失書なき失読とよばれる）。さらに別の損傷では、患者の視野が消滅して、患者が何も見えないと主張するという意味で、患者はまったく「盲目」になるが、それでも小さな灯りが患者の眼前にある方向で置かれると、その方向を一〇〇%に近い正確さで「推測」することができる（これは盲視とよばれる）。さらにまた別の損傷、たとえば一次視覚皮質全体の損傷では、患者は正真正銘の完全な盲目になるが、そうなったあとしばらくのあいだ、患者は部屋のなかをあちこちぶつかりながら歩いても、下手な言い訳を考え出して、強情にも自分はちゃんとよく見ることができると主張する（これは盲目否認とよばれる）。

このような症例は、素朴心理学のふつうの考え方からすれば、驚くべきことであり、また理解しがたいことである。いったいいかにして盲目でありながら、それを知らないことが可能なのであろうか。視野なしに見る、自由に書けるが一語も読めない、明らかに自分にくっついている腕や脚を自分のものでないと真剣に否認する、こんなことがいったいいかにして可能なのだろうか。これらの症例は私たちのうちに深く根付いた予想を裏切る。しかし、私たちは現在の素朴心理学が私たちの自己理解の歴史的発展の一つの段階にすぎないことを認めなければならない。神経科学によって私たちはこの段階を乗り越えることになるかもしれないのである。

神経機構の構造的損傷のレベルより下に、化学活動と化学的異常のレベルがある。読者は、小さなシナプス結合を介した伝達が化学的なものであり、それがあらゆる神経活動において決定的に重要な役割を果たしていたことを思い出すであろう。軸索のインパルスないし「スパイク」を受け取ると、ただちに軸索の終末球が神経伝達物質とよばれる化学物質を放出し、この化学物質がシナプス間隙にすみやかに拡散して、向こう側で待ち受ける受容体と結合する。この結合により、神経伝達物質は分解し、この分解の生成物がふたたび元に戻されて終末球に取り込まれ、再合成と再利用がなされる。

当然のことながら、このような微妙な化学活動を阻害したり増幅させたりするものは、それがどのようなものであれ、神経伝達と神経集団の活動に深刻な影響を及ぼすだろう。精神活性剤はまさにそのような仕方で、その効果を発揮する。さまざまな種類のニューロンが異なる神経伝達物質を利用し、その活動に異なる薬物が異なる影響をもたらす。そのため、非常に多様な化学的かつ心理的な影響がもたらされる可能性がある。たとえば、薬物は特定の神経伝達物質の合成を阻害したり、伝達物質の受容体の側と結びついてそれの正常な効果を阻害したり、伝達物質の分解生成物の再取込を阻害して再合成を妨げたりするかもしれない。他方、薬物は合成を促進したり、受容体側の能力を高めたり、分解生成物の再取込を加速させたりするかもしれない。たとえば、アルコールは重要な神経伝達物質であるノルアドレナリンの作用を抑える拮抗薬であるが、アンフェタミンはその作用を高め、まったく正反対の効果をもたらす。

もっとも重要なことは、ある種の精神活性剤を服用しすぎると、うつ病、躁病、統合失調症の三大精神病の症状によく似た症状が出てくるということである。このことから、これらの病が自然に起こるとき、そこにはさまざまな薬物によって人為的に生み出されるのと同じか、あるいはそれによく似た化学的異常があるということが、一つの仮説として浮上してくる。このような仮説はたんなる理論的興味を超えた意義がある。というのも、それが正しいなら、自然に起こる精神病が正反対の神経化学的効果をもつ薬物によって当然、治療可能ないし制御可能となるはずだからである。そして状況は複雑で、詳細はまだ混乱の渦のなかにあるが、実際そのような治療や制御が可能であるように思われる。フルオキセチンは慢性うつ病を制御し、リチウム塩は躁病を制御し、クロルプロマジンは統合失調症を制御する。ただし、完全ではない、と言わなければならないが、それでもある程度の成功をこれらの薬物が収めたことは、精神病の患者が主としてまったくの化学的環境の犠牲者であり、この環境の起源が社会的ないし心理的というよりもむしろ代謝的かつ生物的であるという考えに強力な支持を与えよう。そうだとすれば、この事実は重要である。なぜなら、人口の二％以上が生涯のある時期にこの三大精神病のいずれかに見舞われるからである。三大精神病の根底にある複雑な化学的不均衡の実態と起源を発見することができれば、ただちにそれらを治療するか、あるいはそもそもその発生を完全に食い止めることさえできるかもしれないのである。

4　認知神経生物学

認知神経生物学は、その名が示すように、生きた生物が示すとくに認知的な活動を理解しようとする学際的な研究領域である。それが最近開花し始めたのは、つぎの三つの理由による。

第一に、技術の着実な進歩により、脳の微視的構造を探究したり、その神経活動を追跡したりすることができるようになってきた。現代の電子顕微鏡は脳の微視的構造を比類ない仕方で見せてくれるし、さまざまな脳画像装置は生きた脳に侵襲したり損傷を与えたりすることなく、脳の内部構造と神経活動の画像化を可能にしてくれる。第二に、大規模な神経ネットワークの機能に関する刺激的な一般理論がいくつか出現して、研究がやりやすくなった。それらの理論は実験に方向性と目的を与え、自然について問うべき有益な問いが何であるかを示唆してくれる。第三に、最近の理論が脳の非常に複雑な構造に付与する機能的性質が本当に正しいかどうかが、現在のコンピュータによって効率的かつ正確に判定できるようになってきた。なぜなら、そのような性質をもつ構造をコンピュータのなかでモデル化し、さまざまな状況のもとでそれがどう振る舞うかをコンピュータに表示させることができるからである。コンピュータによって生み出されたこれらの振る舞いは、同じ状況のもとで実際の脳が示す振る舞いと照らし合わせることで、その正しさをテストできるのである。

本節では、認知神経生物学の二つの中心問題を簡単に見ていこう。脳はいかにして世界を表象するのか。また、脳はいかにしてそのような表象に対して計算を行うのか。まず、最初の問題を取り上げ、誰でもよく知っている現象から話を始めよう。

夕焼けの色は、脳によってどのように表象されるのだろうか。バラの匂いは？　モモの味は？　愛する人の顔は？　このような外的特徴を表象する（つまりコード化する）簡単な方法があり、それは驚くほど効果的である。いま挙げた特徴はじつに多様であるが、それにもかかわらず、この方法はどの特徴にも用いることができる。どんな方法かを理解するために、味の場合を見てみよう。

感覚のコード化——味

舌のうえには、化学物質を感受する四つの異なる種類の受容器細胞がある。（最近、第五の種類が見いだされたようだが、簡単のため、それは除外しておく。）各種類の細胞はそれと接触する任意の物質に対してそれ特有の仕方で反応する。たとえば、モモは四種類の受容器細胞の一つにかなりの影響を及ぼし、第二の種類にはほとんど影響を及ぼさず、第三と第四にはその中間程度の影響を及ぼす。こうして相対的な神経興奮のパターンが得られるが、このパターンはまさしくモモに特有の一種の神経「指紋」である。

四種類の細胞をそれぞれa、b、c、dと名づけるとすれば、モモとの接触が実際に生み出す四つの神経興奮の度合いを特定することによって、その特定の指紋が何であるかを正確に記述できる。四つの興奮の度合いを表すために添え字付きの文字Sを用いるとすると、〈S_a、S_b、S_c、S_d〉がその指紋である。この興奮レベルの列は感覚コード化ベクトルとよばれる（ベクトルというのは数または量の順序付きの列である）。重要な点は、人間にとって可能なそれぞれの味に対して明らかに唯一のコード化ベクトルがあるということである。言い換えれば、人間にとって可能ないかなる味覚も、これらの活動レベルの情報を口から脳へ伝える四つの神経経路が形成する興奮レベルのパターンにほかならないのである。

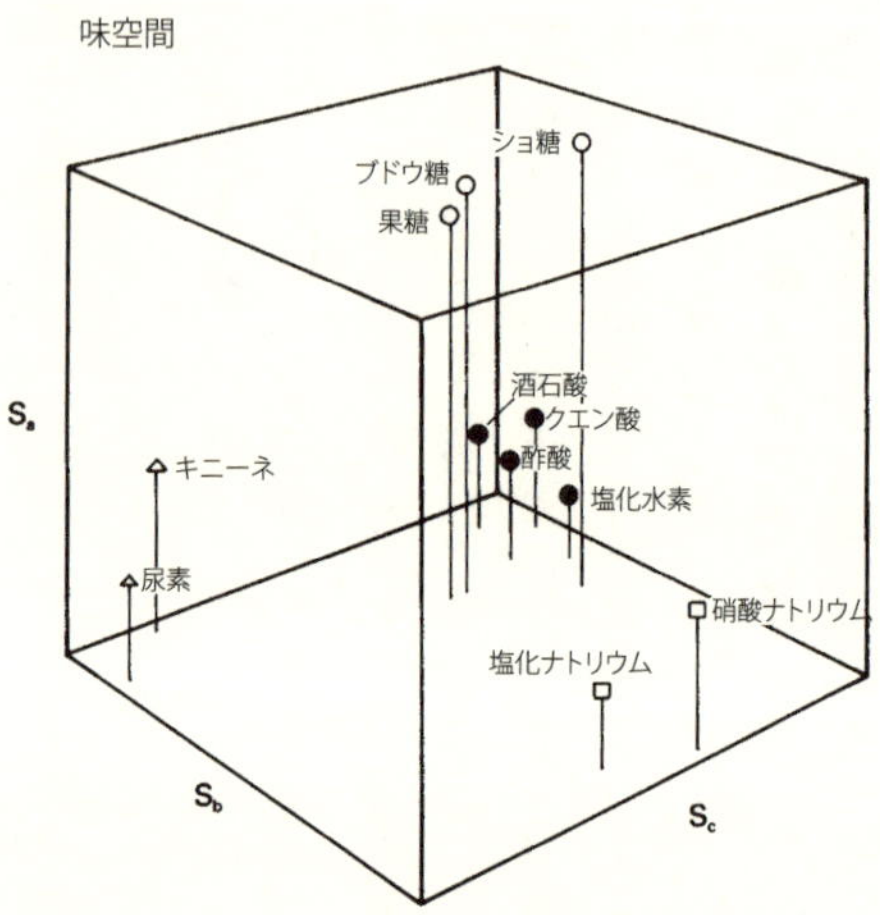

図7・13

　どのような味も「味空間」の一つの点として図示することができる。味空間は四つの軸を備えた空間で、その四つの軸はそれぞれ四種類の味覚細胞の興奮レベルを表す。図7・13はさまざまな味を特定の点に位置づけた空間を描く。（ただし、この図では、二次元のページに四次元空間を描くことは困難なので、四つの軸の一つを省略している。）この図を見ると、主観的によく似た味覚が非常によく似たコード化ベクトルをもつことにすぐさま興味が湧くだろう。あるいは、同じことだが、よく似た味の味空間における固有の位置は非常に接近しているのである。さまざまなタイプの「甘い」味はすべて空間の上部にコード化され、いろいろな「酸っぱい」味は下方の中央に現れている。さまざまな「苦い」味は原点の近くに現れており、「塩辛い」味は右下に現れている。この空間の他の点は人間がもつことのできるすべての他の味を表している。ここには同一説論者の主張（第2章3節）、すなわち、いかなる味も脳の適当な感覚領域におけるスパイク頻度の集合ないしパターンにほかならないという主張を鼓舞するものがたしかにある。

感覚のコード化――色

色についても、多少なりとも似た話が成り立つようである。色をコード化する三つの異なるタイプのニューロンが、一次視覚皮質のすぐ下流のV4という皮質領域全体に一様に分布している。この三つのタイプの細胞は、元をたどれば、光の波長を感受する網膜細胞と繋がっており、それらのあいだの軸索が巧みな綱引きを行うことによって、三つのタイプの細胞は適切に活性化される（詳細は省略）。ここでも、V4領域に埋め込まれた（三次元の）ニューロン活性化空間において、この三つのタイプの細胞の同時点における活性化レベルが表示され、それによって人間が知覚できる色が表されている。図7・14はこの空間を描いたものである。お気づきのように、そこには二つの特定の円錐形ないし紡錘形の部分領域があり、そのなかにお馴染みの客観的な色がすべて、それらのあいだの一定の類似性（すなわち近さ）と非類似性（すなわち遠さ）に従って、体系的に位置づけられている。たとえば、予想されるように、橙は赤と黄のあいだの狭い領域に押し込まれており、緑

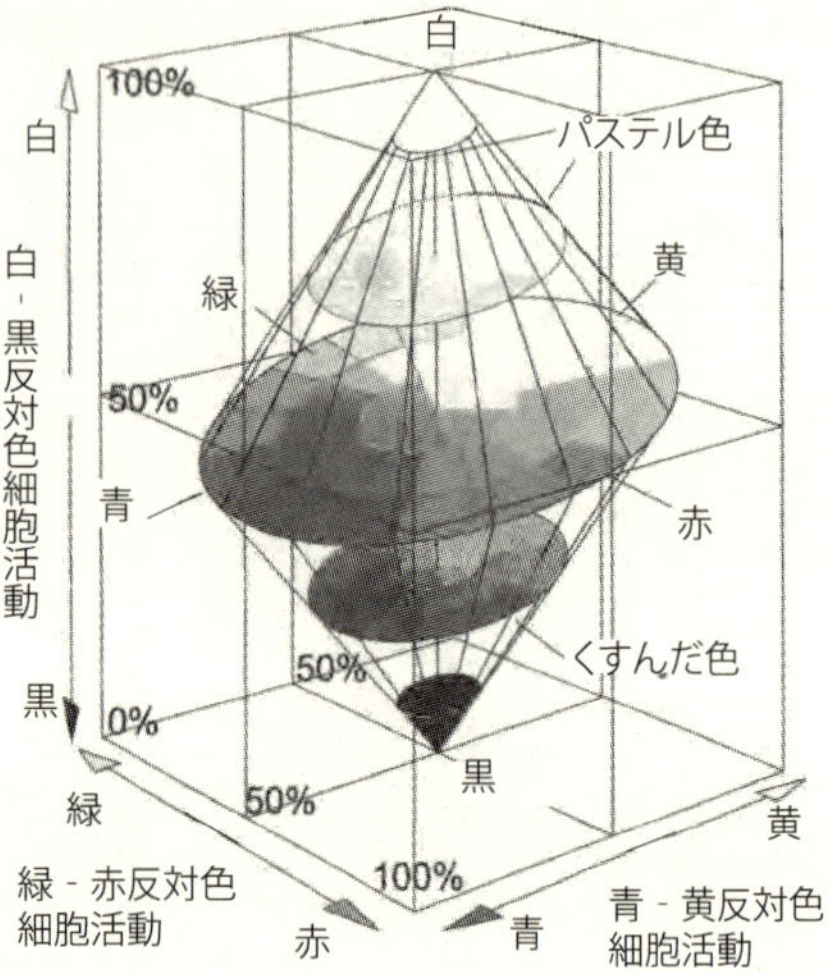

図 7・14

は赤から、青は黄から、黒は白からもっとも遠くにある、等々。このニューロンによるコード化システムは人間の意識に現れる色の空間、すなわち内観によって捉えられる色の空間を余すところなく詳細に再現している。それはこの空間を説明するとさえ言えよう。というのも、それはとくに、人間の視覚系の一部のニューロンを一時的に酷使して疲労させることによって生み出せる何千もの残像について、それのもつ質的性格を、実際に見た色の場合と同じ正確さで予想できるからである。さらに、このコード化システムは、お馴染みの客観的な色を表す中央の紡錘形の外側に位置する稀な視覚活性化ベクトルについても、その奇妙な質的性格を予想することさえできる。つまり、それはこれまで経験したことのない感覚についても、その質的性格を予想できるのである。意識に現れる質（現象的なクオリア）はもともと言われていたほど物理理論にとって近寄りがたいわけではないことは明らかである。（巻末の読書案内に挙げた論文 Churchland 2005 は、これらの結果をわかりやすくまとめるとともに、いま述べた残像を生じさせるための色彩図を掲載している。）

感覚のコード化——匂い

嗅覚系は少なくとも六つか七つ——おそらくもっと多く——の異なる受容器をもっているように思われる。このことから、匂いは少なくとも六つか七つの活性化レベルないしスパイク頻度からなるベクトルによってコード化されると考えられる。これは膨大な数の異なるスパイク頻度の組合せを可能にし、それゆえ膨大な数の異なる匂いの識別を可能にする。たとえば、ブラッドハウンドは七つの異なるタイプの嗅覚受容器をもち、それぞれのタイプについて三〇の異なるレベルの刺激（私たちよりかなり多い）を識別できるとすると、それの「匂い空間」は全部で三〇の七乗、つまり二二〇億個の識別可能な位置をもつことになる。イヌは匂いだけで何百万人ものなかからどの人でも識別できるが、それもそのはずなのである。

味、色、匂いについての以上の話は、私たちの感覚が関連する感覚経路におけるいくつかの興奮レベル（スパイク頻度）の組合せにほかならないと主張する同一説論者を勇気づけるにちがいない。というのも、これまで示してきたように、神経科学は私たちの主観的なクオリアのさまざまな特徴やクオリア間の諸関係を、体系的かつ解明的な仕方で再構成することに成功してきたからである。これは、光が適当な周波数の電磁波にほかならないという科学的主張を動機づけた一九世紀の動向と同じことである。そのころ登場してきた電気と磁気の理論のもとで、光のお馴染みの性質がすべて体系的に再構成できた。また、お馴染みでない性質も再構成できた。たとえば、可視光の外側に赤外線や紫外線のような光が存在することも、明らかにされたのである。

感覚のコード化――顔

成長とともに人間が非常に正確に識別できるようになるのは、顔である。最近の理論によると、顔もまたベクトルコードで扱えるようである。私たちに感受できる人間の顔のさまざまな要素、たとえば鼻の高さや口の幅、両眼の距離、えらの張り具合などの諸要素に対して、それぞれを処理する専用の神経経路があり、この経路は知覚された顔がどの程度強くその要素を示すかに応じて活性化する。そうだとすれば、個々の顔は一つの活性化ベクトルによって一義的にコード化されることになろう。この活性化ベクトルの各要素は顔の視覚可能な各要素に対応する。

大人なら選択的に感受できる顔の特徴が、おそらく一〇くらいあるだろうとかりに推定することにしよう（わからないので推定するしかない）。また、それぞれの特徴を少なくとも五段階で識別できると想定しよう。そうすると、人間には少なくとも5^{10}（約一千万）の識別可能な位置を備えた「顔空間」があることになるだろう。人間が何百万人の顔のなかから、どの顔も見ただけで識別できるのも、やはりほとんど驚くに値しないのである。

もちろん、近い親族の顔は、ベクトルの多くの要素が同じ値か、あるいはよく似た値であるようなベクトルによってコード化されるだろう。それに対して、ぜんぜん似ていない人々の顔は、まったく異なるベクトルによってコード化されるだろう。また、もっとも平均的な顔は、どの要素もその可変域の真ん中の値であるようなベクトルによってコード化されるだろう。さらに非常に特徴的な顔は、いくつかの要素が極端な値であるようなベクトルによってコード化されるだろう。興味深いことに、人間の脳には、視覚皮質の下流に紡錘状回とよばれる小振りの特別な領域がある。ここが損傷したり壊れたりすると、人の顔を認識したり識別したりすることができなくなる。人の顔はここでコード化されていると考えてよいであろう。

一二個の異なる人間の顔を識別できる人工ニューラルネットワーク（通常のコンピュータでモデル化されたもの）がすでに制作されている。これはベクトルコード化を行う三つの層からなり、これらの層はそれらを繋ぐ適切に枝分かれした軸索結合によって結合されている。このニューラルネットワークは訓練することによって顔を識別できるようになる。すなわち、一二個の顔が繰り返し提示され、そのたびに少しずつ数千のシナプス結合が調整されていくと、やがてネットワークは同じ人の異なる顔写真を同じ人の顔として正確に認識できるようになる。このネットワークの第一層はもちろん網膜に相当し、第三層は紡錘状回に相当する。しかし、感覚層である第一層は私たち人間の網膜と同じく、人の顔の要素的特徴に自動的に反応する専用の細胞を備えていない。これは味や色、匂いに対する感覚細胞とは異なる点である。ネットワークは識別訓練で提示された顔をコード化するために、顔のどのような抽象的な特徴を探り出せばよいのかを学習しなければならない。この学習は、やってみると、可能であることが明らかになった。ネットワークはその中間層のニューロン群の活性化ベクトルで顔の抽象的な特徴を捉えることによって、知覚される顔をコード化することができたのである。これは顔以外の識別課題においてもよく生じるやり方である。ネットワークの最終層は中間層の活性化ベクトルに反応して、認識される人の名前や、さらにはその性別さえ表すコードを形成できるようになる。

感覚のコード化——運動系

ベクトルコード化の利点がとくに明らかとなるのは、身体の何千もの筋肉のある時点での位置のように、とくに複雑な系を表象しなければならないときである。私たちは自分の身体の全体的な姿勢（各部位の配置）をつねに感覚的に知っている。これはいいことだ。なぜなら、どんな有用な運動であれ、それを行うことができるためには、四肢が動き始める位置を知らなければならないからだ。これは、歩行のような単純な運動でも、バレエやバスケットボールのような複雑な運動でも、同じように言えることである。

身体の各部位の配置に関する感覚は、固有受容感覚とよばれる。そのような感覚が生じるのは、身体のそれぞれの筋肉が脳に絶えず情報を送る神経線維を自らもっており、それによって筋肉の収縮・弛緩についての情報がつねに脳に伝えられているからである。筋肉は非常にたくさんあるので、脳に伝達されるすべての筋肉の情報をコード化した全体ベクトルは、明らかに三個や十個の要素ではなく、千個を超える要素をもつであろう。しかし、それは脳にとって問題ではない。脳は何十億もの線維を備えているので、容易にそれができるのである。

出力のコード化

ベクトルコード化は感覚入力をコード化するためだけではなく、運動出力を方向づけるためにも同じように利用できる。運動系の話をしたときに、読者はこのことに気づかれたであろう。人が何らかの身体活動を行うとき、脳は身体のすべての筋肉に次々と滝のように信号を送っている。しかし、身体が一貫した動きをするためには、これらの信号は全体として適切に組織化されていなければならない。すなわち、身体が意図どおりの位置を占めるように、すべての筋肉が正しく収縮ないし弛緩しなければならないのである。

神経計算

これまで見てきたように、活性化ベクトルは味、色、顔、複雑な四肢の位置などを表すための美しいまでに効果的な方法である。これに劣らず重要なことだが、活性化ベクトルはまた高速計算の問題に対して非常に優雅な解決を提供する。脳がベクトルを用いてさまざまな感覚入力と運動出力をコード化するなら、入力からそのような出力が生み出されるように脳のどこかで計算が行われなければならない。つまり、さまざまな感覚入力ベクトルを適当な運動出力ベクトルに変換するための何らかの体系的な調整が必要なのである。

実際、脳はこの種の変換を行うのにまことに適した微視的構造を有している。たとえば、図7・15に図式的に描かれた軸索、樹状突起、シナプス結合の配置を考察してみよう。入力ベクトル〈a、b、c、d〉は四本の水平の軸索（a～dそれぞれに対して一本の軸索）によって伝達される。つまり、どの瞬間にも、それぞれの軸索はある頻度で、入力スパイク列を伝えているのである。そして見ておわかりのように、各軸索は三つの垂直の細胞それぞれと一つずつ、合計三つのシナプス結合を形

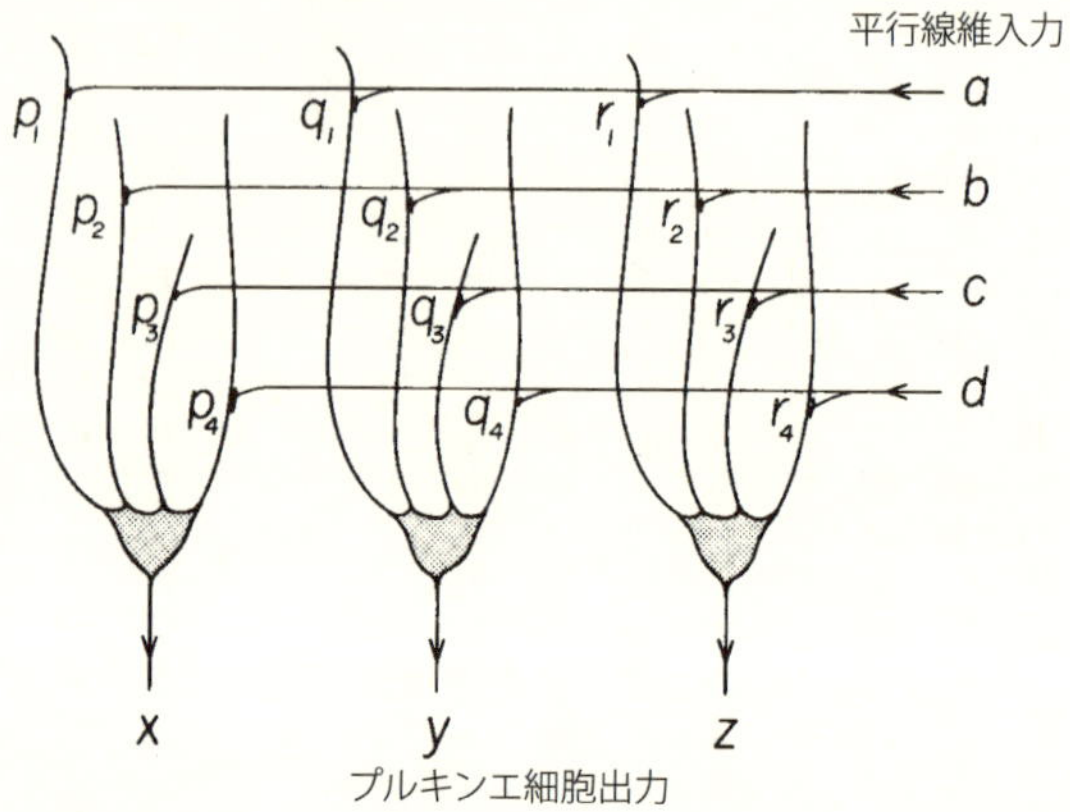

図７・15

成している。したがって、全部で４×３＝12のシナプスがあることになる。

受け手の細胞はそれ自身の出力用の軸索を通じてスパイク列を発する。このスパイク列の頻度は、その細胞へのさまざまな入力が全体としてその細胞のうちに生み出す興奮の大きさに応じて決まる。受け手の三つの細胞がすべてこのようなスパイク列を発するので、それらの出力が構成する全体の出力はもちろん三つの要素からなる別のベクトルとなる。こうして、この小さなニューラルネットワークは、どんな入力四次元ベクトルであれ、それを出力三次元ベクトル（まったく別のベクトル）へと変換するのである。

計算すなわち変換の全体的なあり方を決定するのは、もちろんさまざまなシナプス結合の大きさ、ないし重みの配置である。この種のシステムにおけるシナプスの重みの配置が決まると、入力活性化ベクトルに対して行われる変換のあり方が決ま

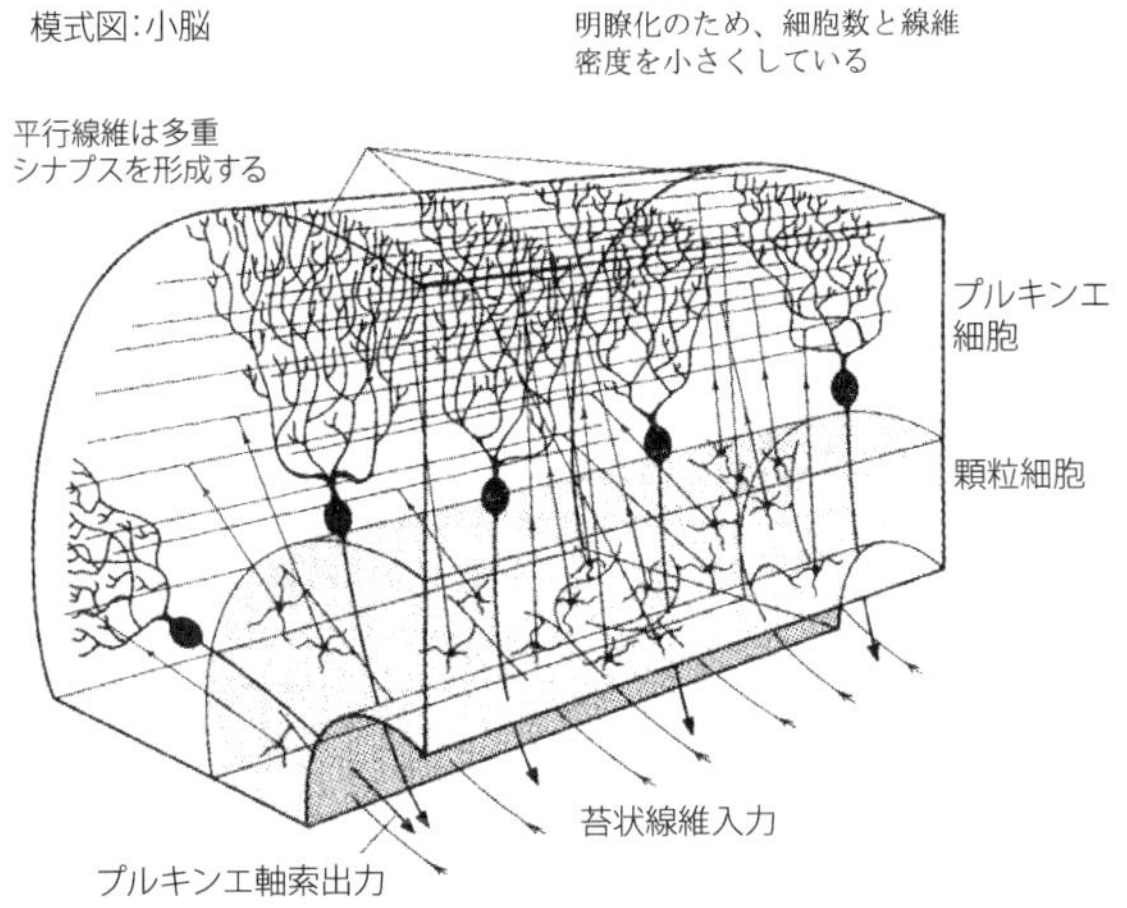

図7・16

ることになる。つまり、ネットワークがどんな計算を行うかが決まるのである。

現実の事例——小脳

図7・15のベクトル変換システムは、説明のために極度に単純化した図式的なスケッチにすぎない。しかし、基本的にはこれと同じ結合の配置が、脳全体にわたって何度も繰り返される。もちろん、部位によって配置に多少の違いはある。配置の繰り返しがとくに顕著に見られるのは、脳の広範囲にわたる灰白質、すなわち細胞体と樹状突起が非常に密に存在する領域においてである。この結合パターンのとりわけ印象深い事例が、すべての哺乳類の小脳に見いだされる。図7・16は小脳のある小さな部分を描いている。ご覧のように、多くの苔状線維の入力軸索が、スパイク列をまず共有領域にある小さな顆粒細胞に伝え、つぎに多くの平行線維に伝え

る。平行線維はそれぞれ多くの並はずれて密集したプルキンエ細胞と多重にシナプス結合を形成しており、プルキンエ細胞はこの平行線維からの入力信号を待ち受けている。そしてプルキンエ細胞は入力信号によってそれ自身のうちに引き起こされた活動を全部足し合わせ、その出力として適当なスパイク列を自分の軸索に沿って発する。個々のプルキンエ軸索の活動レベルを要素とする全体のベクトルが、小脳の出力ベクトルである。

この小脳の事例については、プルキンエ細胞の樹状突起の並はずれた密集性、その細胞の数の多さ、およびその細胞と多重にシナプス結合を行う平行線維の数の膨大さが印象的である。図7・14に描かれた「結合行列」は入力を変換するためのシナプス結合を一二しかもっていなかったが、小脳に見られるような現実のニューロン群の結合行列はそのような結合を何十万も、あるいはおそらく数百万ももっているのである。したがって、その計算能力たるや、図7・14の漫画的なネットワークに比べると、はるかにそれを上回る。

また、つぎのことも忘れてはならない。このガルガンチュアのような巨大な処理器の出力ベクトルは出力軸索によって伝達され、それを待ち受ける脳の別の場所にある第二のニューロン群の樹状突起と体系的にシナプス結合を行う。このシナプス結合の全体が第二の計算行列を形成し、この行列にはそれ独自の変換目的ないし計算目的がある。この下流の行列がさらに第三のニューロン群に至り、そこからさらに第四へ、などということもある。実際、脳はこのような仕方で全体の配線がなされている。このような巨大な群を成す反復的なシステムがどれほど信じられないような計算力をもつかが、いまや理解できるようになったであろう。私たちの脳があらゆる点で長期にわたってもっとも複雑な物理的システムであったのは、このような理由からなのである。

　これまで示してきたような種類の「計算」システムについては、注目すべき三つの重要な特徴がある。第一に、このようなシステムは、小さな障害やまばらな細胞死に対して、きわめて頑健である。それは何十万ものシナプス結合、あるいはそれ以上の結合からできており、各結合は入力ベクトルの変換全体に対してほんのわずかな貢献しかしないので、あちこちで数百の結合が喪失または変質しても、ネットワークの全体的な振る舞いはほとんど変わらない。何千もの結合が失われても、それがネットワーク全体に分散して起こるのなら、問題はない。実際、加齢に伴ってニューロンは次第に死んでいくので、そのようなことはふつうに起こっている。ネットワークの計算の質は突如、無に帰するのではなく、徐々に優雅に低下していくのである。この望ましい特徴は機能的耐久性とよばれる。皆さんのデスクトップ型コンピュータのCPUはこの特徴を備えていないが、皆さんは備えているのである。

　第二に、また同じくらい重要なことだが、この種のとてつもなく並列的な計算システムは、どれほど多くの要素からなるベクトルでも、いわば一瞬にしてベクトルからベクトルへの変換を行うことができる。各シナプスはその「計算」を他のすべてのシナプスとほとんど同時に行うので、全体の結合行列は一挙にその変換を行うのである。通常の逐次型デジタルコンピュータでは、手間暇かけて一つずつ順番に計算が行われるが、それとは違って脳の計算は一挙に行われる。したがって、どんな変換であれ、それを行うのに必要な時間は、変換の規模ないし複雑さとは無関係である。生物脳は非常に多くの典型的な認知課題において、高速の電子計算機よりも早く課題を遂行できるが、それはおもにこのためである。典型的な認知課題を遂行するには、非常に巨大なシナプス行列による高次元ベクトルの変換がふつう必要となる。進化は並列分散処理とのちによばれるようになるものをたまたま生み出したとき、まさに勝者を生み出したのである。

第三に、そしておそらくもっとも重要なことだが、この種のネットワークはその機能を変化させることができる。専門的な言葉で言えば、それは可塑的である。ネットワークはその構成要素であるシナプスの重みを一部または全部変えさえすれば、その変換能力すなわち計算能力を変えることができる。これが重要なのは、システムがそもそも学習によって必要な変換を行う能力を獲得しなければならないからである。私たちは大人の知覚能力や概念能力、実践能力を生まれつきもっているわけではない。脳はそのような能力をゆっくりと段階的に獲得していくのである。学習は複雑な過程であり、ようやく少しわかり始めたところであるが、どんな生物にとっても、もっとも基本的なレベルで言えば、学習とは、いま問題にしているベクトル変換行列を構成する数多くのシナプス結合に関して、そのそれぞれの重みを徐々に調整していくことにほかならないように思われる。私たちにはさまざまなシナプス行列があるが、それを徐々に「調律」していくのは、私たちが世界全般についてつぎつぎと獲得していく経験である。つまり、私たちが客観的な世界のなかを多くの試練に直面しながら突き進んでいくさいに、世界が私たちに繰り返し示す空間的および時間的な構造が、シナプス行列の調整を促進するのである。このようなシナプス調整を経て、世界の客観的な構造は、脳のニューロン群による可能な活性化ベクトルの空間に写像されるようになる。よく似た外界の構造は、この可能な活性化ベクトルの空間のなかで、互いに近い位置にある活性化ベクトルを生み出す。また、似ていない外界の構造は、その空間のなかで遠く離れた活性化ベクトルを生み出す。このようにして脳は周囲の外的実在をしっかりと把握するようになるのである。

まとめれば、いま問題にしているとてつもなく並列的な神経ネットワークは、計算力が大きく、損傷に強く、高速であり、世界の構造を表象するように変化できる。しかも、次節で見るように、その長所はこれらには尽きない。

5　ふたたびＡＩ――並列分散処理の計算モデル

人工知能の歴史が始まったばかりの一九五〇年代の終わりには、人間の脳を物理的に模したハードウェアである「人工ニューラルネットワーク」にかなり大きな関心が寄せられた。この第一世代のネットワークは、最初は魅力があったものの、深刻な実際上の限界があることが明らかにされ、急速に「プログラム書き」型のＡＩ技法の影に沈むこととなった。しかし、この後者の技法も、最初は成功したものの、第６章の最後で見たように、それ特有の深刻な限界があることが明らかになり、最近では初期のネットワーク的なアプローチへの関心がふたたび高まってきた。初期の限界は克服され、人工ニューラルネットワークはようやくその真の力を発揮し始めている。

人工ニューラルネットワーク――その構造

図７・17で示したような仕方で結合されたネットワークを考えてみよう。このネットワークは

簡単なネットワーク

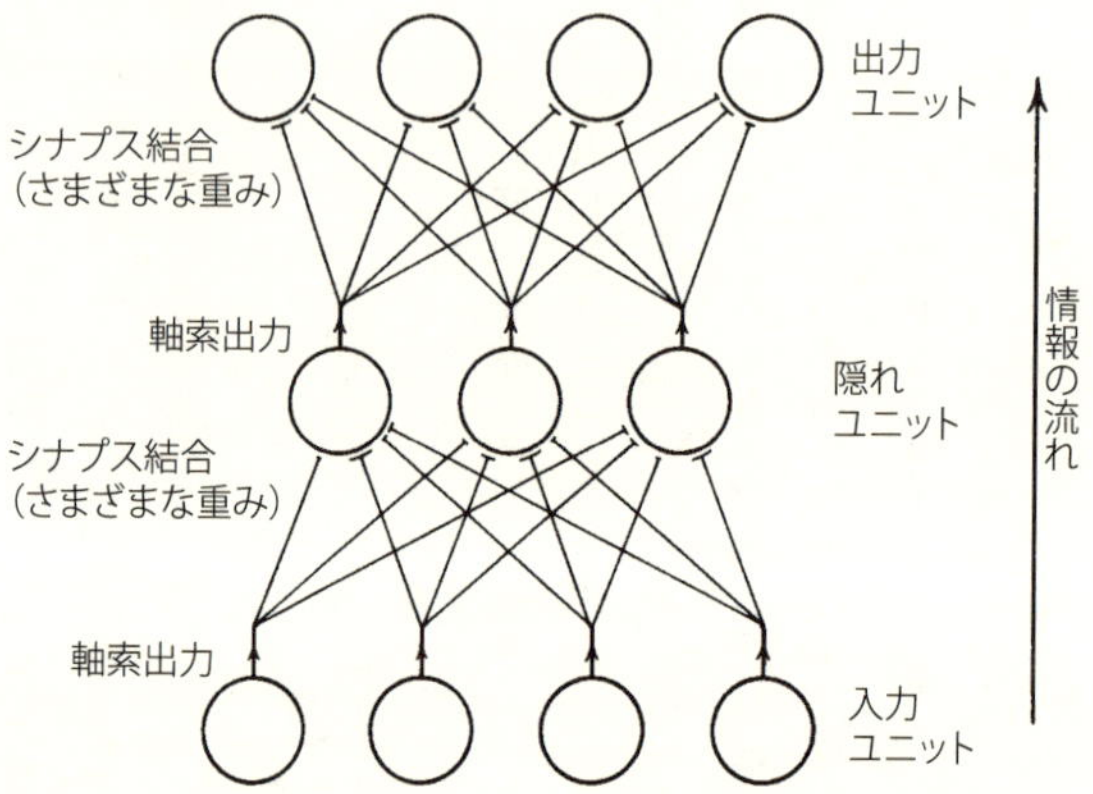

図7・17

る。簡単なニューロン風のユニットで構成されている。最下層のユニットは感覚ニューロンに相当するもので、外部の環境から直接、刺激を受ける。この最下層のユニットはそれぞれその「軸索」に沿って出力信号を送る。この出力信号の強さは、知覚刺激による感覚ユニットの活性化レベルの高さに対応する。軸索は多くの「終末枝」に分かれ、その出力信号が第二層（中間層）のすべてのユニットに伝えられる。この中間層のユニットは最上層と最下層のあいだに「隠されている」ので、しばしば隠れユニットとよばれる。中間層に到達した軸索の終末枝は、この隠れユニットとさまざまな「シナプス結合」を行う。各結合はやはりそれ自身の強さないし重みをもっている。

すでにおわかりのように、このネットワークの下半分は前節で論じた神経行列とまったく同じく、一つのベクトル変換器である。（違いはただ、前節では必要な枝分かれを起こしていたのは受け手のほうの樹状突起であったが、ここでは送り手のほうの軸索であるという点だけである。しかし、この違いは図式化するための便宜上のものにすぎず、機能的に真に新しいものが出てきたわけではない。）最下層のユニットに刺激を与えると、そこに生じる活性化レベルの全体パターン（つまり入力ベクトル）が上方の隠れユニットに伝えられる。このパターンは、隠れユニットに到達すると、介在するシナプス結合行列と隠れユニット内の足し算活動によって変換される。その結果、今度は隠れユニットのあいだで活性化レベルのパターン、つまり別の活性化ベクトルが形成される。ただし、このベクトルは最初のように四つの要素ではなく、三つの要素しかもたない。

この三次元ベクトルが、今度は全体システムの上半分における入力ベクトルとなる。隠れユニットから伸びる軸索は枝分かれして最上層の最終ユニットとさまざまな重みのシナプス結合を形成する。この最上層のユニットがいわゆる出力ユニットであり、そこに最終的に生み出される活性化レベルの全体の集まりが、ネットワーク全体の「出力」ベクトルとなる。したがって、ネットワークの上半分も下半分と同じく、一つのベクトル変換器にすぎない。ただし、それは三次元ベクトルを四次元ベクトルに変えるものである。

この一般的な結合パターンに従うことで、私たちは明らかに、処理する必要のあるベクトルの大きさに応じて、必要な数の入力ユニット、隠れユニット、および出力ユニットを備えたネットワークを構築することができる。そして、二層配列の繰り返しによって構築されたそのようなネットワークが現実の問題をどう解決できるかを考察すれば、二層配列の意義をよく理解できるようになろう。

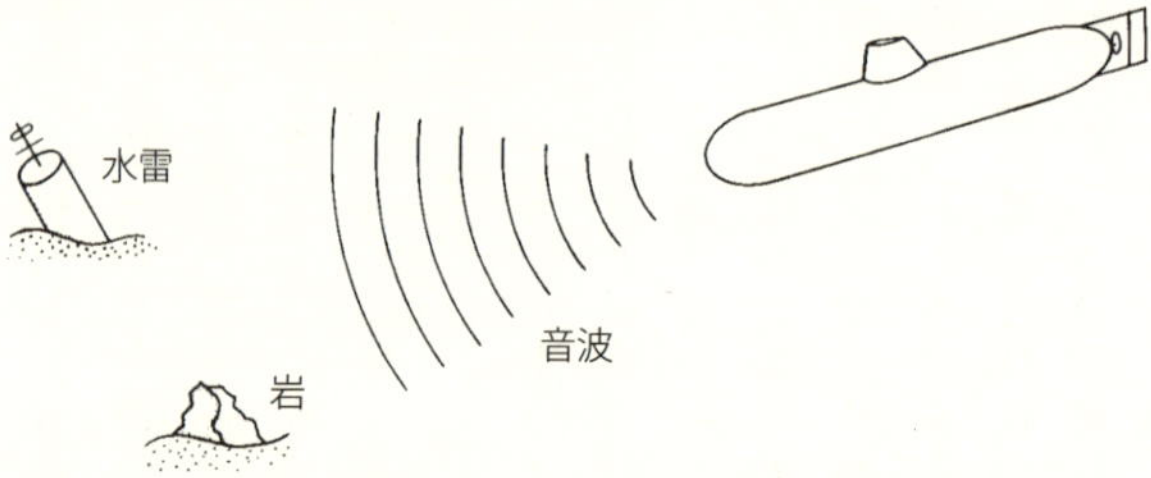

図7・18

思い出していただきたい決定的に重要なことは、システム全体のどのシナプス結合も徐々にその重みを変えることができ、それゆえ入力ベクトルから出力ベクトルへのどんな変換であれ、必要な変換を行うことができるということである。

知覚的認識——事例学習

現実の問題の一例として、つぎの問題を取り上げよう。私たちは潜水艦の乗組員であり、敵の港に接近することが私たちの使命である。港の浅い海底には、水雷がばらまかれている。水雷には金属探知機が付いており、私たちの潜水艦のような大きな金属で出来たものがある一定の距離内に近づいてくると、水雷が爆発する。私たちは水雷との安全な距離を保つ必要があるが、そのためには少なくとも安全な距離からソナーで水雷を探知できなければならない。ソナーは短い波長の音波を出し、その音波が港の海底にある堅い物体にぶつかったときには、その反響音を受け取る。(反響音が戻ってくるのにかかる時間によって、物体がどれだけ離れた位置にあるかがわかる)。しかし、残念なことに、大きな岩もまた反響音を返してくるし、その音はふつうの人には水雷からの反響音と区別がつかない（図7・18）。

これは厄介な事態である。というのも、大きめの岩もまた港の海底に散在しているからである。しかも、事態をさらに複雑にする要因がある。すなわち、水雷はいろいろな形をしており、到来する音波に対してさまざまな方向を向いている。そして岩もまたそうである。したがって、水雷からの反響音も、岩からの反響音も、それぞれのなかで相当な多様性を示す。私たちの置かれた状況は、一見、絶望的なほど混沌としているように思われる。

爆発する水雷からの反響音と問題のない岩からの反響音を正確に区別して、自信をもって敵の港に侵入するためには、どんなことが私たちにできるだろうか。それはつぎのことである。まず、ソナーの反響音の性質を調べるために、私たち自身の港の海底にさまざまな型の水雷をいろいろな方向に置き、その水雷からの反響音を録音する。こうして集められた多様な反響音はもちろん、すべて本当に水雷から反射してきたことがあらかじめわかっている。同じことをさまざまな岩についても行う。もちろん、どの反響音が水雷と岩のどちらからかを見失わないように、細心の注意を払う必要がある。こうしてたとえば、それぞれ五〇の反響音がサンプルとして得られる。

つぎにこれらの反響音を周波数解析器にかける。この簡単な装置は、図7・19の左端に示したような情報を生み出す。これは反響音がそれぞれの周波数においてどれだけのエネルギーをもっているかを示すものである。このようにして、どんな反射音であれ、それの「固有プロフィール」が得られる。しかしながら、この解析はそれ自体としてはあまり役に立たない。というのも、私たちが注意深く録音した一〇〇個の反響音のプロフィールのあいだには、どんな明白な一様性も、またど

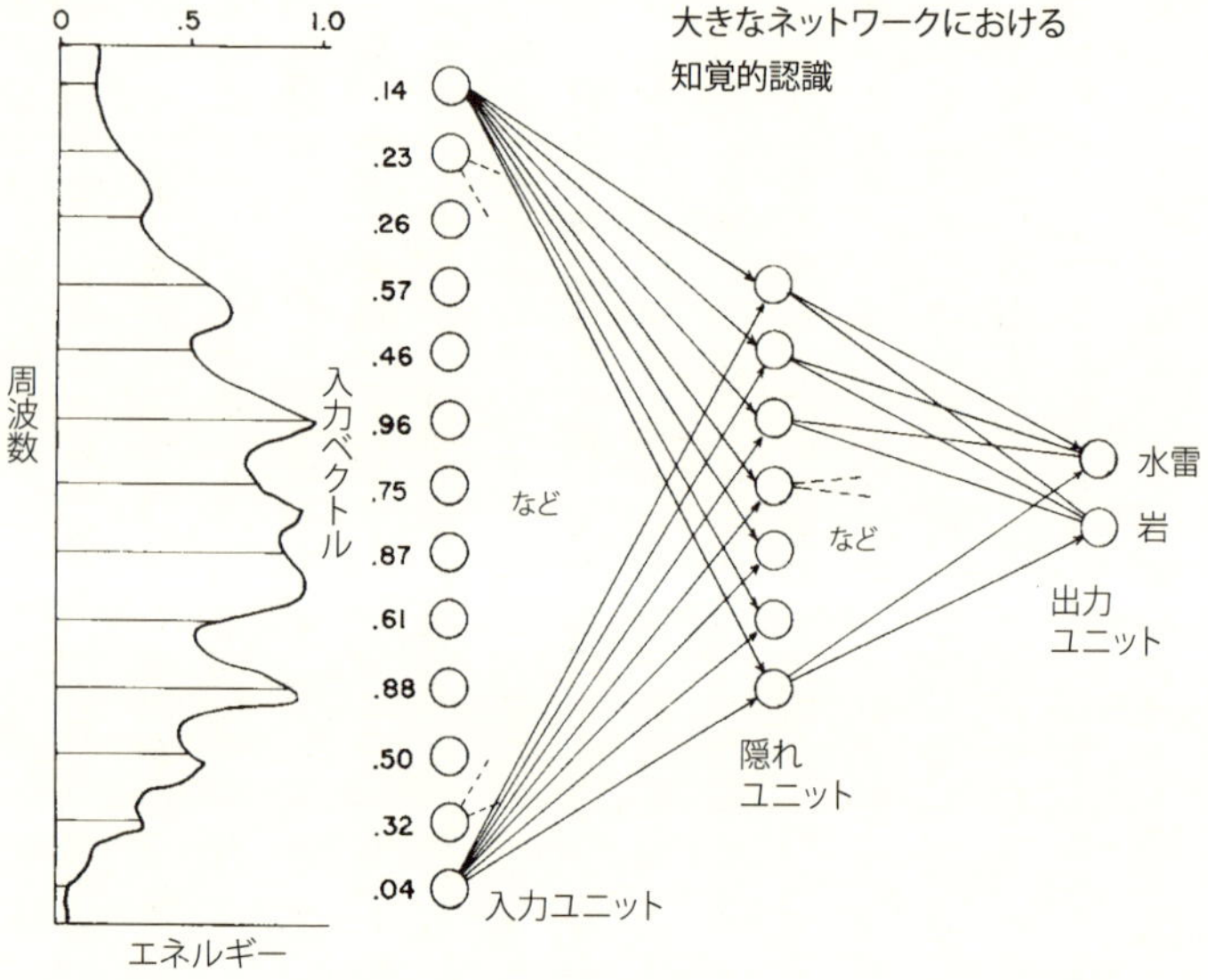

図7・19

んな規則的な差異も、まだ見られないように思われるからである。

しかし、ここでニューラルネットワークに登場してもらおう。（図7・19の右側をご覧いただきたい。これはゴーマンとセイノフスキーがもともと研究したネットワークを単純化したものである。図7・17と比べて、横に倒れているが、これはまったく図示上の都合にすぎない。）このネットワークは図7・17の簡単なネットワークと同様の仕方で組み立てられているが、一三個の入力ユニット、七個の隠れユニット、二個の出力ユニット、そして全部で一〇五個のシナプス結合を有する。各ユニットの活動レベルは0から1のあいだで変化する。思い出していただきたいが、このシステムのシナプスの重みも、私たちの判定問題の解決に必要な値に調整することができる。しかし、もちろん、私たちはその必要な値を知らない！　したがって、最初は、各結合に対してゼロ近辺の小さな興奮値か抑制値がランダムに割り当てられる。このように値を割り振られたネットワークによって行われる変換が私たちのもともとの問題を解決することは、もちろんほとんどありえない。しかし、以下のように値を調整していくことができる。

録音したサンプルのなかから水雷の反響音を一つ選び、周波数解析器を用いてそのエネルギー水準を一三の特定の周波数それぞれについて割り出す。これにより、一三個の要素からなる入力ベクトルが得られる。このベクトルを未訓練のネットワークに入力するために、図7・19に示したように、一三個の入力ユニットをそれぞれ適当な大きさで刺激する。すると、ベクトルはすみやかに二段階のネットワーク全体に伝播し、出力ユニットにおいて二次元の活性化ベクトルが生み出される。水雷を表す出力ベクトルを〈1, 0〉に決めたとすると、ネットワークに生み出してほしいのはこの〈1, 0〉のベクトルである。なぜなら、入力したのは水雷の反響音だからである。しかし、ネットワーク全体にわたってシナプスの重みをランダムに配置しただけなので、もしこの正しい出力が得られたとすれば、それは奇跡的な幸運である。ネットワークの出力はほぼ間違いなく〈1, 0〉からかけ離れたベクトル、たとえば〈0.49, 0.51〉のようなものであり、そこからはほとんど何もわからない。

しかし、それより少しだけ良いベクトルを出力するように、ネットワークを微調整することができる。そのために、まず簡単な引き算により、実際に得られた出力ベクトルと望むベクトルの差を計算する。この差はネットワークによって生み出された誤差を表す。この誤差を何とかして減少させたい。そこで、ネットワークの一〇五の重みを一つずつ以下のように調整していく。

まず、一〇五の重みの最初のものに焦点を合わせ、その重みをほんの少しだけ大きくする。そして最初の水雷の反響音をふたたび入力層に入れ、この小さな調整が出力ベクトルにどんな変化をもたらすかを見る。つまり、ほんのわずかでも、望む〈1, 0〉の出力ベクトルにより近いベクトル〈さきの残念な出力〈0.49, 0.51〉よりも近いベクトル〉を生み出すかどうかを調べる。もしそうであれば、この重みの値をその新たな少しだけ良い値にしておく。もしそうでなければ、今度はその結合の重みをほんの少しだけ小さくして、より良い出力ベクトルがその調整によって生み出されるかどうかを見る。もし生み出されるなら、その小さくした値をこの結合の新たな重みとして固定する。そうでなければ、つまり大きくしても、小さくしても、改善が見られないなら、重みを元のままにしておく。

つぎに一〇五の重みの第二のものに移り、同じ手探りの作業を繰り返しながら、その結合の重みを微調整することで小さな改善が見られるかどうかを調べる。その重みを大きくすることで、あるいは小さくすることで、同じ入力に対する出力ベクトルが改善されれば、その重みを大きく、あるいは小さくした値に固定する。そして第三のシナプスの重みに移る。このようにして一〇五のすべてのシナプスの重みを順に調整していき、水雷の「判定」に関して小さな改善が行われるようにする。これはなるほど退屈な手続きであるが、この人工ニューラルネットワークは通常のデジタルコンピュータでモデル化できるということを思い出してほしい。適切にプログラムしさえすれば、コンピュータが以上のテストと調整をすべて、しかも私たちよりもはるかに素早くやってくれるのである。

その結果、ネットワークは最初のランダムに重みを配置したものより少し良い出力を生み出すようになるが、残念ながら、少しだけである。しかし、もちろん、ネットワークを「微調整する」のに使った反響音は、まだたった一つ、つまり最初の水雷からの反響音だけである。九九の反響音（すなわち入力活性化ベクトル）がさらにまだ残っており、この微調整の過程において自分の出番が来るのを待ちかまえている。それゆえ、どの反響音のサンプルについても、前述の体系的な重み調整を繰り返し行うように、コンピュータをプログラムする。

私たち（というか、プログラムされたコンピュータ）は、一〇〇の反響音のすべてに対して何度もこの調整作業を行う。これはネットワークの訓練とよばれる。その結果はなかなか見事である。シナプスの重みの集合は徐々に最終的な配置に収束していき、その最終配置においては、ネットワークは入力ベクトルが水雷からのときに、そしてそのときにのみ、〈1, 0〉の出力ベクトル（あるいはそれに近いもの）を生み出し、入力ベクトルが岩からのときには、そしてそのときにのみ、〈0, 1〉の出力ベクトル（あるいはそれに近いもの）を生み出す。

以上のことに関して、まず注目すべきことは、水雷と岩の反響音をかなり正確に区別することを可能にするようなシナプスの重み配置が存在するということである。このような配置が存在するのは、水雷と岩の反響音の場合、たまたま、それらをそれぞれ特徴づけるようなおおまかな内部パターンないし抽象的な構造が存在するからである。訓練されたネットワークはそのおおまかなパターンを何とか（最終的に）つかみとったのである。

上述のような仕方でネットワークを訓練することに成功したとすると、そのとき、水雷と岩の二種類の入力ベクトルによって生み出される隠れユニットの活性化ベクトルはどうなっているだろうか。それを調べてみると、それらのベクトルがこの中間層においてさえすでに二つのまったく異なる組に分かれていることがわかる。ある抽象的な「ベクトルコード化空間」、すなわちそれぞれの隠れユニットの活動レベルを一つの要素とする七次元の空間を考えてみよう。（この空間を図7・13と図7・14の抽象的な感覚コード化空間と同様のものと考えてみてほしい。違いはただ、いまの空間が処理階層の最初ではなく、そのつぎの層のユニットの活動パターンを表しているという点だけである。）隠れ層に生じるどの「水雷的」ベクトルも、可能な隠れユニットベクトルの空間のある大きな部分領域に属するが、「岩的」ベクトルはこの抽象的な七次元空間の別の（重ならない）大きな部分領域に属するのである。

訓練されたネットワークにおいてこれらの隠れユニットが行っていることは、水雷の反響音のかなり抽象的な構造的特徴をうまくコード化することである。水雷の反響音は、その表面的な多様性にもかかわらず、そのような抽象的な特徴を共有しているか、あるいは少なくともおおむね共有している。隠れユニットはまた、岩の反響音についても、同様にその抽象的な特徴をコード化する。このようなコード化を行うために、適切なシナプスの重みの配置が徐々に見いだされていくが、この配置は反響音の構造的特徴を際立たせるとともに、記録されたサンプルのあいだの避けがたい変異によるノイズを最小化する。このような重みの配置が隠れユニットのコード化ベクトルを二つの排他的な組に分けるのである。

隠れユニットのレベルでこのようなことがうまく行われると、訓練されたネットワークの右半分が行うことはただ、隠れユニットの水雷的ベクトルを〈1, 0〉に近い出力レベルのベクトルに変換し、隠れユニットの岩的ベクトルを〈0, 1〉に近い最終レベルのベクトルに変換することだけである。つまり、最終層はゆっくり学習していくことで、隠れユニットのベクトル空間の二つの際立つ部分領域を識別できるようになるのである。それぞれの部分領域の中心付近のベクトル、すなわち水雷と岩のプロトタイプのベクトルは、出力レベルにおいて、明白で紛れのない評価を生み出す。それに対して、二つの部分領域の境界付近のベクトルは、たとえば〈0.4, 0.7〉のように、はるかに不明瞭な反応を生み出す。ネットワークにとって、この岩の「推測」は、あまり「自信」のないものである。しかし、そうであっても、このような段階的な反応がむしろ有用なこともある。

以上の手続きは、つぎのきわめて重要な副産物をもたらす。ネットワークが岩と水雷の反響音のまったく新しいサンプル、つまりこれまで受け取ったことのないサンプルを提示されると、その出力ベクトルはただちに岩と水雷を正しく識別する。その正確さは、ネットワークのもともとの訓練で用いられた一〇〇の録音されたサンプルの場合と比べて、ほとんど異ならない。ネットワークに提示されたサンプルは、新規なものであっても、二つの異なる部分空間のどちらかに属するようなベクトルを隠れユニットの層に生み出す。つまり、相当な訓練によってシステムが獲得した「知識」は、新しいケースに信頼可能な仕方で般化するのである。（あるいは、反響音の訓練集合が反響音の二つの組を真に代表するものであれば、そうである。）私たちのシステムは、こうしてようやく敵の港を探索することができるようになる。敵の港で得られたソナーの反響音をネットワークに入力するだけで、訓練されたネットワークが確実に、敵の水雷に接近しているかどうかを判定してくれよう。

　このような装置はもともと軍事利用を一つの目的として開発されたが、ここで興味深いのはそうした軍事利用ではなく、むしろそのような簡単な脳的システムが上述のような高度な認識課題を遂行できるということである。適切に調整されたネットワークがいやしくもそのようなことを行えるというのが、まずは驚きである。第二の驚きは、ネットワークがランダムな重み配置から出発しても、それを必要な重み配置にうまく仕立て上げていく規則ないし手続きが存在するということである。この手続きは、一〇〇の提供された反響音ベクトルのサンプルとそれらが生み出す出力ユニットでの誤差から、システムに学習を行わせる。これは誤差逆伝播（back-propagation of errors）による自動学習とよばれる。それはじつに優秀な学習法である。なぜなら、それによって通常、訓練用の事例の集まりのなかに、秩序と構造を見つけ出すことができるからである。はじめは混沌と混乱しか見えないところに秩序と構造が見いだされるのである。この学習過程は勾配降下とよばれるものの一種である。というのも、訓練中のシステムの重み配置は、下降していく出力誤差の曲がりくねった坂を滑り落ちていき、最下層の狭い谷の領域にたどり着く、と見ることができるからである。この谷のところでは、出力誤差はますますゼロに近づいていく。（この過程を単純化して表したのが図7・20である。）

　多くの反響音のサンプルでネットワークを訓練するには、多くの時間がかかり、ときには何日もかかるだろうが、いったん訓練してしまえば、ネットワークはどんな反響音でもわずか数秒で判定を行うだろう。ネットワークをモデル化しているコンピュータは、一〇五の「シナプス」結合

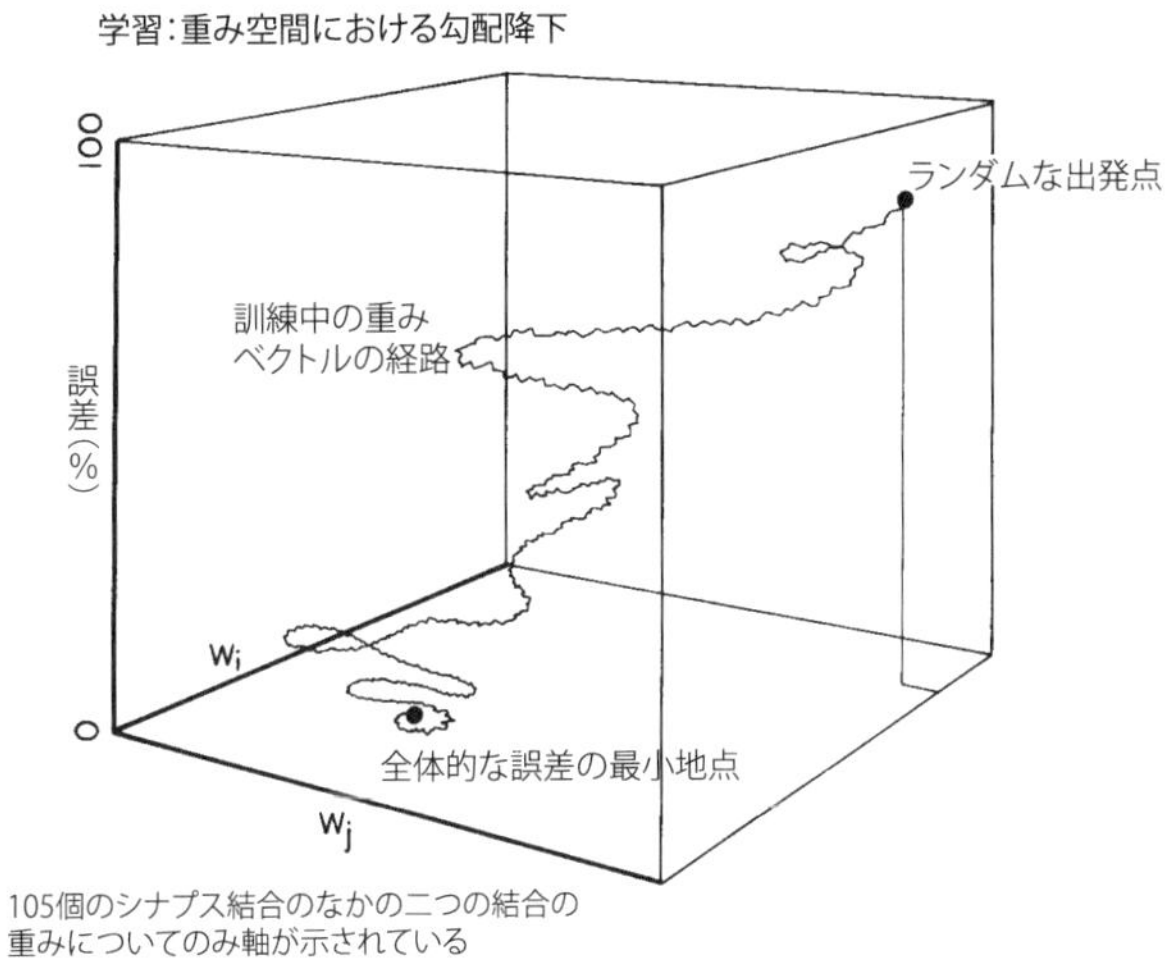

105個のシナプス結合のなかの二つの結合の
重みについてのみ軸が示されている

図7・20

のそれぞれで行われる局所的な変換を一つずつ順番に計算していかなければならないが、それでも現代のコンピュータは高速のCPUを備えているので、かなり迅速にそれを遂行する。しかしながら、実際の生物のニューラルネットワークのように、隠れユニットの結合に対する計算をすべて同時に行うことができれば、全体の計算は九一（一三×七）倍も速くなることがわかるだろう。やはり、生物のニューラルネットワークが示す真の並列分散処理には驚くべき優位性がある。この優位性はネットワークが大きくなるにつれて大きくなる。すでに見たように、脳にはふつう何百万ものシナプスを備えた結合行列があり、各シナプスにおける計算はすべて同時に行われるので、通常のコンピュータに比べて速度の長所は圧倒的となる。現実の認知課題については、脳のほうがデスクトップ型コンピュータよりはるかに賢いのも、何ら不思議ではない。

他の事例および一般的な重要事項

並列ネットワークがどのようにしてその仕事を行うかをある程度具体的に知ってもらうために、岩／水雷ネットワークに焦点を当てて詳しく見てきた。しかし、これは多くの事例の一つにすぎない。水雷の反響音を他の種類の音から区別して認識できるなら、この種の適切に訓練されたネットワークは、英語の発話を構成するさまざまな音素を認識することもできるはずである。人によって声の質は大きく異なり、それはこれまでのＡＩプログラムにとって大きな障壁であるが、ネットワークにとってはそうではない。こうしていまや、実際に発話を認識することが可能になりつつあるのである。

このようなネットワークの能力は、決して聴覚に限定されるわけではない。複雑な視覚的特徴についても、それを認識するように同様の「訓練」を行うことができる。最近のあるニューラルネットワークは、二次元の滑らかな曲面の白黒写真を与えられただけで、その曲面の三次元的な形と方向を割り出すことができる。つまり、それは私たちが難なく解いている問題、すなわち「明暗から形」をいかにして見抜くのかという視覚心理学の伝統的な問題を解くのである。

さらにネットワークの能力は、知覚に限定されるわけでさえない。ネットワークを用いて興味深い運動出力を生み出すことも、同じくらい容易にできる。視野のなかのある場所に何かある対象が現れたら、そのほうに人工生物の関節付きの腕を動かして、それをつかませる非常に簡単なネットワークがすでに生み出されている。これは「感覚運動協調」の簡単な一例である。また、たとえば、印刷された文章が入力されると、それを音声に変換して出力することができるかなり大きなネットワークもすでに生み出されている。つまり、このネットワークは印刷された文章が入力として与えられると（もちろんスキャナを介して）、運動出力として声を出して読むことができるのである（もちろん音声合成器を介して）。これがNETtalkとよばれるセイノフスキーとローゼンバーグの有名なネットワークである。それは、入力文字についてはあるベクトルコード化方式を用い、出力音素についてはは別のベクトルコード化方式を用いる。そしてベクトルからベクトルへの適切な変換を行うように徐々に学習がなされ、その結果、印刷された平明な英語の文章を読むことができるようになったのである。しかも従うべきいかなる規則も与えられずに、そうできるようになったのである。これはなかなかの偉業だ。というのも、英語の単語の綴りは発音に関してとても不規則だからである。ネットワークはたとえば、文字"a"をある一定の音声に変換できるようになればよいというわけではない。それは、"a"が"save"に現れるときはある音声に、"have"に現れるときは別の音声に、"ball"に現れるときはさらに別の音声に、変換できるようにならなければならない。また、"c"は"city"では軟音であり、"cat"では硬音であり、"cello"ではそのいずれとも異なる音であることを学ばなければならない。私たちが皆、小学校で習ったように、このほかにもたくさん同様の例を習わなければならない。

もちろん、ネットワークは最初からそのようなことができるわけではない。訓練されない状態で印刷された文章が与えられると、ネットワークの出力ベクトルは音声合成器を介して、「ナナノオ

ノオ　ノオナナアー」といった赤ちゃんの発するような無意味な音声を生み出す。しかし、このエラーの大きい出力ベクトルは、入力から出力への過程を監視している通常のコンピュータによって解析され、上述の「誤差逆伝播法」に従ってネットワークの多くのシナプスの重みが調整される。そうすると、印刷された英語の文章がたくさん入力されるにつれて、無意味な音声が徐々に改善されていく。一〇〇〇のサンプル単語で一〇時間の訓練を受けただけで、どんな英語の文章が入力されても、ネットワークは多少ぎこちないにせよ、一貫した理解可能な発話を生み出す。しかも、システムのどこかで、そのための明示的な規則を表象することなく、そうするのである。

この種の並列ネットワークが遂行できる変換に何らかの限界があるだろうか。この分野の研究者たちは現在、そこには明白な理論的限界はないと見ている。というのも、新しいネットワークは一九五〇年代後半の古いネットワークが備えていなかった重要な特徴を備えているからである。たとえば、神経ユニットによって生み出される軸索出力信号は、もはやそのユニット自身の活性化レベルの「線型」関数である必要はない。現在の世代の人工ネットワークでは、それはふつうS字曲線の関数である。このちょっとした新趣向によって、ネットワークは少なくとも近似的に、非線型ベクトル変換とよばれるものを行うことができるようになり、そのため解決できる認知問題が劇的に広がるのである。

同じくらい重要なことだが、古いネットワークが入力層とそれに直接結合された出力層しかもっていなかったのに対して、新しいネットワークは入力層と出力層を仲介する一つかそれ以上の「隠れ」ユニットの層をもっている。仲介（諸）層の利点は、水雷／岩ネットワークで見たように、入力ベクトルでは明示的に得られない特徴がその層で探り出される可能性があるということである。この過程は反復でき、この反復によって出来る多層ネットワークは、感覚入力の領域に潜在的に含まれている複雑な構造的特徴を次第に深く探り出していくことができる。

なぜこの種の人工ネットワークがこれほど多くの注目を浴びてきたのかが、いまや理解できよう。この種のネットワークの微細な構造は、脳のそれと多くの点で類似しており、それゆえネットワークは、少なくともいくつかのシミュレートしがたい脳の機能的性質を示すのである。

脳との類比はどこまで成り立つのであろうか。脳の働き方は本当にネットワークのそれと同じなのだろうか。それはまだ不明だが、上述のような研究は明らかにやってみる価値がある。しかしながら、これまで挙げてきた事例には、明白な欠陥がある。そのことを指摘して、本節を閉じることにしよう。問題はネットワークを訓練するのにふつう使われる学習法、すなわち誤差逆伝播法にある。この学習法はたしかに非常に有効であるが、それは決して生物の脳の学習法ではありえない。なぜなら、一つには、この人工的な方法においては、最初から誰かが、あるいは何かがネットワークの最終的な振る舞いがどうなるべきであるかを知っていなければならないからである。そうであってはじめて、訓練のどの段階であれ、その段階でのネットワークの誤差を特定し、数量化することができるのである。しかし、実世界の生き物はそんな情報をもっていない。(もっていれば、そもそも学ぶ必要はないだろう!) 誤差逆伝播法は教師あり学習の一例である。しかし、実世界の学習はほとんどいつも教師なし学習である。

この人工的な学習法にまつわる第二の欠陥は、脳がかりに必要な種類の誤差の報告を体系的に与えられたとしても、脳はその情報を少しずつ誤差の原因になっているシナプス結合に伝えて、その結合の重みを適切に増やしたり減らしたりする方法をもっていない。学習する脳は、注意深く決定された誤差を逆伝播するのとはまったく異なる方法を用いているにちがいないと思われる。

そして実際そうであるようだ。生物の脳においては、主としてヘッブ学習（Hebbian learning）とよばれる過程によってシナプスの重みの変化が起こると考えられている。この学習法は前世紀の中ごろ心理学者D・O・ヘッブによってはじめて提案された。それは、どんなネットワークについても、適切な重み配置を形作っていくことができる。しかし、このすぐれた能力は、すぐさま理解されるようになったのではなく、徐々に理解されていった。

ヘッブ学習法の基本的な考え方はつぎのとおりである。あるニューロンのあるシナプスがその重みを次第に増していくのは、そのニューロンの軸索からそのシナプスの終末枝に強い信号が到達することと、受け手のニューロンが高いレベルで活性化することとのあいだに、持続的な一致があるときであり、かつそのときにかぎる。受け手のニューロンがふつう高いレベルの活性化を示すのは、まさにその送り手のニューロンと同時に、結合階層の一つ前の層の他のさまざまなニューロンからも、多くの他のシナプス結合を介してその受け手のニューロンに強い信号が送られるからである。したがって、ここに見られるのは、この同時の集団コーラスに関わる特定のシナプス結合の重みをすべて、そしてそれらだけを大きくするという過程である。つまり、一つ前の層のある特定の中核となるニューロン群が受け手のニューロンに一斉に強い信号を送るとき、その中核群からのシナプス結合はすべてその重みを少し増すのである。そしてこの同じ中核群がその同じ受け手のニューロンを繰り返し同様の集団的な仕方で刺激するなら、関係するシナプス結合の集まりは実質的かつ永続的にその重みを増すのである。その結果、この受け手のニューロンは、一つ前のニューロン層のある特定の活性化レベルのパターン、つまり中核群の興奮パターンに選択的に反応するようになる（つまり、それに対してもっとも強い反応を示すようになる）。そしてこのように反応するようになるのは、この同時のパターンがネットワークの経験する他の可能ないかなるパターンよりも頻繁に生じるからである。

　このようにして、感覚層の下流にある単一のニューロンが、ネットワークの世界経験において頻繁に繰り返し現れるものを信頼できる仕方で指し示すことができるようになる。しかも、ネットワークが世界にどう反応して振る舞うべきかについて最初から何らかの予知的な指示があるわけではないにもかかわらず、そのようなことが可能なのである。ヘッブ学習は生物自身の経験のうちに示される主要なパターンないし構造を、完全に自分の力で引き出そうとする過程である。それは世界それ自体を教師とするだけで、それ以外に教師を必要としない。

　ヘッブ学習にはこのほかにも長所がある。たとえば、「回帰」ネットワーク（すなわち、これまで述べてきたすべての事例のように、純粋に「順方向」の軸索投射だけというのではなく、「逆方向」の軸索投射も備えたネットワーク）に学習を行わせれば、そのネットワークは典型的な系列もしくは時間的パターンに対して選択的に反応できるようになる。たとえば、歩行者の歩きぶり、飛ぶ鳥の羽ばたき、跳ねるボールが繰り返し描く弧型の軌道、などを識別できるようになる。これもまた素晴らしいことである。なぜなら、時間的に展開する顕著なパターンを認識することは、少なくとも顕著な空間的構造を認識することと同じくらい、認知的な生物にとって重要なことだからである。この時間的な能力がどのように獲得されるのかについては、詳細を省くが、それはいまなお発展し続ける実り豊かな探究の一つである。AI、認知科学、神経科学の三者は、いまや互いにものすごい影響を及ぼし合っている。それらはいまや互いに教え合っており、そこから皆が利益を得るであろう。

最後の重要事項である。ここで探究してきたようなタイプの理論によれば、脳におけるもっとも重要な種類の表象は高次元ニューロン活性化ベクトルであり、もっとも重要な種類の計算はベクトルからベクトルへの変換である。これが正しいとすれば、それは以前の消去的唯物論の主張（第2章5節）にそれなりの実質を与えることになる。消去的唯物論によれば、素朴心理学の諸概念は心の状態や活動について、その動的に重要な側面を必ずしもよく捉えていないかもしれず、おそらく捉えていないであろう。そしてさきほどまで素描してきた認知の諸要素は、馴染み深い常識的な性格をもってはいない。おそらく理論的な理解が進むにつれて、私たちが説明しようとしている現象の捉え方そのものが、大きな修正を迫られることになるだろう。私たちはこのことを積極的に認めるべきである。これは科学の歴史を通じてよく見られるパターンであり、認知科学もその例外ではない。例外だとみなすべき理由は何もないのである。

第8章
遙かなる展望

1　宇宙における知性の分布

これまでの章で調べてきた重要な証拠からすると、意識的知性はまったくの自然現象にほかならないと言えよう。哲学者や科学者のあいだで成立しつつある広範な合意によれば、意識的知性は適切に組織化された物質の活動にほかならず、少なくともこの地球においては、何十億年もの化学的、生物学的、神経生理学的な進化の結果として、意識的知性に必要なそうした精緻な組織が誕生したのである。

宇宙が展開するにつれて、知性が自然に誕生するとすれば、宇宙の他の多くの場所で知性が誕生したり、あるいは誕生しつつあったりするのだろうか。もし必要な物理的組成やエネルギー環境（たとえば、暖かさの恵みを与えてくれる太陽が近くにあるといった環境）が地球にしかないというのでなければ、答えは明らかにイエスであろう。そのような条件が成立するのは、地球だけだろうか。進化の過程について私たちが現在、理解していることを吟味して、知性を生み出すような進化の過程にはいったい何が必要かを調べてみよう。

エネルギーの流れと秩序の進化

　基本的に知性が必要とするのは、多くの異なる組み合わせを許す物理的要素（たとえば原子）からなるシステムと、このシステムを通過するエネルギーの流れ（たとえば日光）である。これはおよそ四〇億年前、まだ生物が誕生しておらず、化学的進化だけが起こっている時期の地球の状況である。システムにエネルギーが入り、そしてまた出ていくというエネルギーの流れもしくは流動が決定的に重要である。外部のエネルギーの出入りのない閉じたシステムでは、システムのなかのエネルギー量の大きい原子の集まりが次第に解体して、そのエネルギーをエネルギー量の少ない集まりに再配分し、最終的にはエネルギー水準がシステム全体のどこでも同じになる。つまり、平衡状態になる。重力場にある水のように、エネルギーは「それ自身の水準を求める」と言えよう。それはその水準がどこでも同じになるまで「下り坂」を流れ落ちていくのである。

　この平凡な喩えは、熱力学の第二法則とよばれる根本的な物理法則の真髄を表している。この法則によれば、平衡状態にない閉じたシステムでは、エネルギーの交換によって、システムは否応なく平衡状態に、つまりシステム内のエネルギーの全体がシステムのすべての部分に等しく分配された状態に向かう。そしていったんこの最低の平衡状態に達すると、システムはこの一様な差異なき

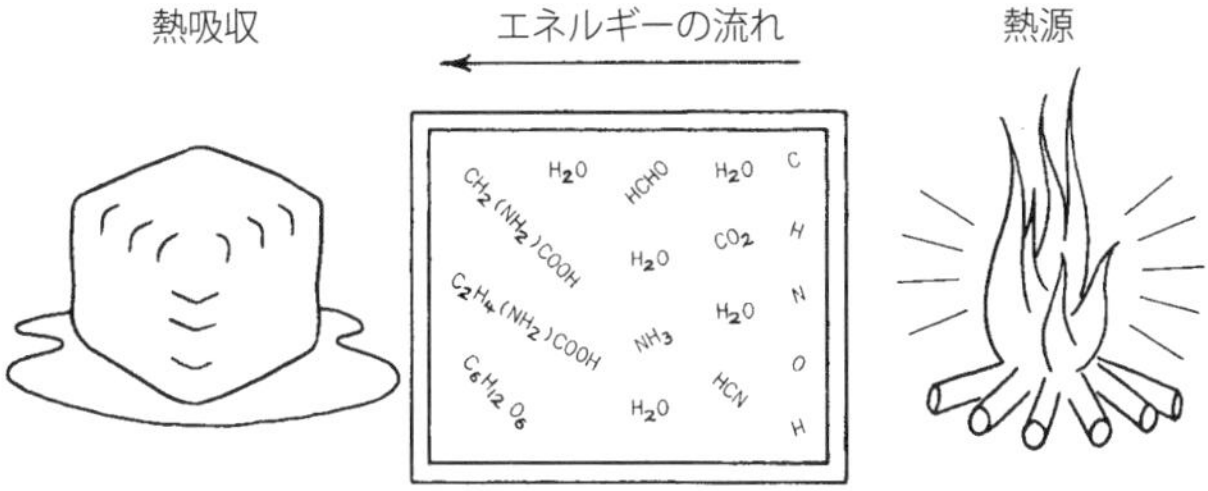

図8・1

暗闇に永久にとどまり続ける。高エネルギーの興味深い複雑な構造がこのシステムの内部で形成されることは、まったく起こりそうもない。なぜなら、そのためには、システムの内部エネルギーが「上り坂」を登って逆流していく必要があるからである。つまり、エネルギーの実質的な非平衡状態が自発的に生じなければならないのである。そしてこれこそ、第二法則が実質的に禁じていることにほかならない。明らかに、エネルギーを蓄えた複雑な構造の進化は、そのような閉じたシステムでは起こりえないのである。

しかしながら、システムが開かれていて、絶えずエネルギーの流動に晒されていると、状況は一変する。水で満たされたガラスの箱を用いて図式的に説明してみよう。図8・1のように、この箱の一方の端には恒常的な熱源があり、他方には恒常的な熱吸収源がある。水には窒素と二酸化炭素が溶けている。箱の右端はかなり熱くなるが、火がこの端にエネルギーを注ぐのと同じくらい速く、そのエネルギーは冷たい左端に運ばれ、そこから出ていく。したがって、箱のなかの平均温度は一定に保たれる。

このことが箱のなかの希薄な溶液にどんな効果をもたらすかを考えてみよう。箱の熱いほうの端、つまり高エネルギー端では、分子と原子が余分のエネルギーを吸収し、励起した状態になる。それらはシステムのなかを周遊するにつれて、互いに高エネルギーの化学結合を自由に形成する。この化学結合は、全面的な平衡状態にある低エネルギーのシステムでは、統計的に不可能であったような結合である。こうしてさまざまな種類の複雑な化合物が熱い端のほうで形成され、そして冷たい端のほうに集まるようになる。システムを貫通する熱エネルギーの恒常的な流れがなければ、そのような多様で複雑な化合物が生じることはなかったであろう。炭素、水素、酸素、窒素は寄り集まって文字通り何百万もの異なる化合物を形成することができる。熱流が発生すると、この部分的に開いたシステムもしくは半閉鎖システムは、そのような組合せの可能性を猛烈に探索し始めるのである。

そうすると、容易にわかるように、箱のなかではつぎに、ある種の競争が生じることになる。あるタイプの分子はあまり安定ではなく、形成されると、すぐまた分解するであろう。他のタイプの分子はもっとしっかりした素材からなり、しばらく存続するであろう。さらに別のタイプの分子は、非常に不安定だが、非常に頻繁に形成されるため、どの時点でもかなりの数がシステムのなかに存在するであろう。あるタイプの分子はそれ自身の構成要素を選択的に形成するための触媒となり、それによって結局、それ自身が形成される可能性が高まるであろう。他のタイプの分子はお互いにお互いの触媒となり、一緒に繁栄する共生的な関係を築くであろう。このような仕方で、そしてさらにその他の仕方でも、さまざまなタイプの分子は溶液環境の制覇をめぐって競争する。そして最大の数になるのは、高い安定性および／あるいは高い形成率を誇るタイプの分子であろう。

このような過程が結局のところたどり着くのは、多くの場合、かなり少数の種類の複雑な分子が非常にたくさんシステム中に存在するような状態である。これらの分子は、獲得した豊かなエネルギーをその内部の結合のうちに蓄えている。（何百万もの可能なタイプのうち、どのタイプの分子が実際にシステムにおいて支配的となるかは、溶液の最初のあり方とエネルギー流の水準に依存し、それらに大きく左右されるであろう。）こうしてシステムは、そのなかを貫通する恒常的なエネルギー流なしには考えられなかったような秩序、複雑さ、および非平衡のエネルギー分布を示す。エネルギー流がシステムに活を入れるのである。それはシステムを最初の混沌とした単純な状態から、多くの形態の秩序を含む複雑な状態へと向かわせる。この過程が展開するのに十分な時間が与えられさえすれば、起こりそうになかったことがいまや必然的に起こることとなる。

以上の実験は非常に図式的であり、一般的な原理を例示するためのものにすぎないが、じつはこの種の実験が現に行われてきたのである。いまや有名となったユーリーとミラーの一九五三年の実験では、地球の生物誕生以前の状態（水素、アンモニア、メタン、水からなる状態）を密閉したフラスコのなかに作り出し、そのフラスコに一定の電気放電を浴びせ続けた。数日後、フラスコの中身を調べてみると、多くの複雑な有機化合物が形成されていた。そのなかには多数の異なるアミノ酸が含まれていた。アミノ酸はタンパク質を構成する単位になるものである。別の実験では、別のいろいろなエネルギー源（紫外線、熱、衝撃波）が試され、すべて同様の結果が得られた。つまり、エネルギー流は半閉鎖システムのなかで秩序と複雑さを生み出したのである。

自然もまたこの実験を行った。地球全体を使って、そして何十億の他の惑星を使って、それを行った。というのも、地球全体もまた、太陽を熱源とし、周囲の暗い空間を低温の熱吸収源とする半閉

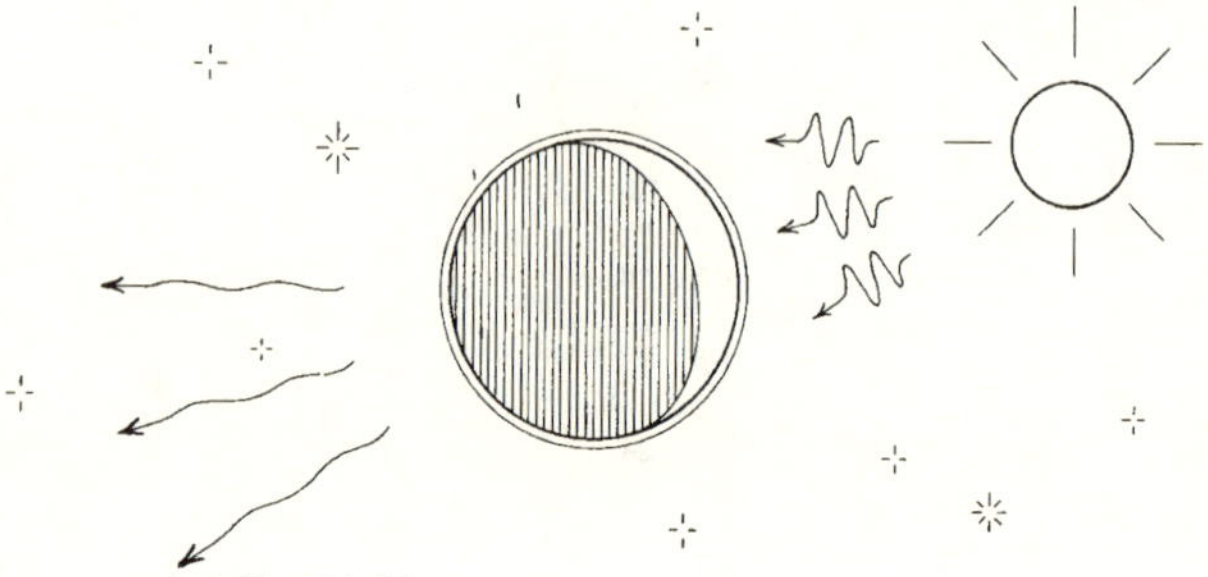

図8・2

鎖システムだからである（図8・2）。太陽エネルギーはこの巨大なシステムを四〇億年以上も貫通し続け、そこに含まれる物質が孕む無数の可能な秩序、構造、複雑さを辛抱強く探り出してきた。その結果が上記の人工的なシステムで見られた結果よりもはるかに豊かであることは、さして驚くに当たらない。

このような見方からすると、どんな惑星であれ、そこに多様な種類の元素を含む溶液と、近くの恒星からの適切なエネルギーの流れさえあれば、豊かな進化的過程が生じるように思われる。この条件を満たす惑星は、私たちの銀河系のなかにいくつくらい存在するだろうか。

進化地帯の分布

私たちの銀河系には、だいたい一〇〇〇億個の恒星がある。まず、このうちどれだけの星に惑星があるだろうか。星の形成に関する理論が構築され、また公転する惑星の重力の影響によって星が振動することが望遠鏡で観察され、さらに公転する惑星が私たちと星のあいだを通過するさいに少し光を遮るため、星の光が周期的にやや暗くなることが望遠鏡で観察されてきた。これらの結果はすべて、少なくとも銀河系のなかでは、何らかの種類の惑星系がごくふつうに存在することを指し示している。それどころか、ほとんどすべての星が何らかの種類の惑星系を有するようにみえる。そうでないのは超高温で超巨大な星くらいであり、これらの星はいずれにせよ、かなり短命である（それらはすみやかに燃え尽き、爆発して超新星となる）。これらは数もかなり少なく、それらを除いても、銀河系にはまだ一〇〇〇億個近くの惑星系があることになる。

他方、同じ観察が示すところによれば、存在する惑星系には驚くほどの多様性があり、その大部分は私たちが幸運にも住んでいる素晴らしく安定した太陽系ときわめて大きく異なる。慎重を期して、一〇〇の惑星系のうち一つだけが私たちの太陽系と同じような長期的な安定性を示すと仮定しよう。これにより、候補となる惑星系は一〇億個となる。

このうちのどれだけの惑星系に、適切な構成と適切な位置をもつ惑星が存在するだろうか。適切な構成という点からすると、星の爆発の残骸から形成された第二世代の惑星系だけを考察すればよいだろう。なぜなら、水素とヘリウムを超えた元素はおもにそれらの残骸から提供されるからである。このため、候補となる惑星系はさらに半分以下に絞られ、一億を超えた程度となる。この残った惑星系においては、適切な構成をもつ惑星がかなりありそうである。太陽系だけでも、水が進化に必要な溶媒だとすると、地球、火星、および木星の二つの大きな衛星が相当な量の水を含む。巨大な木星とその一二個以上の衛星はそれ自体でほぼミニ太陽系を形成しており、太陽系以外に綿密な研究のできる他の唯一の系なので、木星の衛星はその点で重要な意味をもつ。興味深いことに、木星の第二、第三の衛星であるエウロパとガニメデはそれぞれ地球とほぼ同じだけの水を含んでいる。それらの海は地球の海より狭いが、はるかに深い。太陽の惑星系と木星の衛星系という二つの系から一般化してよいとすると、惑星系の多くに水のある惑星が存在するであろうし、なかにはそのような惑星を二つかそれ以上含むものもあるだろう。

また、水のある惑星だけではなく、水のない惑星でも可能性がある。液体アンモニアや液体メタンもまたよくある溶媒であり、そのなかで進化的な化学過程が進行することは十分可能である。しかしながら、そのような溶媒で出来た海が存在するのは地球よりもはるかに冷たい惑星においてであり、地球の生化学よりもはるかに低エネルギーの化学結合について、どのような結合が可能であるかが探られることになろう。それでも、このかなり低温の環境も、水とは別の進化ニッチとなる。したがって、惑星に水があるかどうかは、ここでの試算にとってはとくに問題にならないように思われる。そこで、重要な化学進化にふさわしい構成をもつ惑星は、少なくとも一億程度だと見積もることにしよう。

エネルギーを供給する恒星に対して適切な位置にあるのは、これらの惑星のうちどれくらいであろうか。惑星の軌道は星の「生命地帯」のなかになければならない。つまり、溶媒が沸騰してしまわない程度に星から十分離れており、また溶媒が凍結しない程度に十分近くなければならない。水の場合、この生命地帯はかなり広く、一つでも惑星の軌道がそのなかに入る可能性は五割以上ある。しかしながら、地球のような生命が誕生するためには、水の惑星がその生命地帯に存在する必要があり、そのような惑星はおそらく一〇分の一くらいしかないだろう。そこで、控えめに見積もって、適切な位置をもつ水の惑星は候補として残っている惑星のうち一〇分の一しかないとしよう。適切な位置にあるアンモニアやメタンの惑星も期待できるが、同様の考察により似たような見積もりになるだろう。したがって、結局、適切な位置と構成をもつ惑星はおよそ一〇〇〇万個と見積もられよう。

この見積もりは、どの恒星も私たちの太陽とあまり違わないと仮定したうえでのものである。しかし、太陽は小振りで目立たない恒星だが、大部分の恒星はさらに小さくて冷たく、それゆえ「生命地帯」も狭い。そのため、そのような恒星の惑星が適切な位置をもつ可能性は、一桁くらい下がるかもしれない。しかし、そうだとしても、銀河系のなかで太陽くらいの大きさの恒星も一〇%程度あり、それらだけ考慮しても、選び抜かれた惑星は少なくとも一〇〇万個になるだろう。

以上により、控えめに見積もっても、銀河系のなかで少なくとも一〇〇万個の惑星において何らかの段階の進化の過程が存在し、容赦なくバリバリと淘汰が進行していると推定できるのである。

生命と知性

これは大きな数だ。それが重要である。私たちを生み出した過程は、銀河系を通じて（それどころか、宇宙を通じて）ありふれているように思われる。この結論はなかなか刺激的だが、本当の問いがまだ答えられていない。これらの惑星のうちどれくらいにおいて、進化の過程が物質を組織して実際に生命を生み出したのだろうか。また、それらのうちどれくらいにおいて、意識的な知性を生み出したのだろうか。自信をもってその割合を見積もることはできない。というのも、そのためには進化が生じる確率と進化がたどりうる別の道筋についての理解が必要だからである。現段階では、気まぐれな進化の過程を十分には把握できていないため、それらの点をはっきりさせることができない。したがって、すでにわかっている関連事項を考察するにとどめざるをえない。しかし、それでもなお、それなりに有益な情報が得られよう。

まず、直前の段落に暗に含まれていた通常の見方から出発しよう。それは、進化には橋渡しすべき二つの大きな不連続な切れ目があったという見方である。一つは非生命と生命の切れ目であり、もう一つは無意識と意識の切れ目である。しかし、この二つの切れ目は私たちの常識に深く根付いているにもかかわらず、少し誤った仕方で理解されている。というのも、実際には、どちらの切れ目も、自然界に厳然と存在する明確に定義可能でまったく橋渡し不可能な不連続性だというわけではないからである。

生命の概念を考えてみよう。自己複製の能力を生命の本質的な特徴と捉えるなら、生命の出現は必ずしも不連続性を意味しない。自身の構成要素を形成するために自らその触媒となる分子は、自己複製能力の連続的なスペクトルの低いほうに位置する。このことを理解するには、この種の分子が次第に効率的になり、迅速に作用するようになっていく一つの系列を想像してみればよい。それは最終的には、順に自身の各構成要素の触媒となり、各要素が生み出されるのと同じくらい迅速に各要素が組み合わされるような自己複製分子に至るだろう。ここで、そもそも要素となるものが周囲の環境にすでに存在するなら、分子は要素の触媒となる必要もない。たとえば、私たち自身のDNA分子は長いジッパーのような構造をしており、閉じたジッパーが開かれて二つの部分に分かれるように、自発的に二つの部分に分かれ、そのおのおのが長いDNA分子の構成要素である四つの核酸分子を周囲から引きつけ、それと結合していく。その結果、元のジッパーの各半分が「残りの半分」の分子列を再構成し、それと結合することで、元のジッパーと同じ構造の二つのジッパーが出来る。DNA分子はまさに文字通りいま問題にしているような種類の自己複製分子である。ここには橋渡しすべきいかなる不連続、いかなる間隙もない。しかも、DNA分子の特定の核酸の列はタンパク質分子とよばれる長い鎖状分子の形成を促す触媒となることができるし、実際そうなるだろう。少なくとも地球上では、このタンパク質分子があらゆる生物の生体組織を形作っている。

この最後の非常に重要なDNA分子の機能からすると、自己複製だけで生命を特徴づけるような見方はあまりにも単純すぎるように思えてこよう。そのような見方はいくつかの理由により否定される。DNA分子は明らかに自己複製の能力をもつが、だからといってDNA分子それ自体を生きているとみなすのはためらわれよう。それに生命のもっと深い見方が手近にある。それは細胞を生命の具体例とするような見方であり、一部の説によれば、細胞は生命の最小単位である。細胞は、地球の生物圏という巨大な半閉鎖システムのなかにある、小さな自己組織的な半閉鎖物理システムである。大部分の細胞では、エネルギーの流れは化学的である。つまり、細胞はエネルギーの豊かな分子を摂取し、その分子が放つエネルギーを奪取する。しかし、なかには光合成ができる分子があり、そのような分子は周囲の日光を直接利用して、内部の代謝過程を推進する。このような分子では、生命活動を駆動するのはエネルギーの豊かな分子ではなく、エネルギーの豊かな光子である。このようなことから、生き物とは、すでに有している内部の秩序と通過するエネルギーの流れを利用して、内部の秩序を維持ないし増加させる半閉鎖物理システムであると定義するのが適切であろう。

実際、この定義はふつう生命だとみなされるものについて、非常に重要な特徴を捉えている。また、それによれば、多細胞生物も問題なく生命だということになる。なぜなら、植物や動物も数百万や数十億の小さな半閉鎖システムから構成される半閉鎖システムだからである。植物や動物は（たんなる）分子の巨大な共同体ではなく、むしろ細胞の巨大な共同体である。このように、この生命の定義はきわめて自然である。しかし、それでも、少し驚くべき帰結がある。この定義を受け入れるなら、ハチの巣は生き物だということになる。アリ塚もそうであり、人間の都市もそうである。実際、生物圏全体が生き物だということになる。というのも、それらはすべてこの定義を満たすからである。

この生命のスペクトルの反対の極には、かろうじて生命だとみなされるかもしれない非常に単純なシステムがある。これは私たちをふたたび不連続性の問題に直面させることになる。燃えるロウソクから滴り落ちる白熱の蝋涙を考えてみよう。これもまたエネルギーがそのなかを流れる半閉鎖システムであり、内部の秩序はわずかで、自己維持力は弱いが、それでもかろうじてさきの定義の諸条件を満たしていると言えるかもしれない。他の境界事例となるシステムも同様の問題を引き起こすだろう。そうだとすれば、この定義を却下すべきだろうか。そうではない。むしろ生命であるシステムとそうでないシステムのあいだには程度差があるだけだとするほうが賢明である。橋渡しすべき形而上学的な間隙があるのではなく、登るべき緩やかな坂があるだけである。この坂は内部の秩序および自己制御の程度によってその高さが測られる。

意識的知性を考察する場合でも同じことが言える。すでに見たように、意識と知性はさまざまな程度とあり方で出現し、長いスペクトルを成す。知性が人間独自のものでないことは確かである。何百万もの他の生物種もある程度知性を示す。変化する環境に対していろいろ適切な反応ができることとしておおまかに知性を定義するなら、ジャガイモのような簡単なものでさえ、ちょっとした狡猾さを示す。ここにはいかなる形而上学的な不連続性も存在しないのである。

しかし、この定義はおおまかすぎる。この定義では知性の発達的または創造的な側面が捉えられない。そこで、つぎのようなもっと掘り下げた定義を考えてみよう。システムが知性をもつのは、それがそれ自身のうちにすでにある情報とそれを通過するエネルギー流（感覚器官を通過するエネルギー流を含む）を利用して、それ自身のもつ情報を増加させる場合である。このようなシステムは、環境との持続的な相互作用から学習することができ、それこそが知性の核心であるように思われる。

実際、この改善された定義は、ふつう知性とみなされるもののもつ非常に重要な点を捉えている。そして読者がすでにお気づきになっていることを願うが、この知性の定義とさきの生命の定義のあいだには、密接な平行関係がある。生命とは、さきの定義では、自身の秩序とエネルギー流を利用して、さらなる秩序を獲得することであった。この生命と知性の平行関係は、つぎの理由により重要である。情報を所有するということを抽象的に言えば、環境とある体系的な関係をもつようなある種の内的秩序を所有するということである。そうだとすれば、知性の働きとは、生命に特徴的な働きのうちの高度な働き、つまり生物の環境とさらにいっそう深く結びつくような働きにほかならないということになる。
この仮説は、脳がおびただしくエネルギーを消費する事実と符合する。特定の種類の秩序をたくさん生み出すには、非常に大きなエネルギー流が必要である。そして人間の脳は全体重の二%しかないが、活発に活動しているときは、静止している身体が消費する全エネルギーのうちの二〇%以上を消費する。脳もまた半閉鎖システムであり、驚嘆するほどに高度に集約的なあり方をしている。脳は絶えずその微視的な秩序を変えているが、この秩序は世界の客観的な構造を驚くほど詳細に反映している。知性もまた不連続性を示すものではない。知的な生命とは、熱力学的に高度な秩序を備え、また内部の秩序と外部の環境のあいだにとくに密接な結びつきがあるような生命にほかならないのである。

以上のことは、十分なエネルギーと時間があれば、生命と知性は両方とも惑星の進化から自然に生まれてくるだろう、という予想が成り立つことを意味する。十分なエネルギーと惑星は存在する。では、時間は十分あっただろうか。地球では、十分な時間があった。しかし、他の一〇〇万個の候補惑星についてはどうであろうか。これについては確かなことはほとんど何もわかっていない。しかし、銀河系のなかでまさに地球が知的生命を育んだ最初の惑星だという確率は、ほとんどゼロに等しいほど、小さい。それは一〇〇万分の一にすぎない。そして太陽／地球システムが誕生したのが約四五億年前であるのに対し、一部の恒星はすでに少なくとも八〇億年前から惑星にエネルギーを注ぎ込んでいる。このことを考えれば、地球が最初だという確率はさらに小さくなる。どちらかといえば、私たちの地球は長い時間のハンディを背負って進化のレースに参加したのである。しかし、その一方で、進化の速度はきわめて変わりやすく、惑星の微妙な諸変数に応じて何桁も変わるかもしれない。そのため、地球の時間のハンディは重要でなく、銀河系のなかで地球が知性を育んだ最初の惑星である可能性も、ひょっとしたらあるかもしれない。

ここでどんな結論も確信をもってくだすことはできないが、さきの不確かな仮定に基づいてあえて結論をくだすとすれば、候補惑星の半分が地球より後に知性を生み出し、半分が地球より先に生み出すということになろう。この「精一杯の推測」によれば、銀河系だけで一〇万個程度の惑星がすでに知的な生命を生み出しているということになる。

そうだとすると、小さな緑色の人たちが空飛ぶ円盤に乗って頻繁に私たちのもとを訪れるはずだということになるだろうか。そうではない。「精一杯の推測」を受け入れたとしても、そうはならない。三つの重要な理由により、そうならないのである。第一の理由は、問題の一〇万個の惑星の空間的な散らばりである。私たちの銀河系は一〇〇兆立方光年以上の体積がある（一光年は光が一年に進む距離で、光は毎秒三〇万キロメートル進むから、一光年は一〇兆キロメートル近くになる。）この体積のなかに一〇万個の惑星が散らばっているので、惑星間の平均距離は五〇〇光年以上になる。これは気楽な訪問には、あるいは決死の訪問にでさえ、まったく不向きな距離である。

第二の、おそらくより重要な理由は、時間的な散らばりである。問題の一〇万個の惑星がすべて同時に知的な生命を生み出したとは考えられない。また、知的生命が誕生しても、非常に長く存続するかどうかは確かではない。災害が起こり、退化が始まり、自己破壊が生じる。具体的に説明するために、一つの惑星において知的な生命が存続する期間は平均一億年だとしてみよう（地球では、それは初期の哺乳類の出現から近々私たちを滅ぼすかもしれない核による大破壊までの期間である)。この知性の存続期間が銀河系の歴史全体に一様に散らばっているとすると、知的生命がいる惑星にとってその仲間となる惑星、つまりそれと同時に知的生命のいる惑星の数は、一〇〇〇個だけということになろう。この一〇〇〇個の惑星のあいだの平均距離は少なくとも四〇〇〇光年になる。そのうえ、これらの知性を育む揺りかごが現時点で野ネズミやヒツジ以上の知性を生み出しているという保証はない。地球でさえ、その水準を超えたのはつい最近のことである。しかも、高度の知性と技術をもつ文明は、本質的に不安定であるかもしれないから、平均一〇〇〇年しか存続しないかもしれない。そうだとすれば、そのような文明はほとんどいつも、銀河系のなかで同時期に仲間をもたない悲劇的な存在かもしれない。

仲間となる可能性のあったすべての文明に自滅的な傾向があるということであれば、そうであろう。しかし、そうでないとすれば、同時期の仲間の可能性についてもっと楽観的な見積もりに戻ることができる。いったん生み出された知的生命の存続期間が平均一〇億年から五〇億年(さきの一億年ではなく)とすれば、時間的な散らばりがあるとしても、おそらく一万個の惑星が知的進化において私たちと同時に歩むか、あるいは先行することになろう。これによってようやく、小さな緑色の人との刺激的なコミュニケーションが実際に存在するにちがいないと思われるかもしれない。何百光年あるいは何千光年も離れたところから電波で通信するといったものでしかないとしても、そのような通信がきっとあるはずだと思われるかもしれない。しかし、第三のもっとも重要な理由により、そうはならない。生命と知性がとりうる形態には、無数のさまざまな種類がありうるのである。

地球の生物圏は、進化の歴史により、機能的に独立した独自の生命単位を生み出してきた。すなわち、細胞と多細胞生物である。しかし、これは決して絶対必然的というわけではない。生物圏のなかには、惑星全体を取り巻く単一の「細胞」、非常に複雑ながら統一された高度に知的な「細胞」を進化させたものもあるかもしれない。私たちのようなものがそのような生命体と交信しようとすれば、それは沼のなかの一個のバクテリア細胞が化学物質を発することによって、通りすがりの人と交信しようとするようなものであろう。巨大な生命体はただたんに何の「関心」も抱かない。

もっと近い生物の場合でも、環境が違えば、非常に異なる感覚器官が進化してくるし、感覚器官が異なれば、脳も非常に異なってくる可能性がある。（一般的に言えば、脳は感覚末梢から内側へと進化してきたものであり、すでにある感覚様相を利用し、それに仕えるような仕方で発達してきたにちがいない。）電磁場を感知して動き回り、遠赤外線の方向探知器を使って狩りをし、五〇キロヘルツの立体音響を使って細かな操作を行い、芳香族の炭化水素を放って交信するような異質な生物が、人間と同じような仕方で考えるということはありそうもない。

馴染みのない感覚器官を別にすれば、私たちのもつような特定の認知能力の集まりが必ず異質な生物の認知を形作るというわけでは決してない。たとえば、高度に知的でありながら、数を操作する能力をいっさいもたないとか、あるいは五までしか数えることができないとかいうことは可能であり、人間の場合でも、それは可能である。また、高度に知的でありながら、言語を理解したり操作したりする能力をまったく欠くことも可能であり、やはり人間の場合でも、それは可能である。

このように人間でも、他の標準的な心的能力には問題がないのに、ある能力だけ特異的に欠損するということが起こりうる。最初のものは珍しいが、よく知られており、失算症とよばれる。第二ものはもっとよくある疾患で、全失語症とよばれる。したがって、高度に知的だが異質な生物が、必ず算術の法則を知っているとか、言語のようなシステムを学習できるとか、あるいは算術や言語のようなものが存在することに漠然とでも気づくはずだなどと想定することはできない。こうしたことからさらに、ある根本的な認知能力については、私たちがその存在にまったく気づかないかもしれないという可能性が示唆される。

最後に、異質な生物の目標や関心が私たちのそれと似ていると予想したり、あるいは私たちにとってそれらが理解可能であると予想したりすらすべきではない。ある生物種では、その種全体の熱狂的な目標が、歴史以前に祖先が始めた果てしなく長い魅力的な交響曲の作曲を完成させることであるかもしれない。この生物種の若者たちは、その交響曲のそれまでの部分を歌って学ぶことを通じて社会化される。別の生物種は高等数学のある風変わりな分野をひたすら追究しようとするかもしれない。大学の数学科の活動がネアンデルタール人にとって意味をなさないように、彼らの活動は私たちにとって意味をなさないだろう。同じくらい重要なことだが、生物種の目標そのものが進化を通じて遺伝的あるいは文化的に変化する。いまから五〇〇〇年後の人類の主要な目標は、私たちの現在の関心とほとんど、あるいはまったく関係ないかもしれない。以上のことが意味するのは、知的な生物種が私たちの一過的な文化を特徴づける情熱や関心を共有するだろうとは期待できないということである。

これまでの話は、知性の本質をめぐる問いを通常よりもはるかに広い展望のもとにおき、知性という自然現象がもつ非常に一般的で抽象的な本質を強調するということに、その狙いがあった。現在の人間の知性は、知性という広範かつ非常に一般的な主題の一つのあり方にすぎない。知性は銀河系全体にわたって多少なりとも存在しているようであるが、実際そうであるとしても、他の知的生物種が何をしているかについて、またそれらの知性がどんな形態をとっているかについて、ほとんど何も推し測ることはできない。さきに提案した知性の理論的定義が正しいとすれば、知性はエネルギーを（おそらくおびただしい量で）消費し、秩序を生み出し、その秩序の少なくとも一部は環境との実り豊かな相互作用を維持するのに関わっていると言うことはできるが、それ以上の詳細については、ありとあらゆる可能性があるのである。しかも、他の生物種にとってそうであるだけではなく、私たち人間にとっても知性のあらゆる可能性が開かれているのである。

2　内観的意識の拡張

本書を締めくくるに当たって、宇宙全体の考察から戻って、ふたたび内面に、とくに内観的な気づきないし自己意識の現象に注意を向けよう。本書では全体を通じて、非常に一般的で中立的な内観の概念を採用してきた。それは以下のようにまとめることができる。

私たちは多くの種類の内的状態と過程をもつ。私たちはまた、そのような内的状態や過程が生起したかどうかを識別するとともに、その生起した状態や過程を互いに区別する生物学的なメカニズムを生得的にもっている。そしてそのような識別や区別を注意して行うとき、私たちはそれに対して明示的かつ概念的な応答を行うことができる。すなわち、内的状態や過程について多少なりとも適切な判断を行うことができる。この判断はお馴染みの常識的な概念で構成されている。たとえば、「私はピンクの感覚をもつ」、「私はめまいを感じる」、「私は痛みを感じる」などである。このように私たちは、どれほど不完全であれ、自分自身の内的活動をある程度認識できるのである。

ほとんどの人は、自己知、すなわち自分を知ることは望ましいことだと考えている。では、どうすれば、自分自身に対するこの内観的認識を改善ないし向上させることができるだろうか。私たちの生得的な内観メカニズムを外科的ないし遺伝子的に操作することは、一つの可能性であるが、近いうちに実現しそうな可能性ではない。その他では、私たちはおそらく、自分がすでにもっているメカニズムのもっと深く上手な活用法を習得することができよう。以下ではこの路線を探究してみよう。

この探究にとって多くの先例を与えてくれるのが、外的感覚である。聴覚における識別能力と概念的理解の恐るべき向上について考えてみよう。たとえば、まだ訓練を受けていない子供がベートーベンの第五交響曲を聴覚的に理解するのと、その同じ人がオーケストラの指揮者となって四〇年後にその同じ曲を指揮しながら成熟した耳で聞いて理解するのとを比べれば、そのあいだには大きな隔たりがある。以前は一つの音響であったものがいまや容易に識別できる諸々の楽器の音からなるモザイクである。以前はぼんやりと把握された調べがいまや調和したメロディを構成する合理的に組織された和音の連なりである。たいへんな訓練を受け、何度も実演してきた指揮者は、未訓練の子供よりも、そしておそらくたいていの人よりも、はるかに多くのことを聞き分けることができるのである。

同様の事例は他の感覚様相からも得られる。味覚によって化学物質を繊細に識別できるプロのワイン鑑定家を考えてみよう。彼にとっては、たいていの人が総じて「赤ワイン」と言っているものは、一五から二〇の識別可能な要素がいろいろ異なる割合で混ざったものに分かれる。エタノール、グリコール、果糖、ショ糖、タンニン、酸、二酸化炭素などがその要素であり、彼はその相対的な濃度を非常に正確に感知できる。彼の豊かな概念枠組とそれの長年の活用によって、彼は私たちよりもはるかに多くを味わうことができるのである。

あるいは天文学者を考えてみよう。彼女にとって、若い頃の暗い星空は、いまや無限に遠くまで延びる深淵に見える。そこには近くの惑星、黄色い矮星、青と赤の巨星、ガス状星雲があり、さらに遠方の銀河さえ一つか二つある。これらはすべて彼女の裸眼で（繰り返すが、裸眼で）そのようなものとして識別され、三次元空間に位置づけられる。彼女はひと目で、それらがどれくらい熱く、どれくらい大きく、どれくらい離れているかを見て取ることができる。彼女は私たちよりもはるかに多くを見ている。それがどれくらい多いか、またどれくらいたやすいかを私たちが正確に見積もるためには、私たち自身が彼女のもつ天文学の概念と解釈能力を身につけなければならないだろう。

いずれのケースでも、最終的に習得されるのは概念枠組である。音楽であれ、化学であれ、天文学であれ、その概念枠組が対象となる感覚領域について多くの知恵と知識を体現しているのである。そのような知恵と知識は、識別能力の訓練を受けていない人にとってただちに明らかであるような知恵や知識をはるかに超えたものである。こうした概念枠組は、ふつう多くの世代にわたって編成されつつ、受け継がれてきた文化遺産である。それを習得することによって、それなしでは不可能な豊かで深い感覚生活が可能になるのである。

さて、内観に戻れば、内観生活がすでにこの現象の恩恵を幅広く受けてきたものであることは明らかであろう。私たちが習慣的に行う識別はたいてい学習されたものである。それらは実践と経験を通じて、しばしば非常に長い時間をかけて習得される。私たちは、識別することが有益なものについて、その識別を学ぶ。一般的に言えば、私たちが学ぶ識別は、他の人たちがすでに行っている識別であり、私たちが学習する言語の心理的語彙のなかにすでに組み込まれている識別である。日常言語に埋め込まれている心的状態の概念枠組は、第3章と第4章で見たように、それ自体ですでにかなり洗練された理論的枠組であり、成人の内観を深く形作っている。それは諸々の心的カテゴリーとそれらのあいだの一般的な諸関係のうちに一定の知恵を具現しているが、もしそれが現状より実質的に少ない知恵しか具現していないとすれば、生得的な識別機構が同じままでも、自分の内的状態と活動に関する私たちの内観的把握は大きく減少するであろう。一方、もしその概念枠組が私たちの内的状態と活動について現状よりも実質的に大きな知恵を具現しているとすれば、生得的な識別機構が同じままでも、私たちの内観的な識別と認識は現状よりはるかに大きくなろう。

本章の最後の積極的な提案が、ここから浮上してくる。最終的に唯物論が正しいなら、私たちの内的本性についてもっとも重要な知恵を内包しているのは、完成した神経科学の概念枠組だということになる。（さし当たりここでは、唯物論のさまざまな形態を分かつ微妙な違いについては考慮しない。）

そこで、「完成した」神経科学、もしくは現状よりはるかに進展した神経科学の概念枠組のもとで、自分の内的生活の豊かな詳細を記述し、思考し、そして内観的に把握することを学習していけるという可能性について考えてみよう。とくに、私たちが自分の生得的な内観メカニズムを訓練して、もっと厳密な新しい一群の区別を行えるようになるとしよう。この区別は、現在の日常語の素朴な心理的分類に基づくものではなく、脳活動についてのもっと発展した神経機能的説明から引き出されるもっと深くて豊かな説明力をもつ分類に基づくものである。つまり、私たちが自分を訓練して、そのように捉え直された内的活動に対して、神経科学の適切な概念で形成された判断でもって習慣的に反応するようになるとしよう。

内観能力の増強については、交響曲の指揮者やワイン鑑定家、天文学者が良い参考例になるとすれば、新しい概念枠組によって可能となる内観能力の増強も驚くべきものとなるだろう。前脳における糖質コルチコイドの蓄積（認知的疲弊）、側坐核の興奮によるドーパミンの放出（正の情動的強化）、扁桃体の過活動（絶え間ない怒り）、M４のニューロン群における〈50％、90％、50％〉の活性化パターン（赤の視覚的感覚）、およびその他の無数の神経生理学的、神経機能的な詳細が、私たちの内観的識別と概念的認識の客観的な対象となる。それはGm7やA+9の和音が、訓練された音楽家の聴覚的識別と概念的認識にとっての客観的な対象になるのと同様である。もちろん、そのようになるためには、もっと発展した神経科学の概念枠組を習得しなければならないであろう。また、その枠組の諸概念を適用して自動的に内観的判断を行う能力を、実際の訓練を通じて習得しなければならないだろう。しかし、得られる利益を考えれば、この二つはたいした代価ではない。というのも、いったんその二つを習得してしまえば、神経科学の理論が私たちの内部で展開する神経事象の詳細についてその説明と予測を与えてくれるであろうし、おそらく重要な神経活動に対してある程度の意識的な制御さえ可能にしてくれるであろうと考えられるからである。

この提案は消去的唯物論の話をしたときにすでに簡単な形で示されていたが、ここで描いたような可能性は他の唯物論的な立場にも等しく開かれている。還元的唯物論が正しければ、素朴心理学の分類は「完成した」神経科学の分類のある部分（おそらくかなり小さい部分だろうが）にかなりよく対応する。しかし、それでも、神経科学がもたらす新しい分類は私たちの内的本性についてははるかに深い洞察を具現しているであろう。また、機能主義が正しいとすれば、「完成した」神経科学の理論は私たちの内的活動について、もっと抽象的で計算論的な捉え方をするであろう。しかし、それでも、この捉え方はいまの常識の見方を上回る大きな説明力をもたらすであろう。つまり、この三つのいずれの場合でも、新しい枠組への移行は、私たちの一般的な知識と自動的な自己理解の両方において、相当な進展を約束するのである。

そこで、私はつぎのことを提唱する。心理状態と認知過程に関する唯物論的な運動学と力学が本当に出現したとすれば、それは私たちの疑いの余地なき内的生活を隠蔽ないし遮蔽する闇になるのではなく、むしろその驚くべき詳細をついに明らかにする暁となるのである。しかも、それを自分の内的生活に自分で適用すれば、自己意識的な内観においてさえ、そのような暁となるのである。

訳者あとがき

心身問題

心とは何であろうか。この問題を考えようとするとき、まず私たちにとって気になるのは、心と身体の関係であろう。肉体は滅んでも、魂は生き延びるのだろうか。これは太古から問われ続けてきた問題であり、おそらく永遠に、私たちの重大な関心事であり続けるだろう。多くの人々は魂の不滅を願い、その願いを叶えるべく、多くの宗教が霊魂不滅を説いてきた。しかし、魂の不滅を肯定するにせよ、否定するにせよ、魂が肉体とどのような関係にあるかが、具体的かつ整合的に説明されなければならないだろう。

心と身体の関係を問うとき、私たちはまず、心と身体（物質）は別だという心身二元論をとりたくなる。心はじつは物質だという物的一元論（＝唯物論）ではなく、また物質はじつは心だという心的一元論（＝唯心論）でもなく、両者は別だという二元論である。じっさい、心は明らかに、物質とは異なるようにみえる。たとえば、虫歯の痛みは、虫歯の物理的・生理的な状態とはまったく異なるように思われるし、脳のニューロンの電気的・化学的な状態ともまったく異なるように思われる。物質が示すどんな状態も、私たちが感じる痛みとは似ても似つかないようにみえる。心と身体は別であり、肉体が滅んでも、魂は不滅であるという考えは、たんに魂の不滅を願う私たちの願望から生まれてくるだけではなく、心的現象が物質的現象とまったく異なるようにみえるという私たちの日々の経験からも生じてくるのである。

しかし、それでは、二元論でよしかと言えば、そうはいかないところに、この問題の難しさと厄介さがある。心と身体はたしかにまったく別であるようにみえるが、その一方で、両者のあいだには、あまりにも密接な関係がある。眼前のバナナから光の刺激が眼の網膜に到達すると、そこから脳に神経信号が送られ、それによって脳の視覚皮質のニューロンが活性化するが、そのときまさにバナナの知覚が生じる。また、手を挙げようと意志すると、脳の運動皮質のニューロンが活性化し、その神経信号が手の筋肉に伝えられて、手が上がる。このような心身の相互作用は、心と身体が別だとすると、なかなか理解しがたいように思われる。心と物質がまったく別だとすれば、それらはいったいいかにしてお互いに因果的な影響を及ぼすことができるのだろうか。それらはむしろ、因果的に閉じており、互いに没交渉なのではないか。そのほうがはるかに理に適っているように思われる。じっさい、科学の示すところによれば、物質的現象は他の物質的現象からしか生じないし、他の物質的現象しか引き起こさない。物質がこのように因果的に閉じているとすれば、心と物質が因果的に相互作用することは不可能である。

心と身体はまったく別であるようにみえながら、その一方で、両者のあいだに因果的な相互作用があるように思われる。この二面性をどうやって理解すればよいだろうか。心と身体の関係を問う心身問題の根底にあるのは、まさにこの二面性をどう説明するかという問題である。そしてこの心身問題こそが、心の哲学の中心に位置する問題である。というのも、心の本性を明らかにするには、心が物質とどう関係するかを解き明かすことが、まさに鍵となるからである。本書においても、この心身問題を中心に据えて、心の哲学の諸問題が論じられる。

心の哲学の入門書

本書は、何度も版を重ねてきた心の哲学の代表的な入門書である。本書の中心には、心身問題が置かれ、この問題に関する諸立場が明快に解説されるとともに、その長所と短所が的確に論じられていく。まず、心身問題に対するもっとも常識的な立場と言える心身二元論が取り上げられ、この二元論のなかにも、実体二元論と性質二元論があり、さらにこの二つがそれぞれ微妙に異なるいくつもの立場に分かれることが示される。そしてそのようないろいろな立場がどうして出てくるかが、それぞれの長所と短所に基づいて明快に説明される。つぎに物的一元論（唯物論）が取り上げられ、この一元論のなかにも、哲学的行動主義、心脳同一説、機能主義、消去的唯物論といういくつもの立場があり、それぞれがなぜ登場してきたのかが、やはりそれぞれの長所と短所に基づいて明快に説明される。本書は、二元論よりも唯物論を高く評価する方向で論述がなされているが、入門書としての公正さは十分保たれている。

心の哲学には、心身問題のほかにも、重要な問題がもちろん多々ある。たとえば、「痛い」とか「信じる」というような心理的な言葉がどのようにしてその意味を獲得するかという意味論的問題、他者や自分の心の状態がいかにして知られるかという認識論的問題（つまり他我問題や自己知の問題）、心を解明するにはどんな方法を用いればよいかという方法論的問題、などである。本書では、これらの問題について、いくつかの立場が検討され、著者の推奨する立場が最終的に提示される。そしてそれがまた、唯物論的な見方を支える重要な論拠ともなっている。

心の哲学の入門書として、本書のとくに独自な点は、心の科学の成果をかなり詳しく紹介していることである。人工知能と神経科学にそれぞれ一つの章を費やし、心の哲学の諸問題に関係するかぎりで、両分野の重要な成果が平明に解説されている。それは、心の哲学の根本問題を解決するためには、たんなる哲学的な思弁だけではなく、心の科学の成果を十分に参照した考察が不可欠だという著者の強固な確信によるものである。じっさい、コンピュータをプログラムすることにより、人間の知能のいろいろな側面が実現されたり、心の働きの神経基盤が次々と解明されたり、さらには神経活動を模した人工ニューラルネットワークによって人間の知能の多くの面が実現されたりするのを見ると、心の科学の成果が心の哲学にとって決定的に重要な意味をもつことは、もはや疑いの余地がないように思われる。そしてそのような心の科学の成果は、総じて唯物論的な見方を支持するのである。

素朴心理学からの解放

本書の著者は、唯物論のなかでも、もっとも過激な消去的唯物論の提唱者として広く知られる著名な心の哲学者である。私たちは心の状態について、日常の常識的な知識をもっており、それに基づいて行動を理解し、説明する。この心に関する常識的な知識は、素朴心理学とよばれるが、著者によれば、それは素朴とはいえ、心に関する一つの理論である。物理学が電子を措定して、電気現象を理解・説明するように、素朴心理学は心的状態を措定して、行動を理解・説明するというわけである。しかし、素朴心理学が理論だとすれば、それは新たな理論によって取って代わられ、消去される可能性がある。一般に、理論は、それよりもっと良い理論が新たに現れると、それに取って代わられ、消去される。そしてそれとともに、元の理論によって措定されたものも、じつは存在しないものとして消去される。たとえば、かつてフロギストン説は、フロギストンという元素を措定して燃焼を説明したが、酸素説が現れると、それに取って代わられ、消去された。そしてフロギストンも、じつは存在しないものとして消去された。著者によれば、素朴心理学も良くない理論であり、もっと良い理論、すなわち神経科学が成熟した暁には、それに取って代わられ、消去される。そして素朴心理学によって措定される心的状態、つまり信念や欲求なども、じつは存在しないものとして消去されるのである。

しかし、著者の立場は、実際には、全面的な消去主義ではなく、部分的な消去主義である。すなわち、すべての心的状態が消去されるというのではなく、一部は消去されるが、残りは神経状態に還元されるとする。たとえば、信念や欲求のような命題的態度は、おそらく存在しないものとして消去されるだろうが、知覚や感覚などは、その存在があくまでも認められ、そのうえでじつは何らかの神経状態と同一だとされるのである。そしてそのように神経状態に還元されることで、知覚や感覚は、その隠れた豊かな性質が明らかにされ、既知の性質もその隠れた性質から説明されることになる。それは、水がH_2Oに還元されることで、水の隠れた性質が明らかになり、またそれによって透明性や沸点などの既知の性質が説明されるのと同様である。

神経科学が成熟すると、素朴心理学が措定する心的状態は、その一部が消去され、残りが神経状態に還元される。しかし、神経状態に還元されるとしても、その心的状態の面目は根本的に一新されることになる。たとえば、赤色の知覚は、内観によって知られるような、心に浮かぶ赤の一様な広がりではなく、いくつかの要素から構成される複合的な神経状態である。素朴心理学が措定する心的状態はおおむね、内観によって知られる心的状態（＝意識に現れる心の状態）に基づいているが、内観は心的状態の本当の姿をほとんど示していない。かつては、内観は、外的知覚と違って、誤りえないとされ、内観が示す心的状態こそがありのままの心的状態だと考えられたが、内観もまた根本的に誤りうる。心的状態の真の姿を示すのは、内観ではなく、神経科学なのである。

神経科学が成熟した暁には、このように心的状態は、その面目ががらりと一新される。心的状態は、素朴心理学が措定するようなものではまったくなく、じつはそもそも存在しないか、あるいは存在するとしても、神経科学が措定するような状態、すなわち脳の神経状態なのである。私たちはこれまでずっと素朴心理学の心の世界に閉じ込められてきたが、神経科学が成熟すると、私たちはそこから解放されて、まったく新しい内面の世界を手に入れることになるのである。

本書は心の哲学への非常に野心的な入門書である。それはたんに心の哲学の基本的な諸問題を平易に論じるだけではなく、そこから見えてくる将来の展望、すなわち神経科学が切り開く新たな内面の世界を大胆に描き出す。そして住み慣れた素朴心理学の世界から、私たちを解き放とうとする。本書のもっとも大きな魅力は、まさにここにあると言えよう。

本書の翻訳について、一言、述べておこう。第2章の1節、2節、5節は、西堤が訳し、それ以外は、信原が訳した。そして全体の訳文の統一を信原が行った。原著の文章は、たいへん才気が溢れ、活気に富む。とくに内観に現れる素朴心理学の世界をその根底から掘り崩していくところは、手がしなり、筆が躍ると言いたくなるほど、活き活きとした表現が光る。この訳書が原著のその魅力をどれほどよく伝えられたかは、はなはだ心許ないが、原著の勢いある論述をできるだけ再現しようと心がけた。

最後になったが、森北出版の丸山隆一さんには、なかなか進展しない本書の翻訳作業を辛抱強く見守っていただき、また細かな文体の統一から索引の制作に至るまで、煩瑣な編集作業を丹念に行っていただいた。深く感謝の意を表したい。本書を通じて、一人でも多くの方々に、心の哲学の魅力が伝わることを心より願う。

二〇一六年四月

信原幸弘

7·5 ふたたびＡＩ――並列分散処理の計算モデル

Rumelhart, D. E., G. E. Hinton, and R. J. Williams. "Learning Representations by Back-Propagating Errors." *Nature* 323 (Oct. 9, 1986): 533–536.

Sejnowski, T. J. and C. R. Rosenberg. "Parallel Networks That Learn to Pronounce English Text." *Complex Systems* 1 (1987).

Churchland, P. S. and T. J. Sejnowski. *The Computational Brain*. Cambridge, MA: MIT Press, 1992.

Rumelhart, D. E. and J. L. McClelland. *Parallel Distributed Processing: Explorations in the Microstructure of Cognition*. Cambridge, MA: MIT Press, 1986.（D. E. ラメルハート／J. L. マクレランド『PDP モデル―認知科学とニューロン回路網の探索』甘利俊一監訳、産業図書、1989）

Churchland, P. M. *Plato's Camera: How the Physical Brain Captures a Landscape of Abstract Universals*. Cambridge, MA: MIT Press, 2012.

[第８章]

8·1 宇宙における知性の分布

Schrödinger, E. *What Is Life?* Cambridge: Cambridge University Press, 1945.（E. シュレーディンガー『生命とは何か：物理的にみた生細胞』岡小天・鎮目恭夫訳、岩波書店、2008）

Shklovskii, I. S., and C. Sagan. *Intelligent Life in the Universe*. New York: Dell, 1966.

Sagan, C., and F. Drake. "The Search for Extraterrestrial Intelligence." *Scientific American* 232 (May 1975).

Morowitz, H. *Energy Flow in Biology*. New York: Academic Press, 1968.

Feinberg, G., and R. Shapiro. *Life beyond Earth*. New York: William Morrow, 1980.

宮下保司監訳、メディカル・サイエンス・インターナショナル、2014）
Shepherd, G. M. *Neurobiology*. New York: Oxford University Press, 1983.（G. M. シェパード『ニューロバイオロジー』山元大輔訳、学会出版センター、1990）
Sherman, S. M. "Thalamic Relays and Cortical Functioning." *Progress in Brain Research* 149 (2005): 107-126.

7·3　神経心理学

Kolb, B., and I. Q. Wishaw. *Fundamentals of Human Neuropsychology*. San Francisco: Freeman, 1980.
Hecaen, H., and M. L. Albert. *Human Neuropsychology*. New York: Wiley, 1978.（H. エカアン／M. L. アルバート『神経心理学 上・下』安田一郎訳、青土社、1990）
Gardner, H. *The Shattered Mind*. New York: Knopf, 1975.（H. ガードナー『砕かれた心：脳損傷の犠牲者たち』酒井誠・大嶋美登子訳、誠信書房、1986）

7·4　認知神経生物学

Llinás, R. "The Cortex of the Cerebellum." *Scientific American* 232, no.1 (1975).
Bartoshuk, L. M. "Gustatory System." In *Handbook of Behavioral Neurobiology*, vol. 1: *Sensory Integration*, ed. R. B. Masterton. New York: Plenum, 1978.
Pfaff, D. W. *Taste, Olfaction, and the Central Nervous System*. New York: Rockefeller University Press, 1985.
Hardin, C. *Color for Philosophers: Unweaving the Rainbow*. Indianapolis: Hackett, 1988.
Churchland, P. M. "Chimerical Colors: Some Phenomenological Predictions from Cognitive Neuroscience." *Philosophical Psychology* 18, no. 5. (2005). Reprinted in P. M. Churchland, *Neurophilosophy at Work* (Cambridge: Cambridge University Press, 2007).
Churchland, P. S. *Neurophilosophy*. Cambridge, MA: MIT Press, 1986.

ピュータには何ができないか：哲学的人工知能批判』黒崎政男・村若修訳、産業図書、1992）
Pylyshyn, Zenon. "Minds, Machines, and Phenomenology: Some Reflections on Dreyfus' 'What Computers Can't Do'." *Cognition* 3 (1) (1974).
Searle, John. "Minds, Brains, and Programs." *Behavioral and Brain Sciences* 3 (3) (1980).（J. R. サール「心・脳・プログラム」久慈要訳、D. R. ホフスタッター／D. C. デネット編『マインズ・アイ：コンピュータ時代の「心」と「私」下巻』、TBS ブリタニカ、1984、所収）
Churchland, Paul, and Patricia Churchland. "Could a Machine Think?" *Scientific American* 262, no. 1 (1990).
Churchland, Paul. "On the Nature of Intelligence: Turing, Church, von Neumann, and the Brain." In *Neurophilosophy at Work*. Cambridge: Cambridge University Press, 2007.

［第７章］

7·1　神経解剖学──進化論的背景

Bullock, T. H., R. Orkland, and A. Grinnell. *Introduction to Nervous Systems*. San Francisco: Freeman, 1977.
Sarnat, H. B., and M. G. Netsky. *Evolution of the Nervous System*. Oxford: Oxford University Press, 1974.
Dawkins, Richard. *The Selfish Gene*. Oxford: Oxford University Press, 1976.（R. ドーキンス『利己的な遺伝子』日高敏隆・岸由二・羽田節子・垂水雄二訳、紀伊國屋書店、2006）

7·2　神経生理学と神経組織

Hubel, D. H., and T. N. Wiesel. "Brain Mechanisms of Vision." *Scientific American* 241 (3) (September 1979): a special issue devoted to the various brain sciences.
Bullock, T. H., R. Orkland, and A. Grinnell. *Introduction to Nervous Systems*. San Francisco: Freeman, 1977.
Kandel, E. R., and J. H. Schwartz. *Principles of Neural Science*. New York: Elsevier/North-Holland, 1981.（E. R. カンデルほか『カンデル神経科学』金澤一郎・

ンド『脳がつくる倫理：科学と哲学から道徳の起源にせまる』信原幸弘・樫則章・植原亮訳、化学同人、2013）

［第6章］

6·1　コンピューター――いくつかの基本概念

Weizenbaum, Joseph. *Computer Power and Human Reason.* San Francisco: Freeman, 1976.（J. ワイゼンバウム『コンピュータ・パワー：人工知能と人間の理性』秋葉忠利訳、サイマル出版会、1979）とくに 2、3 章。

Raphael, Bertram. *The Thinking Computer: Mind Inside Matter*. San Francisco: Freeman, 1976.（B. ラファエル『考えるコンピュータ：人工知能入門』溝口文雄ほか訳、近代科学社、1986）

Newell, Alan, and Herbert Simon. "Computer Science as Empirical Inquiry: Symbols and Search." In *Mind Design*, ed. J. Haugeland. Montgomery, VT: Bradford, 1981.

6·2　知能をプログラムする――断片的アプローチ

Raphael, Bertram. *The Thinking Computer: Mind Inside Matter*. San Francisco: Freeman, 1976.（B. ラファエル『考えるコンピュータ：人工知能入門』溝口文雄ほか訳、近代科学社、1986）

Boden, Margaret. *Artificial Intelligence and Natural Man*. New York: Harvester Press, 1977.（M. A. ボーデン『人工知能と人間』野崎昭弘ほか監訳、サイエンス社、1986）

Dennett, Daniel. "Artificial Intelligence as Philosophy and as Psychology." In *Philosophical Perspectives on Artificial Intelligence*, ed. M. Ringle. Atlantic Highlands, NJ: Humanities Press, 1979. Reprinted in Daniel Dennett, *Brainstorms* (Montgomery, VT: Bradford, 1978).

Winston, P. H., and R. H. Brown. *Artificial Intelligence: An MIT Perspective*, vols. I and II. Cambridge, MA: MIT Press, 1979.

Marr, D., and T. Poggio. "Cooperative Computation of Stereo Disparity." *Science* 194 (1976).

Dreyfus, Hubert. *What Computers Can't Do: The Limits of Artificial Intelligence*, revised edition. New York: Harper & Row, 1979.（H. L. ドレイファス『コン

5·2 方法論的行動主義

Skinner, B. F. *About Behaviorism*. New York: Random House, 1974.

Dennett, Daniel. "Skinner Skinned." In *Brainstorms*. Montgomery, VT: Bradford, 1978.

Chomsky, Noam. "A Review of B. F. Skinner's *Verbal Behavior*." *Language* 35, no.1 (1959). Reprinted in *Readings in Philosophy of Psychology*, vol. I, ed. N. Block (Cambridge, MA: Harvard University Press, 1980).

5·3 認知的／計算的アプローチ

Dennett, Daniel. "Artificial Intelligence as Philosophy and as Psychology." In *Brainstorms*. Montgomery, VT: Bradford, 1978.

Johnson-Laird, P. N., and P. C. Wason. *Thinking: Readings in Cognitive Science*. Cambridge: Cambridge University Press, 1977.

Anderson, J. R. *Cognitive Psychology and Its Implications*. San Francisco: Freemen, 1980.（J. R. アンダーソン『認知心理学概論』富田達彦ほか訳、誠信書房、1982）

Boden, Margaret. *Artificial Intelligence and Natural Man*. New York: Harvester Press, 1977.（M. A. ボーデン『人工知能と人間』野崎昭弘ほか監訳、サイエンス社、1986）

Pylyshyn, Zenon. "Computation and Cognition." *Behavioral and Brain Sciences* 3 (1980).

5·4 方法論的唯物論

Churchland, Paul. *The Engine of Reason, the Seat of the Soul: A Philosophical Journey into the Brain*, Cambridge, MA: MIT Press, 1995. とくに 1－4 章と 8 章、とくに 208－224 ページ。（ポール・チャーチランド『認知哲学：脳科学から心の哲学へ』、信原幸弘・宮島昭二訳、産業図書、1997）

Churchland, Paul. *Plato's Camera: How the Physical Brain Captures a Landscape of Abstract Universals*. Cambridge, MA: MIT Press, 2012.

Churchland, Patricia S. *Braintrust: What Neuroscience Tells Us about Morality*. Princeton, NJ: Princeton University Press, 2011.（パトリシア・S・チャーチラ

Dennett, Daniel. "Toward a Cognitive Theory of Consciousness." In *Minnesota Studies in the Philosophy of Science*, vol. IX, ed. C. W. Savage. Minneapolis: University of Minnesota Press, 1978. Reprinted in Daniel Dennett, *Brainstorms* (Montgomery, VT: Bradford, 1978).

Nisbett, Richard, and Timothy Wilson. "Telling More Than We Can Know: Verbal Reports on Mental Processes." *Psychological Review* 84 (3) (1977).

Churchland, Patricia. "Consciousness: The Transmutation of a Concept." *Pacific Philosophical Quarterly* 64 (1983).

Churchland, Paul. *Scientific Realism and the Plasticity of Mind*. Cambridge: Cambridge University Press, 1979.（ポール・チャーチランド『心の可塑性と実在論』村上陽一郎ほか訳、紀伊國屋書店、1986）13 節と 16 節。認知の理論負荷性一般については、2 章を参照。

Churchland, Paul. *The Engine of Reason, the Seat of the Soul: A Philosophical Journey into the Brain*. Cambridge, MA: MIT Press, 1995. 1 – 4 章と 8 章、とくに 208 – 224 ページ。（ポール・チャーチランド『認知哲学：脳科学から心の哲学へ』信原幸弘・宮島昭二訳、産業図書、1997）

[第5章]

5·1　観念論と現象学

Marx, Werner. *Hegel's Phenomenology of Spirit*. New York: Harper & Row, 1975.

Spiegelberg, Herbert. *The Phenomenological Movement*, vols. I, II. The Hague: Harper & Row, 1960. とくにエトムント・フッサールについての 1 巻 73 – 167 ページの議論を参照。

Dreyfus, Hubert L., ed. *Husserl, Intentionality, and Cognitive Science*. Cambridge, MA: MIT Press/Bradford, 1982.

Smith, D. W., and R. McIntyre. *Husserl and Intentionality*. Boston: Reidel, 1982.

Piaget, Jean. *Insights and Illusions of Philosophy*, chapter 3: "The False Ideal of a Suprascientific Knowledge." New York: World Publishing, 1971.（ジャン・ピアジェ『哲学の知恵と幻想［新装版］』岸田秀・滝沢武久訳、みすず書房、2002）

Stich, Steven C. *From Folk Psychology to Cognitive Science: The Case against Belief*. Cambridge, MA: MIT Press/Bradford Books, 1983.

・意味と志向性の推論ネットワーク理論への批判

Searle, John. "Minds, Brains, and Programs." *Behavioral and Brain Sciences* 3 (3) (1980).（J. R. サール「心・脳・プログラム」久慈要訳、D. R. ホフスタッター／D. C. デネット編『マインズ・アイ：コンピュータ時代の「心」と「私」下巻』、TBS ブリタニカ、1984、所収）

［第４章］

4·1　他我問題

Malcolm, Norman. "Knowledge of Other Minds." *Journal of Philosophy* 55 (1958). Reprinted in *The Philosophy of Mind*, ed. V. C. Chappell (Englewood Cliffs, NJ: Prentice-Hall, 1962).

Strawson, Sir Peter. "Persons." In *Minnesota Studies in the Philosophy of Science*, vol. II, ed. H. Feigl, M. Scriven, and G. Maxwell. Minneapolis: University of Minnesota Press, 1958. Reprinted in *The Philosophy of Mind*, ed. V. C. Chappell (Englewood Cliffs, NJ: Prentice-Hall, 1962).

Sellars, Wilfrid. "Empiricism and the Philosophy of Mind." In *Minnesota Studies in the Philosophy of Science*, vol. I, ed. H. Feigl and M. Scriven, (Minneapolis: University of Minnesota Press, 1956). Reprinted in Wilfrid Sellars, *Science, Perception, and Reality* (London: Routledge & Kegan Paul, 1963).（ウィルフリド・セラーズ『経験論と心の哲学』浜野研三訳、岩波書店、2006）45－63 節。

Churchland, Paul. *Scientific Realism and the Plasticity of Mind*. Cambridge: Cambridge University Press, 1979.（ポール・チャーチランド『心の可塑性と実在論』村上陽一郎ほか訳、紀伊國屋書店、1986）

4·2　自己意識の問題

Armstrong, David. *A Materialist Theory of the Mind*, London: Routledge & Kegan Paul, 1968.（D. M. アームストロング『心の唯物論』鈴木登訳、勁草書房、1996）6 章Ⅸ、Ⅹ節と 15 章Ⅱ節。

University of Minnesota Press, 1956. Reprinted in Wilfrid Sellars, *Science, Perception, and Reality* (New York: Routledge & Kegan Paul, 1963).（ウィルフリド・セラーズ『経験論と心の哲学』、浜野研三訳、岩波書店、2006）とくに 45 − 63 節。

Fodor, Jerry, and C. Chihara. "Operationalism and Ordinary Language: A Critique of Wittgenstein." *American Philosophical Quarterly* 2, no. 5 (1965).

Churchland, Paul. *Scientific Realism and the Plasticity of Mind*. Cambridge: Cambridge University Press, 1979.（ポール・チャーチランド『心の可塑性と実在論』、村上陽一郎ほか訳、紀伊國屋書店、1986）

Hempel, Carl, and Paul Oppenheim. "Studies in the Logic of Explanation." *Philosophy of Science* 15 (1948), part I. Reprinted in *Aspects of Scientific Explanation*, ed. Carl Hempel (New York: Collier-Macmillan, 1965).

Churchland, Paul. "The Logical Character of Action-Explanations." *Philosophical Review* 79 (2) (1970).

3·4 志向性と命題的態度

Brentano, Franz. "The Distinction between Mental and Physical Phenomena." In *Realism and the Background of Phenomenology*, ed. R. M. Chisholm. Glencoe, IL: Free Press, 1960.

Chisholm, Roderick. "Notes on the Logic of Believing." *Philosophy and Phenomenological Research* 24 (1963).

Churchland, Paul. "Eliminative Materialism and the Propositional Attitudes." *Journal of Philosophy* 78, no. 2 (1981), section 1.（関森隆史訳「消去的唯物論と命題的態度」、『シリーズ心の哲学Ⅲ　翻訳篇』信原幸弘編、勁草書房、2004）

Churchland, Paul. *Scientific Realism and the Plasticity of Mind*. Cambridge: Cambridge University Press, 1979.（ポール・チャーチランド『心の可塑性と実在論』村上陽一郎ほか訳、紀伊國屋書店、1986）

Field, Hartry. "Mental Representations." *Erkenntnis* 13, no.1 (1978). Reprinted in *Readings in Philosophy of Psychology*, vol. II, ed. N. Block (Cambridge, MA: Harvard University Press, 1981).

Fodor, Jerry. "Propositional Attitudes." *Monist* 61, no.4 (1978). Reprinted in *Readings in Philosophy of Psychology*, vol. II, ed. N. Block (Cambridge, MA: Harvard University Press, 1981).

Rosenthal (Englewood Cliffs, NJ: Prentice-Hall, 1971).

Rorty, Richard. "In Defense of Eliminative Materialism." *Review of Metaphysics* 24 (1970). Reprinted in *Materialism and the Mind-Body Problem*, ed. D. M. Rosenthal (Englewood Cliffs, NJ: Prentice-Hall, 1971).

Churchland, Paul. "Eliminative Materialism and the Propositional Attitudes." *Journal of Philosophy* 78, no. 2 (1981). Reprinted in *A Neurocomputational Perspective*, Paul Churchland (Cambridge, MA: MIT Press, 1989).（関森隆史訳「消去的唯物論と命題的態度」、『シリーズ心の哲学Ⅲ　翻訳篇』信原幸弘編、勁草書房、2004）

Dennett, Daniel. "Why You Can't Make a Computer That Feels Pain." In *Brainstorms*. Montgomery, VT: Bradford, 1978.

Churchland, Paul. "The Evolving Fortunes of Eliminative Materialism." In *Contemporary Readings in the Philosophy of Mind*, ed. J. Cohen. Oxford: Blackwell, 2011.

[第３章]

3·2　哲学的行動主義

Malcolm, Norman. "Wittgenstein's *Philosophical Investigations." Philosophical Review* 63 (1954). Reprinted in *The Philosophy of Mind*, ed. V. C. Chappell (Englewood Cliffs, NJ: Prentice-Hall, 1962).

Strawson, Sir Peter. "Persons." In *Minnesota Studies in the Philosophy of Science*, vol. II, ed. H. Feigl and M. Scriven. Minneapolis: University of Minnesota Press, 1958. Reprinted in *The Philosophy of Mind*, ed. V. C. Chappell (Englewood Cliffs, NJ: Prentice-Hall, 1962).

Hesse, Mary. "Is There an Independent Observation Language?" In *The Nature and Function of Scientific Theories*, ed. R. Colodny. Pittsburgh: Pittsburgh University Press, 1970. とくに 44 − 45 ページ。

3·3　理論的ネットワーク理論と素朴心理学

Sellars, Wilfrid. "Empiricism and the Philosophy of Mind." In *Minnesota Studies in the Philosophy of Science*, vol. I, eds. H. Feigl and M. Scriven. Minneapolis:

2·4　機能主義

Putnam, Hilary. "Minds and Machines." In *Dimensions of Mind*, ed. Sidney Hook. New York: NYU Press, 1960.

Putnam, Hilary. "Robots: Machines or Artificially Created Life?" *Journal of Philosophy* 61 (21) (1964).

Putnam, Hilary. "The Nature of Mental States." In *Materialism and the Mind–Body Problem*, ed. David Rosenthal. Englewood Cliffs, NJ: Prentice-Hall, 1971.

Fodor, Jerry. *Psychological Explanation*. New York: Random House, 1968.

Dennett, Daniel. *Brainstorms*. Montgomery, VT: Bradford, 1978.

・機能主義の困難に関して

Block, Ned. "Troubles with Functionalism." In *Minnesota Studies in the Philosophy of Science*, vol. IX, ed. C. W. Savage. Minneapolis: University of Minnesota Press, 1978. Reprinted in *Readings in Philosophy of Psychology*, ed. N. Block (Cambridge, MA: Harvard University Press, 1980).

Churchland, Paul, and Patricia Churchland. "Functionalism, Qualia, and Intentionality." *Philosophical Topics* 12, no. 1 (1981). Reprinted in *A Neurocomputational Perspective* (Cambridge, MA: MIT Press, 1989).

Shoemaker, Sidney. "The Inverted Spectrum." *Journal of Philosophy* 79 (7) (1982).

Enc, Berent. "In Defense of the Identity Theory." *Journal of Philosophy* 80 (5) (1983).

Churchland, Paul. "Functionalism at Forty: A Critical Retrospective." *Journal of Philosophy* 102 (1) (2005).

2·5　消去的唯物論

Feyerabend, Paul. "Comment: 'Mental Events and the Brain'." *Journal of Philosophy* 60 (1963). Reprinted in *The Mind/Brain Identity Theory*, ed. C. V. Borst (London: Macmillan, 1970).

Feyerabend, Paul. "Materialism and the Mind-Body Problem." *Review of Metaphysics* 17 (1963). Reprinted in *The Mind/Brain Identity Theory*, ed. C. V. Borst (London: Macmillan, 1970).

Rorty, Richard. "Mind–Body Identity, Privacy, and Categories." *Review of Metaphysics* 19 (1965). Reprinted in *Materialism and the Mind-Body Problem*, ed. D. M.

(Englewood Cliffs, NJ: Prentice-Hall, 1962).

2·3 還元的唯物論（同一説）

・同一説について

Place, U. T. "Is Consciousness a Brain Process?" *British Journal of Psychology* 47 (1956). Reprinted in *The Philosophy of Mind*, ed. V. C. Chappell (Englewood Cliffs, NJ: Prentice-Hall, 1962).

Smart, J. J. C. "Sensations and Brain Processes." *Philosophical Review* 48 (1959). Reprinted in The *Philosophy of Mind*, ed. V. C. Chappell (Englewood Cliffs, NJ: Prentice-Hall, 1962).

Lewis, David. "An Argument for the Identity Theory." *Journal of Philosophy* 63, no. 1 (1966).

Nagel, Thomas. "What Is It Like to Be a Bat?" *Philosophical Review* 83 (1974). Reprinted in *Readings in Philosophy of Psychology*, vol. I, ed. N. Block (Cambridge, MA: Harvard University Press, 1980).（T. ネーゲル『コウモリであるとはどのようなことか』永井均訳、勁草書房、1989、所収）

Jackson, Frank. "Epiphenomenal Qualia." *Philosophical Quarterly* 32 (127) (April 1982).

Chalmers, David. *The Conscious Mind*. Cambridge: Cambridge University Press, 1996.（D. J. チャーマーズ『意識する心—脳と精神の根本理論を求めて』林一訳、白揚社、2001）

Churchland, Paul. "Reduction, Qualia, and the Direct Introspection of Brain States." *Journal of Philosophy* 82 (1) (1985).

・理論間還元について

Nagel, Ernst. *The Structure of Science*, chap. 11. New York: Harcourt, Brace & World, 1961.

Feyerabend, Paul. "Explanation, Reduction, and Empiricism." In *Minnesota Studies in the Philosophy of Science*, vol. III, ed. H. Feigl and G. Maxwell. Minneapolis: University of Minnesota Press, 1962.

Churchland, Paul. *Scientific Realism and the Plasticity of Mind*, Cambridge: Cambridge University Press, 1979.（ポール・チャーチランド『心の可塑性と実在論』、村上陽一郎ほか訳、紀伊國屋書店、1986）3 章。

読書案内

［第２章］

2·1　二元論

・実体二元論について

Descartes, René. *The Meditations*, meditation II（デカルト『省察』山田弘明訳、ちくま学芸文庫、2006）

Descartes, René. *Discourse on Method*, part 5.（デカルト『方法序説』山田弘明訳、ちくま学芸文庫、2010）

Eccles, Sir John C., with Sir Karl Popper. *The Self and Its Brain*. New York: Springer-Verlag, 1977（J. C. エクルズ／K. ポッパー『自我と脳』大村裕・西脇与作・沢田允茂訳、新思索社、2005）

・性質二元論について

Margolis, Joseph. *Persons and Minds: The Prospects of Nonreductive Materialism*. Dordrecht, Holland: Reidel, 1978.

Nagel, Thomas. "What Is It Like to Be a Bat?" *Philosophical Review* 83 (1974). Reprinted in *Readings in Philosophy of Psychology*, vol. I, ed. N. Block (Cambridge, MA: Harvard University Press, 1980).（T. ネーゲル『コウモリであるとはどのようなことか』、永井均訳、勁草書房、1989、所収）

Jackson, Frank. "Epiphenomenal Qualia." *Philosophical Quarterly* 32 (127) (April 1982).

2·2　哲学的行動主義

Ryle, Gilbert. *The Concept of Mind*. London: Hutchinson, 1949.（G. ライル『心の概念』、坂本百大ほか訳、みすず書房、1987）1 章と 5 章。

Malcolm, Norman. "Wittgenstein's *Philosophical Investigations*." *Philosophical Review* 47 (1956). Reprinted in The *Philosophy of Mind*, ed. V. C. Chappell

索引

ポール・チャーチランド（Paul M. Churchland）

1942年生まれ。カリフォルニア大学サンディエゴ校名誉教授。心の哲学を専門とし、消去的唯物論の提唱者として知られる。

著書："Scientific Realism and the Plasticity of Mind"（『心の可塑性と実在論』村上陽一郎ほか訳、紀伊國屋書店、1986年）、"The Engine of Reason, the Seat of the Soul: A Philosophical Journey into the Brain"（『認知哲学：脳科学から心の哲学へ』信原幸弘・宮島昭二訳、産業図書、1997年）、"Plato's Camera: How the Physical Brain Captures a Landscape of Abstract Universals"（The MIT Press, 2012）など。

信原幸弘（のぶはら・ゆきひろ）

東京大学大学院総合文化研究科教授。

著書：『考える脳・考えない脳―心と知識の哲学』（講談社現代新書、2000年）、『意識の哲学』（岩波書店、2002年）、『シリーズ 新・心の哲学』全3巻（編著、勁草書房、2014年）など。

訳書：パトリシア・S・チャーチランド『脳がつくる倫理：科学と哲学から道徳の起源にせまる』（共訳、化学同人、2013年）など。

西堤　優（にしつつみ・ゆう）

東京大学大学院総合文化研究科博士課程教育リーディングプログラム（IHS）特任助教。

著者：『シリーズ 新・心の哲学Ⅲ 情動篇』（共著、勁草書房、2014年）

訳書：『意識（〈1冊でわかる〉シリーズ）』（共訳、岩波書店、2010年）

編集担当　丸山隆一（森北出版）
編集責任　藤原祐介・石田昇司（森北出版）
組　　版　コーヤマ
印　　刷　丸井工文社
製　　本　ブックアート

物質と意識（原書第 3 版）
脳科学・人工知能と心の哲学　　版権取得　*2014*

2016 年 8 月 16 日　原書第 3 版第 1 刷発行

訳　　者　信原幸弘・西堤優
発 行 者　森北博巳
発 行 所　**森北出版株式会社**
東京都千代田区富士見 1-4-11（〒 102-0071）
電話 03-3265-8341／FAX 03-3264-8709
http://www.morikita.co.jp/
日本書籍出版協会・自然科学書協会　会員
JCOPY　＜(社)出版者著作権管理機構 委託出版物＞

落丁・乱丁本はお取替えいたします.

Printed in Japan／ISBN978-4-627-81753-1